W0298957

Bildnachweis:

Archiv für Kunst und Geschichte, Berlin: S. 126
Bildart Photos, Berlin: S. 201
Bonitz, S., Berlin: S. 29, 30, 98 (links)
Braun - Wollenberg, H., Bonn: S.107
Bundesarchiv, Koblenz: S. 39 (2), 40 (2), 41, 70 (rechts), 71, 73 (oben), 81 (oben)
Christel, D., Berlin: S. 8, 9, 46 (Mitte, unten links), 51, 63 (2), 64 (unten), 100, 102, 105, 106 (oben)
Delakowitz, N., Berlin: S. 14
Friedrich, R., Berlin: S. 91
Groß, J., Berlin: S. 14
Heer, W., Berlin: S. 55 (oben)
Herrmann, U., Moskau: S. 10 (unten), 11 (oben Mitte u. links),13, 28, 73 (unten), 80 (oben), 96 (2), 98 (Mitte, rechts), 103, 112, 134 (oben), 135 (Mitte), 136 (links), 138 (unten), 143, 144 (oben links), 146 (oben)
Hübner, J., Berlin: S. 90 (2 Repros)
König, J., Berlin: S. 88
Kohlmey, G., Berlin: S. 46 (unten), 154
Kondakow, E., Moskau: S. 8, 9, 47 (oben, 2), 50, 80 (unten), 137, 145 (unten), 150 (unten, 2)
Krause, A., Berlin: S. 24 (Repro), 35 (links, 2), 46 (oben), 70 (links), 86 (unten, Repro), 118 (7 Repros),120 (2 Repros), 124 (2 Repros), 150 (Mitte, Repro),176 (oben), 180 (2 Repros), 181 (3 Repros)
Lade - Fotoagentur, Berlin: S. 106 (unten), 108, 113, 196 (2), 197, 199
Keystone, Wien: S. 72 (Repro)
Mosemann, D., Berlin: S. 14, 15 (2), 30 (4)
RIA - Nowosti, Berlin: S. 49 (oben, 2), 51 (2), 60, 85 (2), 86 (oben), 87, 89, 129 (3), 131, 134 (unten), 135 (oben, unten), 136 (rechts), 137 (oben, Mitte links), 140, 142 (Mitte), 146 (unten), 152, 155, 157, 158, 163, 166 (2), 169, 170 (2), 173, 176 (2), 177 (oben, Mitte), 178, 186, 188, 200 (2), 211
Riemann, R., Berlin: S. 11 (unten), 30, 35 (2), 66 (oben), 144 (rechts, 2), 159
rufo - Moskau: S. 10 (Mitte), 47 (unten), 50, 58, 83 (2), 84
Sächsische Landesbibliothek, Leipzig: S. 93 (unten)
Schulz, R., Berlin: S. 33
Starke, W., Dresden: S. 66 (unten)
Steinberg, D., Berlin: S. 56
VWV-Bildarchiv, Berlin: S. 8, 9, 11 (oben rechts), 51, 82, 92 (3), 93 (2), 116, 119 (3), 136, 138 (oben), 141, 142 (oben, unten), 145 (oben), 171, 175, 177 (unten), 197
Wolter, D. u. M., Berlin: S. 14, 15, 29 (2), 31
Wolter, G., Berlin: S. 49 (unten, 2), 50, 51, 64 (oben, 2), 55 (unten)

Lemme, T., Berlin: Rußlandkarte S. 50 - 51

INHALT

Abkürzungen

A. – Akkusativ
Adv. – Adverb
D. – Dativ
f. – Femininum
Fut. – Futur
G. – Genitiv
I. – Instrumental
Inf. – Infinitiv
Konj. – Konjunktion
m. – Maskulinum
N. – Nominativ
n. – Neutrum
P. – Präpositiv
Pers. – Person
Pl. – Plural
Präs. – Präsens
Prät. – Präteritum
Relativpron. – Relativpronomen
Sg. – Singular
uv. – unvollendet(es Verb)
v. – vollendet(es Verb)

Zeichen von besonderer Bedeutung

 – Text ist auf Kassette
 – Prägen Sie sich ein!
 – grammatischer Schwerpunkt
(M) – Muster
↗ G – siehe Grammatischer Anhang
 – Lesetext
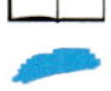 – Zusatzangebot

Hinweise zur Aussprache

é – Betonung des Wortes
‿ – Aussprache der durch ‿ verbundenen Wörter wie ein einziges Wort
[ ] – Klammern zur Kennzeichnung der Aussprache
[a̰]– unbetontes kurzes a
[ə] – unbetonter sehr kurzer Laut wie in Wagen
[и] – unbetonter kurzer Laut zwischen i und e
[т'] – Häkchen zur Kennzeichnung des davorstehenden weichen Konsonanten
[c̄] – Strich zur Kennzeichnung des langen Konsonanten

Союз
Сарпино-ткацких Кооперативов Автономной
Социалистической Советской Республики Немцев Поволжья
Verband
der Sarpinka-Weberei Kooperativen der Autonomen
Sozialistischen Räte-Republik der Wolgadeutschen

УРОК 1 Мы выбрали русский язык

Мы познако́мились в Москве

1

Фра́нка из Берлина была на **Междунаро́дной Олимпиа́де шко́льников** по русскому языку и литературе в Москве. У неё есть подруга в России. Её подругу зовут Ки́ра. Кира живёт не в Москве, а в Новосиби́рске. Франка часто пишет ей письма. Она написала Кире об Олимпиаде. В письме были фотографии, которые Франка сделала в Москве.

«... В понедельник мы **прилете́ли** на самолёте в **моско́вский аэропо́рт** Шереме́тьево, а потом на автобусе поехали в нашу гостиницу, в Международный молодёжный центр «Олимпи́ец». В этом здании проходили соревнования.

Соревнования школьников из **ра́зных** стран по русскому языку проходят один раз в три-четыре года. В эти дни в Москву на одну неделю приезжают ребята из стран мира, где учат русский язык. В этом году в Москву приезжали школьники из 30 (тридцати́) стран.

В гостинице я жила в одной комнате с девочкой из Франции. Её зовут Симо́н. Я не знаю французского языка, а Симон не говорит по-немецки. Поэтому мы всё время говорили **друг с дру́гом** по-русски.

Всё было очень интересно. Сначала были соревнования. Мы читали тексты на русском языке, отвечали на вопросы, рассказывали, что мы знаем о России. **Лу́чшие уча́стники** олимпиады получили **меда́ли**.

Нашими **партнёрами** в диалогах были московские школьники. Моим партнёром был Ми́ша Кузнецо́в. Он учится в девятом классе московской школы. Теперь мы с Мишей друзья. В свободное время участники олимпиады знакомились с Москвой, гуляли по городу, ходили в музеи и на **экску́рсии**.
Миша, его друг Са́ша, Симон и я вместе были на Красной площади, в метро, в парке культуры, катались по Москве-реке на **речно́м трамва́е** и даже были на рок-концерте. Я познакомилась со школьниками из других стран. Мы обязательно будем писать друг другу и, может быть, встретимся ещё раз в Москве».

2

Что вы узнали о поездке Франки в Москву и об Олимпиаде школьников по русскому языку и литературе?

- Почему Франка была в Москве?
- Как часто проходит в Москве Международная Олимпиада школьников по русскому языку и литературе?
- Кто приезжает на Олимпиаду?
- Что делают на соревнованиях участники?
- Что получают лучшие участники?
- На каком языке ребята разговаривают друг с другом?
- Кто был партнёром Франки в диалогах?
- Что Франка и её друзья делали в свободное время?

1A

3 В тексте об Олимпиаде много интернационализмов, например: олимпиада, партнёр.
Постарайтесь найти в тексте ещё десять таких слов.

4 Вспомните, как можно перевести на немецкий язык такие предложения, и переведите их. ↗ G 121

(M) В некоторых странах <u>учат</u> русский язык. (*3. Pers. Pl.*)
In einigen Ländern <u>lernt man</u> Russisch.

1. В киоске продают газеты на русском языке.
2. Говорят, что русский язык очень трудный.
3. Мне говорили, что школьники из Германии были в Москве на олимпиаде.
4. Меня пригласили на день рождения.
5. Девочку зовут Наташа.

5 Повторите, как называются по-русски дни недели, и ответьте на вопросы.

	ЯНВАРЬ JANUARY	ФЕВРАЛЬ FEBRUARY	МАРТ MARCH	АПРЕЛЬ APRIL	МАЙ MAY	ИЮНЬ JUNE	
ПН.	4 11 18 25	1 8 15 22	1 8 15 22 29	5 12 19 26	3 10 17 24 31	7 14 21 28	MO.
ВТ.	5 12 19 26	2 9 16 23	2 9 16 23 30	6 13 20 27	4 11 18 25	1 8 15 22 29	TU.
СР.	6 13 20 27	3 10 17 24	3 10 17 24 31	7 14 21 28	5 12 19 26	2 9 16 23 30	WE.
ЧТ.	7 14 21 28	4 11 18 25	4 11 18 25	1 8 15 22 29	6 13 20 27	3 10 17 24	TH.
ПТ.	1 8 15 22 29	5 12 19 26	5 12 19 26	2 9 16 23 30	7 14 21 28	4 11 18 25	FR.
СБ.	2 9 16 23 30	6 13 20 27	6 13 20 27	3 10 17 24	1 8 15 22 29	5 12 19 26	SA.
ВС.	3 10 17 24 31	7 14 21 28	7 14 21 28	4 11 18 25	2 9 16 23 30	6 13 20 27	SU.
	ИЮЛЬ JULY	АВГУСТ AUGUST	СЕНТЯБРЬ SEPTEMBER	ОКТЯБРЬ OCTOBER	НОЯБРЬ NOVEMBER	ДЕКАБРЬ DECEMBER	
ПН.	5 12 19 26	2 9 16 23 30	6 13 20 27	4 11 18 25	1 8 15 22 29	6 13 20 27	MO.
ВТ.	6 13 20 27	3 10 17 24 31	7 14 21 28	5 12 19 26	2 9 16 23 30	7 14 21 28	TU.
СР.	7 14 21 28	4 11 18 25	1 8 15 22 29	6 13 20 27	3 10 17 24	1 8 15 22 29	WE.
ЧТ.	1 8 15 22 29	5 12 19 26	2 9 16 23 30	7 14 21 28	4 11 18 25	2 9 16 23 30	TH.
ПТ.	2 9 16 23 30	6 13 20 27	3 10 17 24	1 8 15 22 29	5 12 19 26	3 10 17 24 31	FR.
СБ.	3 10 17 24 31	7 14 21 28	4 11 18 25	2 9 16 23 30	6 13 20 27	4 11 18 25	SA.
ВС.	4 11 18 25	1 8 15 22 29	5 12 19 26	3 10 17 24 31	7 14 21 28	5 12 19 26	SU.

Франка прилетела в Москву в понедельник.

- А какой сегодня день недели?
- Какой день недели был вчера (позавчера)?
- Какой день недели будет завтра (послезавтра)?
- В какой день недели у вас в этом году был (будет) день рождения?

6 На Олимпиаде Франка познакомилась с русским юношей Сашей из Москвы.
Прочитайте, что они говорили о предмете «русский язык».
Разыграйте диалог.

Саша: Ты давно учишь русский язык?
Франка: Два года. В пятом и шестом классе у нас был только английский язык, а с седьмого класса мы учим второй

	иностранный язык. Мы могли **са́ми** выбирать, какой язык будем учить: французский, испанский или русский.
Саша:	И ты выбрала русский?
Франка:	Да, но сначала я не хотела учить русский язык.
Саша:	Почему?
Франка:	Все говорили, что русский язык очень трудный.
Саша:	Наверно, каждый новый язык трудный.
Франка:	Конечно. Теперь я тоже так думаю. Мне нравится говорить с тобой по-русски.
Саша:	Мне тоже.

7 Дома Франка получила открытку от Киры из Новосибирска.

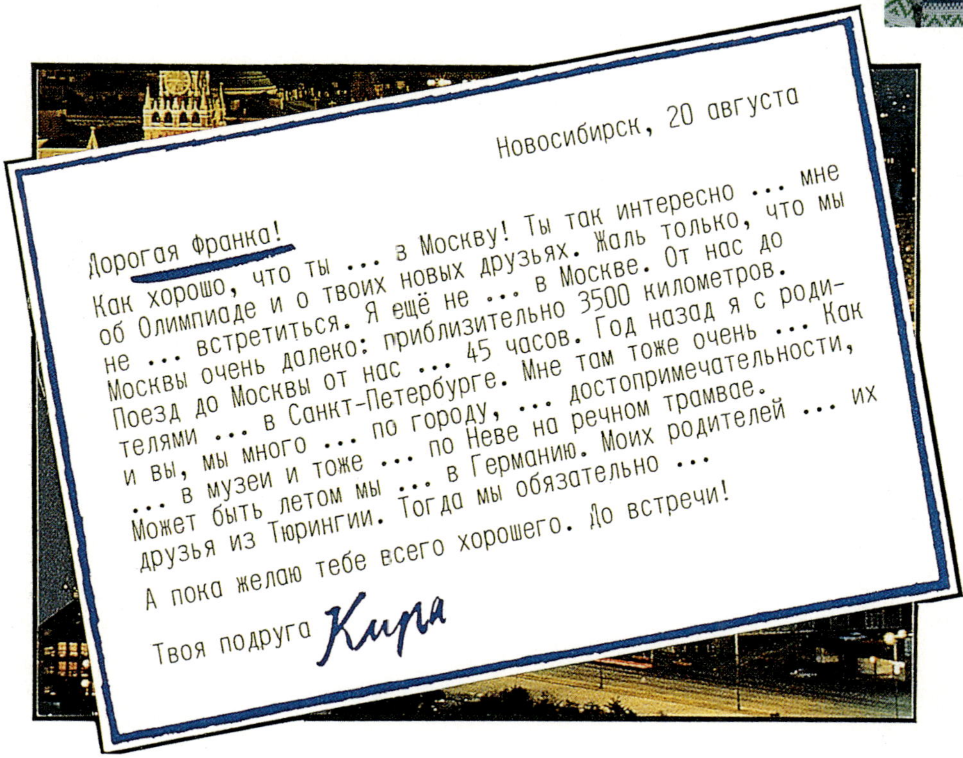

Новосибирск, 20 августа

Дорогая Франка!
Как хорошо, что ты ... в Москву! Ты так интересно ... мне
об Олимпиаде и о твоих новых друзьях. Жаль только, что мы
не ... встретиться. Я ещё не ... в Москве. От нас до
Москвы очень далеко: приблизительно 3500 километров.
Поезд до Москвы от нас ... 45 часов. Год назад я с роди-
телями ... в Санкт-Петербурге. Мне там тоже очень ... Как
и вы, мы много ... по городу, ... достопримечательности,
... в музеи и тоже ... по Неве на речном трамвае.
Может быть летом мы ... в Германию. Моих родителей ... их
друзья из Тюрингии. Тогда мы обязательно ...
А пока желаю тебе всего хорошего. До встречи!

Твоя подруга Кира

ездить, написать,

мочь, быть,

идти,
быть, понравиться,
гулять,
осматривать,
ходить, кататься,
поехать,
пригласить,
встретиться

8 Поговорите друг с другом по-русски о том,

– сколько лет вы уже учите русский язык,
– сколько раз в неделю у вас уроки русского языка,
– как зовут вашего учителя (вашу учительницу) русского языка,
– кто из вас уже был в России,
– в каком городе вы были.

1 Б

Почему вы выбрали русский?

1 На Олимпиаде **журнали́сты** спрашивали школьников:
«Почему вы учите русский язык?»
Вот как ответили ребята из Германии.

Мартина

Я, как и моя мама, хочу быть **перево́дчицей**. Хочу **переводи́ть** с иностранных языков и на иностранные языки, например, на **конфере́нциях** и **делово́х совеща́ниях**. Поэтому я хочу знать несколько иностранных языков. По-моему, русский язык очень красивый и даже немного экзоти́чный.

Марк

У нас есть **знако́мые** в Москве. Мои родители познакомились с ними уже много лет назад. Мои родители хорошо говорят по-русски и поэтому могут говорить со своими знакомыми **без** переводчика. А я ещё не всё понимаю, и моя мама мне иногда переводит. Я тоже хочу **научи́ться** хорошо говорить по-русски, **что́бы** говорить с друзьями без переводчика.

Надин

Мы часто слышим в **переда́чах** по радио и **телеви́дению** о проблемах в России. Хочу хорошо читать по-русски, чтобы лучше понимать, что происхо́дит[1] в России.

Мой папа говорит, что Россия – это огромный рынок и что русский язык надо обязательно знать. Я с ним согласна.

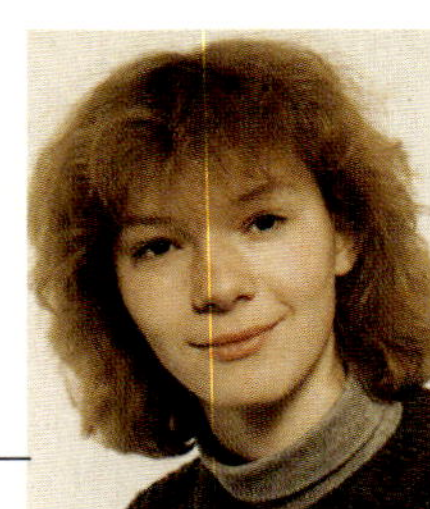

Мария

[1] vor sich geht

Сандра

Раньше я знала о русских только из **америка́нских** фильмов о **шпио́нах**.
Хочу знать больше.

Кристиан

Вся наша семья любит путешествовать. Мы хотим поехать в Сибирь и на Дальний Восток без переводчика. Это интереснее, чем поездка с группой. По-моему, только так можно познакомиться с **жи́знью** другой страны и **поня́ть** её **пробле́мы**.

Франка

Раньше я не хотела учить русский язык. Все говорили, что он очень трудный. Я выбрала после шестого класса русский язык только **потому́, что** моя подруга Керстин хотела учить этот предмет. А теперь русский язык мне нравится. По-моему, он не труднее, чем другие языки. Я люблю разговаривать с русскими школьниками по-русски.

2 Скажите, кто из ребят хочет выучить русский язык,

- чтобы познакомиться с жизнью в России,
- чтобы переводить с русского языка и на русский язык на конференциях и деловых совещаниях,
- чтобы говорить с друзьями и знакомыми без переводчика,
- чтобы лучше понимать, что происходит в России,
- чтобы разговаривать с русскими школьниками по-русски.

1 Б

Работаем над языковым материалом

Komparativ ↗ G 85–87

3 Так вы можете сравнивать.

	какой?			
Русский язык	*более (менее)*	трудный,	чем	английский.
		труднее,	чем	английский.
		труднее		английского.

	как?		
Аня пишет	лучше,	чем	Борис.
Аня пишет	лучше		Бориса.

какой?	*как?*		
трудный	трудно	трудн ее	
красивый	красиво	красив ее	
дешёвый	дёшево	дешéвле	billiger
дорогой	дорого	дорóже	teurer
рéдкий	**рéдко**	рéже	seltener
частый	часто	чáще	öfter
лёгкий	легко	лéгче	leichter
большой	много	бóльше	größer; mehr
маленький	мало	мéньше	kleiner; weniger
плохой	плохо	хýже	schlechter
хороший	хорошо	лýчше	besser

4 Найдите в тексте «Почему вы выбрали русский?» сравнения и переведите их.

5 Дополните сравнения.

1. Франка хорошо говорит по-русски, а Симон говорит ещё …
2. Миша интересно рассказывал девочкам о Москве, а Саша рассказывал …
3. Сандра мало знает о русских, а её подруга Таня …
4. Родители Марка хорошо говорят по-русски, а Марк говорит …
5. Раньше Марк и его родители часто ездили в Москву, а теперь ездят …
6. Москва – красивый город, а Санкт-Петербург ещё …

6 Поговорите в парах. Сравните.

(М) А: Биология – лёгкий предмет. По-моему, биология легче, чем математика.
Б: А по-моему, математика легче. Или: И по-моему, биология легче, чем математика.

А: Рейн – красивая река. Я думаю, что он красивее, чем Дунай.
Б: …
А: У тебя хороший кассетник. Я думаю, что он дороже, чем мой.
Б: …

А: … – хороший спортсмен. Он играет в футбол лучше, чем …
Б: ...
А: Футбол – интересная игра. По-моему, футбол …
Б: …

7 Учитесь объяснять незнакомые слова по-русски. Какие слова из текста «Почему вы выбрали русский?» можно объяснить так:

- они переводят с одного языка на другой, например, на деловых совещаниях,
- с ними вы дружите,
- с ним или с ней вы познакомились,
- они пишут для газеты или журнала,
- ваши папа и мама.

друг друга ↗ G 102

8 Объясните, как изменяются слова в словосочетании *друг друга.*

G. Участники Олимпиады спрашивали <u>друг у друга</u> о родителях, братьях и сёстрах и о друзьях.
D. Они рассказывали <u>друг другу</u> о своих странах.
A. В эти дни они каждый день видели <u>друг друга</u>.
I. Все ребята очень быстро познакомились <u>друг с другом</u>.
P. Дома они часто рассказывали родителям <u>друг о друге</u>.

9 Различайте:

выучить/учить	*что?* (A.)	иностранный язык, слова
научиться/учиться	*что делать?* (Inf. uv.)	играть на гитаре, говорить по-русски

Как правильно: *научиться/учиться? выучить/учить*?

– Когда ты … так хорошо плавать?
– В первом классе. Я … плавать вместе с моим старшим братом.

– Где ты … так хорошо английский язык?
– В школе. Там я … хорошо читать и говорить. Но я ещё плохо умею писать.

Скажите, что вы хотите *выучить* и что вы хотите *научиться* делать.

10 Научитесь знакомить людей друг с другом.
Вставьте *познакомиться* или *знакомый, знакомая, знакомые.*

Давайте познакомимся!
Франка … с Мишей и Сашей в Москве.
Саша … с Симон. Все участники Олимпиады … друг с другом.

Познакомьтесь, пожалуйста. Это моя … Её зовут Кира. Она переводчица. А это мой … Его зовут Борис. Он журналист и работает на телевидении. Фамилия моих … Петро́вы.

Begründen ↗ G 145, 146

11 Так вы можете объяснить своё решение.

поэтому — deshalb
Я хочу стать переводчицей, поэтому … — Ich möchte Dolmetscherin werden, deshalb …

потому что — weil
Я выбрал русский язык, потому что … — Ich habe Russisch gewählt, weil …

чтобы (mit Inf.) — um … zu
Я учу русский язык, чтобы … — Ich lerne Russisch, um … zu …

12 Найдите в тексте «Почему вы выбрали русский?» предложения со словами *чтобы, потому что, поэтому* и переведите их на немецкий язык.

13 Скажите, почему эти ребята хотят учить русский язык.

- Мартина хочет выучить русский язык, …
- Марк хочет знать русский язык, …
- Надин хочет хорошо читать по-русски, …
- Мария говорит, что Россия – это огромный рынок, …
- Кристиан хочет выучить русский язык, …
- Франка сначала не хотела учить русский язык, … Она выбрала этот предмет, …

14 Переведите, почему ребята выбрали русский язык.

Mark, Sandra, Nadine und Maria haben Russisch gewählt. Sandra möchte das Leben in Rußland kennenlernen. Nadine möchte über Probleme in Rußland lesen. Mark will ohne Dolmetscher mit seinen Bekannten sprechen. Und Franka hat deshalb Russisch gewählt, weil ihre Freundin dieses Fach gewählt hat. Jetzt gefällt ihr die russische Sprache.

Говорим, обсуждаем, спорим

15 Вы выбрали русский язык. Почему? Ваши аргументы?

Вы хотите
- читать русскую литературу в **оригина́ле**;
- читать русские газеты и журналы;
- слушать передачи на русском языке по радио;
- смотреть передачи на русском языке по телевидению;
- говорить с русскими без переводчика;
- переводить книги с русского языка на немецкий (переводчик, переводчица);
- переводить на конференциях или деловых совещаниях;
- переводить для туристов, которые приезжают в Германию.

…

Вы думаете, что русский язык вам надо знать для вашей **бу́дущей профе́ссии**?

16 Спросите друг друга, почему вы выбрали русский язык. Составьте диалоги.

17 Прочитайте объявления из газет со словарём.

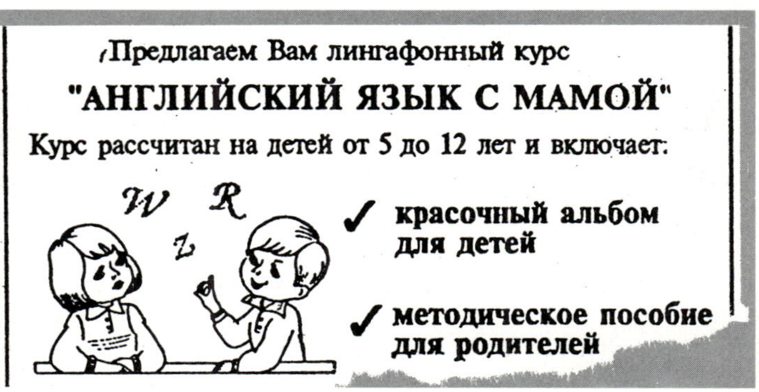

1В

Трудно ли выучить русский язык?

1

Вы уже третий год учите русский язык. **Мно́гие счита́ют**, что русский язык трудный, **сра́внивают** его с английским, кото́рый[1] даётся немцам легко. Это правильно, для немцев английский язык легче, чем русский, потому что немецкий и английский языки **отно́сятся** к одной языковой группе – группе **герма́нских** языков. А русский язык – **славя́нский**. Поэтому поля́кам, болга́рам, че́хам – их языки тоже относятся к группе славянских языков – легче даётся русский язык.

Конечно, в русском языке много **тру́дностей**. Например, в русском алфавите 33 буквы, и только 6 из них соотве́тствуют[2] лати́нским. Кроме того, в русском языке много падеже́й, как в латинском.

Но **изуче́ние** английского языка тоже **име́ет** свои проблемы. Это говорят **лингви́сты**, которые занимаются **нау́кой** о языке. Английские лингвисты, например, говорят об английском языке: «Английский язык просте́йший[3], чтобы говорить плохо, но **сложне́йший**[4], чтобы говорить хорошо».

Часто английские слова имеют много **значе́ний** и форм. Посмотрите в словаре, сколько значений имеет, например, английское слово get.

Английские слова часто пишутся не так, как читаются. У русских даже есть такая **шу́тка**: «Англичане пишут Ливерпу́ль, а читают Манче́стер».

В русском языке слова, особенно иностранные, **как пра́вило**, читаются **почти́ так же**, как пишутся. Поэтому русские обычно реже делают **оши́бки**, **когда́** произносят иностранные слова, чем, например, немцы.

В русском языке много слов, которые пришли в него из других иностранных языков: из **гре́ческого**, из латинского, из французского, немецкого, английского. Этих слов очень много. Они помогают **изуча́ть** русский язык. Вы знаете, как переводятся на немецкий язык слова *ресторан, витами́н, анана́с, стадион* и другие интернационализмы. В последнее время в русском языке часто можно встретить слова, которые пришли в русский язык из английского языка. Это слова из **рыночной эконо́мики**. Их тоже можно легко понять: *би́знес, бизнесме́н, марке́тинг, ме́неджер, се́рвис, ноу-хау.*

В каждом языке есть свои трудности. Но каждый язык можно выучить.

1 welche (die)
2 entsprechen
3 sehr einfach
4 sehr kompliziert

2

Правильно или неправильно?

- Английский язык даётся немцам легко.
- Английский язык имеет свои трудности.
- В русском алфавите 33 буквы, и только 5 из них соответствуют латинским.
- В русском языке много падежей, как в латинском.
- Лингвисты занимаются историей.
- Изучение английского языка имеет свои трудности, так же как изучение русского.
- В последнее время в русском языке часто можно встретить слова-интернационализмы из рыночной экономики.

Работаем над языковым материалом

3 Многие слова из текста «Трудно ли выучить русский язык?» вы слышите на уроках русского языка. Выпишите из текста все слова к теме «Изучение иностранных языков».

ЦЕНТРАЛЬНАЯ МОСКОВСКАЯ ШКОЛА ИНОСТРАННЫХ ЯЗЫКОВ

Обучение АНГЛИЙСКОМУ и АМЕРИКАНСКОМУ ВАРИАНТУ у лучших преподавателей Москвы и ЛИНГВИСТОВ из США.

FOREIGN LANGUAGES CENTER

Частным лицам: запись на январь в группы для начинающих, продолжающих и совершенствующих знания. Занятия в центре.

Организациям: обучение сотрудников по месту работы (возможно обучение с носителями языка из США и Англии).

Лингафоны (кассеты с учебниками, пр-во США, Англия) для детей и взрослых, любого уровня сложности: всегда в продаже.

Справочная: 208-43-51 (10.00—15.00), 205-73-26 (16.00 — 21.00).

4 Вы уже знаете много слов одного корня. Сравните их. Назовите ещё 7 знакомых вам слов с корнем -уч-.

знакомый	школа	переводить	трудный	учить
знакомая	школьник	переводчик	трудность	изучить
знакомиться	школьница	переводчица		…

Frage- und Nebensätze mit ли ↗ G 154, 149

5 Так вы можете спрашивать.

Тру́дно ли выучить русский язык?	Ist es schwer, die russische Sprache zu erlernen?
Согла́сны ли вы с автором?	Sind Sie mit dem Autor einverstanden?
Пра́вда ли, что …?	Stimmt es, daß …?

6 Произносите вопросы правильно. Обращайте внимание на интонацию.

Хорошо ли вы говорите по-русски?
Правда ли, что каждый человек может выучить иностранный язык?
Согласны ли вы с **а́втором**?
Часто ли читаете по-русски?
Трудно ли вам даётся русский язык?

7 Прочитайте вопросы вслух и переведите их на немецкий язык.

1. Правильно ли вы произносите русские слова?
2. Часто ли вы читаете по-русски или по-английски?
3. Говорили ли вы уже с русскими на их языке?
4. Были ли вы уже в России?
5. Есть ли у вас любимые русские писатели?
6. Правда ли, что немцам трудно выучить русский язык?
7. Изучаете ли вы латинский язык?

1 В

8 Обратите внимание на перевод союза *ли.*

> Автор спрашивает, говорили ли вы уже с русскими по-русски.
> Der Autor fragt, ob Sie schon mit Russen russisch gesprochen haben.

Переведите.

1. Учитель спросил, часто ли мы читаем по-русски.
2. Мой знакомый хочет знать, был ли я в России.
3. Школьник спросил учительницу, правда ли, что в русском языке много интернационализмов.
4. Участников соревнований спросили, есть ли у них кассетники.
5. Моя русская знакомая хочет знать, хорошо ли я знаю русский язык.

9 Как правильно?

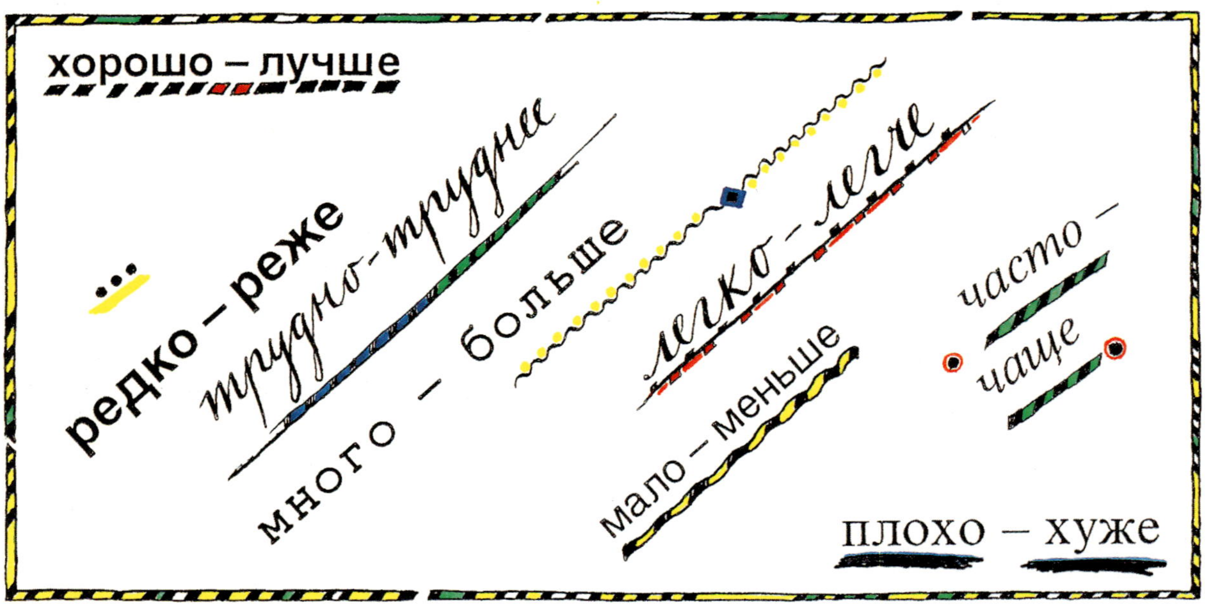

- В наше время всё (immer) … людей хотят знать иностранные языки.
- Выучить иностранный язык может каждый человек. Надо только … заниматься им.
- Многие считают, что немцам … выучить английский язык, чем русский.
- Другие думают, что выучить русский язык так же …, как английский.
- Чтобы … говорить по-русски, надо … читать и писать, … слушать и … болтать на уроках.
- Кто … занимается языком, может выучить его.

Passiv unvollendeter Verben ↗ G 47

10 Сравните.

В тексте сравниваются трудности …
Im Text werden die Schwierigkeiten … verglichen.

11 Произносите правильно.

[цə]

говорится	читается
спрашивается	пишется
сравнивается	произносится
переводится	даётся

12 Переведите.

- В тексте спрашивается, трудно ли выучить русский язык. В нём сравниваются трудности русского и английского языков.
- В тексте говорится, что одна из трудностей русского языка – это его алфавит.
- В русском языке много интернационализмов, которые легко переводятся на немецкий язык.
- В английском языке многие слова читаются не так, как пишутся. Английский язык, как и немецкий, входит в группу германских языков и поэтому даётся немцам легче, чем русский.

Говорим, обсуждаем, спорим

13 Из текста вы узнали о языковых группах.

Вспомните,
- к какой языковой группе относится немецкий язык,
- какие языки относятся к группе славянских языков,

Объясните,
- почему немцам легче даётся изучение английского языка.

14 С помощью этих предложений вам легче будет передать основное содержание текста «Трудно ли выучить русский язык?».

- В тексте говорится о …
- Автор текста отвечает на вопрос, …
- Он сравнивает … и показывает (zeigt), что у каждого иностранного языка есть …
- Он считает, что …
- В конце текста автор говорит, что …

15 А теперь попробуйте коротко передать по-русски содержание одного из текстов «Они познакомились в Москве» или «Почему вы выбрали русский?».

Так вы можете коротко передать основное содержание текста:

Текст называется …
В тексте говорится о …
Из текста мы узнали, что (кто, где, когда, почему …)
В тексте сравниваются …
Автор текста говорит (показывает, считает), что …

16 Он выучил 38 языков

Инженер Евге́ний Черня́вский знает 38 иностранных языков. В интервью с иностранными журналистами Евгений Чернявский сказал, что изучает языки, чтобы познакомиться с культурой других наро́дов[1]. Всех людей, которые изучают иностранные языки, Чернявский разделя́ет[2] на четыре группы:

Первая – это люди, которые любят иностранные языки. Он считает, что для этих людей изучение иностранных языков не труд, а удовольствие.

Ко второй группе относятся люди, которые не очень любят иностранные языки, но понимают, что современному человеку их обязательно надо знать. Поэтому они согласны регуля́рно[3] заниматься иностранным языком.

Третья группа – это люди, кото́рые[4] согласны изучать иностранный язык, если это будет не очень трудно.

И четвёртая группа, к ней, по мнению Чернявского, относится большинство́ людей. Это люди, которые не любят и не хотят изучать иностранные языки.

Чернявский считает, что люди первой группы могут выучить язык в любо́м слу́чае[5], а люди четвёртой группы никогда́ не смо́гут[6] изучить иностранный язык.

1 Völker
2 unterteilt
3 regelmäßig
4 welche
5 in jedem Fall
6 werden nie in der Lage sein

Он считает, что изучить язык легко и быстро невозмо́жно[7], и советует не ве́рить рекламе, которая обеща́ет[8] научить иностранному языку за[9] несколько недель или месяцев. Чтобы выучить язык, им надо заниматься каждый день, без перерывов.

Он сформулировал правило, которое говорит, что каждый новый язык выучить в два раза легче, чем предыду́щий[10]. Это значит, что е́сли вы изучали первый язык два года, то второй вы можете выучить за год, а третий – за шесть месяцев. Но это относится только к языкам одной группы, например, только к славянским или только к германским.

И последнее, что советует Чернявский людям, которые хотят изучить иностранный язык:

Не думайте, что у вас нет времени на изучение языка. Чтобы изучить язык, доста́точно[11] заниматься им полчаса в день. Вы думаете, что у вас нет времени, на са́мом де́ле[12] у вас нет си́лы во́ли[13]. Вы не можете заста́вить[14] себя заниматься регулярно. Иностранный язык может выучить каждый человек. Надо только уметь заставить себя учиться.

[7] unmöglich
[8] verspricht
[9] innerhalb von
[10] vorangegangene
[11] ausreichend
[12] in Wirklichkeit
[13] Willensstärke
[14] zwingen

17 А как вы думаете?

- Евгений Чернявский говорит, что людей, которые изучают иностранные языки, можно разделить на четыре группы. Как вы думаете, к какой группе вы относитесь, к первой, ко второй, к третьей или к четвёртой? Почему вы так думаете?
- Чернявский считает, что большинство людей, которые относятся к четвёртой группе, не могут выучить иностранный язык. Согласны ли вы с ним?
- «Чтобы выучить иностранный язык, им надо заниматься ежедневно», – говорит автор. Как, по-вашему, правильно ли это?
- Как вы относитесь к этим словам: «Иностранный язык может выучить каждый человек, надо только заставить себя учиться»?

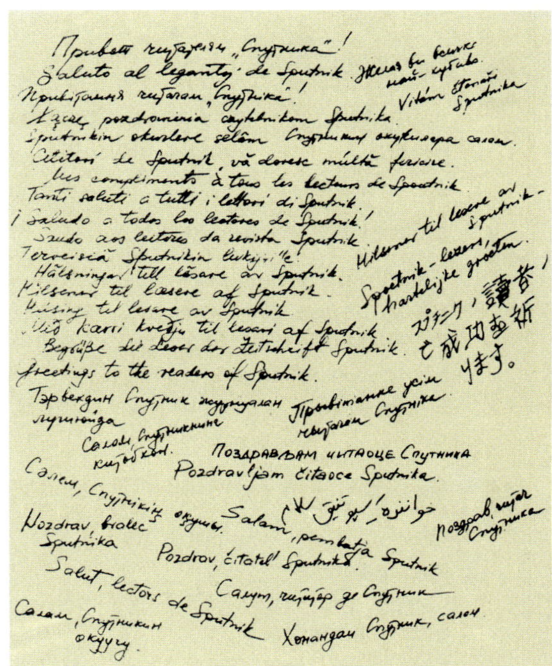

1Г

Повторяем

Deklination der Substantive ↗ G 63-70

1 В воскресенье ребята были друг у друга в гостях, ходили на стадион, на дискотеку. Скажите, кто где был и кто что делал в воскресенье?

• У кого был в гостях Антон?	Вадим
• А у кого был в гостях Сергей?	Игорь
• К кому ходила в гости Нина?	Рита
• А к кому ходила в гости Света?	Мария
• Кого Роман видел на стадионе?	Лидия, Марина, Николай и Иван
• С кем Ира познакомилась на дискотеке?	Таня, Марина, Борис и Игорь
• О ком говорили ребята?	Андрей, Вера, Таня, Виктор и Мария

2 Bilden Sie Nominativ Singular und Plural.

(М) учеников – ученик, ученики

(много)	классов, музеев, рублей, карандашей; дней;
(несколько)	книг, недель, фотографий; копеек, ручек, деревень, открыток;
(сколько)	слов, училищ, зданий; озёр, окон, чисел, писем.

3 Вспомните.

продаве́ц	– продавцы́, продавцо́в	плато́к	– платки́, платко́в
не́мец	– не́мцы, не́мцев	пода́рок	– пода́рки, пода́рков

4 Дополните предложения.

- На улицах Москвы много (люди, автобусы, троллейбусы, трамваи, машины).
- В маленьком городе нет (театры, стадионы, музеи, высокие здания).
- Сколько (окна) в вашей квартире?
- В альбоме Виктора много (фотографии) и (открытки).
- Через пять (недели) и пять (дни) у Светы будет день рождения.

5 Скажите, что участники Олимпиады делали в свободное время.

Они	улицы города, музеи, магазины;
ходили по …	экскурсии, театры, концерты;
были в (на) …	люди на улицах города, москвичи,
разговаривали с …	гости столицы, школьники, учителя;
покупали сувениры и подарки и	книги, журналы, значки, платки,
купили много …	карандаши, ручки, открытки, марки

6 Deklination der Adjektive ↗ G 78, 80

Повторите знакомые вам прилагательные. Составьте словосочетания.

(M) знаменитая площадь

• город, часть города, улица, площадь, здание, гостиница, памятник, достопримечательность, парк, дерево

знаменитый, архитектурный, красивый, зелёный, новый, старый, древний, огромный, современный, европейский, высокий

• путешествие, река, озеро, лес, горы, море, цветы, погода, дождь, снег, ветер, гроза

большой, маленький, высокий, весенний, осенний, зимний, северный, холодный, сильный, слабый, интересный, тёплый

7

Чем увлекаются Павел и ребята из его класса?
Вставьте подходящие по смыслу прилагательные.

новый разный чёрный компьютерный интересный
любимый настольный современный иностранный лёгкий

У ребят много … интересов и увлечений. Они интересуются … техникой, … музыкой, … языками. Ребята часто говорят о(б) … книгах и … фильмах. Многие увлекаются футболом, некоторые любят играть в … теннис или заниматься … атлетикой. Павел любит фотографировать … животных. Особенно часто он фотографирует свою … кошку Мурку и своего … попугая Амадея.

Datumsangabe ↗ G 139–141

8

Как правильно? Прочитайте вслух.

• В каком году?
в 1978 году, в 1980 году, в 1985 году,
в 1989 году, в 1990 году, в 1994 году;

• Когда?
2 января, 6 февраля, 18 марта, 19 апреля,
20 мая, 23 июня, 25 июля, 26 августа,
2 сентября 1952 года, 14 января 1964 года,
20 марта 1989 года, 26 августа 1994 года

9

Они родились в одном веке, а умерли в другом.
Прочитайте вслух, когда это было.

• Русский царь и первый российский император Пётр I родился в XVII веке, в 1672 г., а умер в XVIII в., в 1725 г.
• Русский поэт Александр Сергеевич Пушкин родился в 1799 г., а умер в 1837 г.
• Русский писатель Лев Толсто́й родился в августе 1828 г., а умер 7 ноября 1910 г.
• Русский писатель Антон Павлович Чехов родился 17 января 1860 г., а умер 2 июля 1904 г.

УРОК 2 Наши одноклассники из других стран

«Русский Майер»

1 «Меня зовут Владимир Майер. Мне 15 лет. Я немец, но родился и **вы́рос** в России. Моя семья приехала из России в Германию год назад. Я живу в Ганновере и учусь в девятом классе».

Владимир написал письмо своему другу Серёже в Россию. Прочитайте **отры́вок** из этого письма, и вы больше **узна́ете** о Владимире.

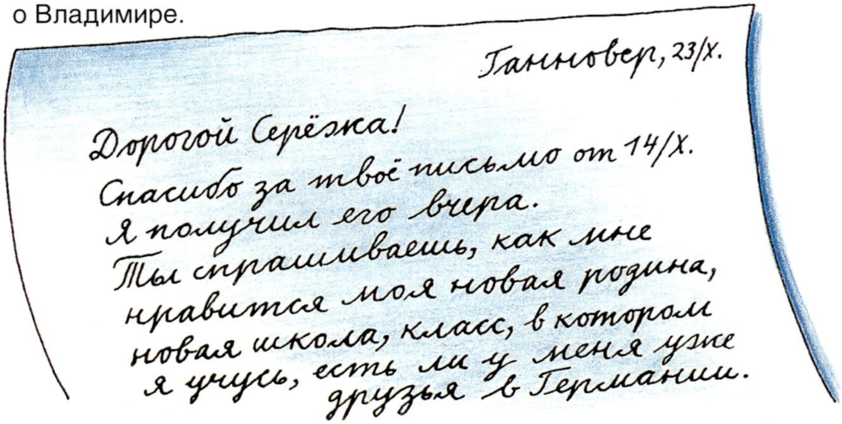

… Ты спрашиваешь, как мне нравится моя новая **ро́дина**, новая школа, класс, в **кото́ром** я учусь, есть ли у меня уже друзья в Германии. Вопросов много, на некоторые ответить нелегко.

Ну, **во-пе́рвых**, я понял, что мы очень мало знали о Германии, когда **реши́ли уе́хать** из России. Здесь **мно́гое совсе́м** не так, как там. Мои родители думали, что едут на свою **истори́ческую** родину, а теперь им кажется, что они здесь чужи́е[1]. Они говорят: «Там у нас не было родины и здесь тоже нет». **Оте́ц – безрабо́тный**, работу здесь **найти́** очень трудно. Мама работает в магазине, но работа ей не нравится. Ты знаешь, что раньше она была учительницей **мла́дших кла́ссов** и очень любила свою работу. Мне здесь легче, чем родителям. В школе мне нравится. В нашем классе учатся не только немцы, но и **иностра́нцы**: **гре́ки**, **ту́рки**… **Большинство́** ребят относятся ко мне хорошо, но я для них не немец. Они говорят: «В нашем классе есть **италья́нцы**, турки, греки и один русский». Русский – это я. Грит, Клаудия и ещё некоторые ребята **называ́ют** меня «русский Майер». Они иногда **смею́тся** надо мной, особенно когда я **непра́вильно** говорю по-немецки. Я **де́лаю вид**, что мне это **всё равно́**. **Но** мне это, конечно, не очень **прия́тно**. Раньше русские ребята называли меня «Фриц». А теперь я «русский Майер»…

В школе у меня ещё нет друзей, но я часто встречаюсь с ребятами, которые тоже приехали из России и учатся в других школах. Мы **прово́дим** вместе свободное время. Многие ребята уже хорошо знают немецкий язык, но мы всегда говорим друг с другом по-русски.

[1] Fremde

2

Правильно или неправильно?

(М) Семья Владимира уже давно приехала в Германию.
Неправильно, семья Владимира приехала в Германию недавно.

- У Владимира уже есть друзья в классе.
- В классе, в котором учится Владимир, все ребята немцы.
- Для одноклассников Владимир не немец, а русский.
- Владимиру всё равно, что ребята смеются над ним, когда он говорит по-немецки с ошибками.
- Со своими друзьями из России Владимир всегда говорит по-немецки.

3

Наши одноклассники

Ребята из класса, в котором учится Владимир, уже третий год учат русский язык.
Вот что они рассказали русской журналистке.

Меня зовут Леонардо. Я итальянец. Мои родители уже двадцать лет живут в Германии. У моего отца в Ганновере маленькая **пиццери́я**. Там работают отец, моя сестра и **муж** сестры. Я родился и вырос в Германии.

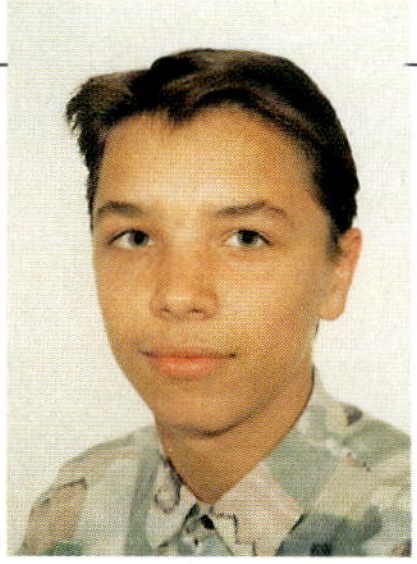

Меня зовут Марко. Я немец. Мне 15 лет. Мой отец **инжене́р**. А моя мама продавщица в большом универмаге. У меня две сестры. Я родился в маленькой деревне недалеко от Бремена. В Ганновер наша семья **перее́хала** пять лет назад. Сейчас у меня здесь уже много друзей.

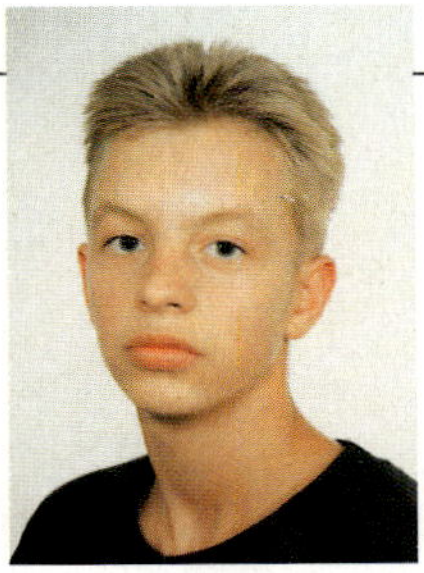

Меня зовут Бьёрн. Я тоже немец. Мой отец **шофёр**, а моя мама не работает. У меня есть младший брат. Его зовут Кристиан. В свободное время я стараюсь **зарабо́тать** немного денег, потому что очень люблю музыку и собираю кассеты и диски.

2 A

Меня зовут Инес, но друзья называют меня Ина. Мне 15 лет. Я немка. Мой отец работает в **ба́нке**, а моя **мать домохозя́йка**. У меня нет братьев и сестёр. Я интересуюсь иностранными языками и хочу стать переводчицей.

Меня зовут Саид. По **национа́льности** я турок, но родился и вырос здесь, в Германии. Мои родители раньше жили в Берлине, а потом переехали в Ганновер. У отца здесь небольшой магазин, в котором он и мой **ста́рший** брат **продаю́т** овощи и фрукты. Я иногда помогаю им. Летом мы часто ездим в Турцию. Я очень люблю море, люблю плавать, во время каникул занимаюсь **виндсёрфингом**. У меня три брата.

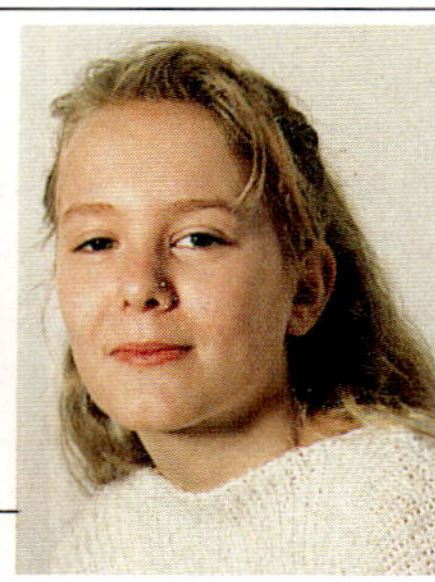

Мы подруги. Меня зовут Грит, а мою подругу Клаудия. Мне 15 лет. Я немка, родилась в Ганновере. У моих родителей в городе своя **бу́лочная**. У меня есть старший брат. Ему уже 20 лет. Он **студе́нт**.

Меня зовут Яна. Мой отец продаёт компьютеры, а моя мать не работает. У меня нет братьев и сестёр.

Меня зовут Стив. Мне 15 лет. Я немец. Мы раньше жили в Дрездене, а теперь переехали в Ганновер, потому что мой отец нашёл здесь работу. У меня ещё мало друзей, но мне нравится наш класс. В свободное время я люблю читать. Кроме того, я очень интересуюсь компьютерной техникой и много времени провожу у компьютера.

Меня зовут Элени. Я **греча́нка**. Мои родители переехали в Германию из Греции в 1975 году. Я родилась здесь, в Ганновере. Мой отец работает на **стро́ительстве**, а мама **официа́нтка** в греческом ресторане. Я интересуюсь **мо́дой**, люблю рисовать. У меня два брата.

4 Вот что ребята рассказали русской журналистке о своих проблемах.

Леонардо: Грит и Клаудия часто смеются над Владимиром, называют его «русский Майер». Я не понимаю, почему?

Грит: В нашем классе много ребят из других стран. Все они говорят по-немецки, как мы. Например, ты, Леонардо, тоже не немец, но прекрасно говоришь по-немецки. А Владимир немец, а по-немецки говорит плохо. Поэтому мы иногда смеёмся над ним.

Марко: Но ведь это **глу́по**. Вы знаете, что итальянцы, греки и другие иностранцы из нашего класса родились и выросли здесь, в Германии. А Владимир живёт в Германии совсем недолго. И он совсем неплохо говорит по-немецки. Правда, иногда он делает ошибки. **Ну и что же**? Мне это не **меша́ет**.

Бьёрн: По-моему, Марко **прав**. Мне это тоже не мешает. Я **про́тив национали́зма**. Мне всё равно, что мой друг Саид по национальности турок. Для меня **гла́вное**, какой он человек и что он хороший друг.

Ина: Но национализм у нас есть. Я, например, дружу с Элени. Она гречанка. Я часто хожу к ней домой, а она была у нас только один раз, потому что моей маме не нравится наша дружба. Для неё играет **ва́жную роль**, что Элени не немка.

Саид: Грит и Клаудия смеются не только над Владимиром. Они смеются и над другими иностранцами, которые живут так, как раньше жили дома. Например, они смеются над девочками-**турча́нками**, которые сидят в школе на уроках в платках. А, по-моему, это их **де́ло**, их **пра́во** жить, как они хотят.

Клаудия: Я с тобой не согласна, Саид. Вы живёте в Германии и должны **уважа́ть** наши **тради́ции**.

Стив: Клаудия, ты не права. Они живут в Германии и уважают традиции немцев. Но они не немцы. У них своя **рели́гия** и традиции своей **на́ции**.

Элени: Я хочу задать вопрос Владимиру. Владимир, твой отец безработный. В России у него, наверно, была работа. Вы знали, что в Германии нелегко найти работу?

Владимир: Знали. Но в России мои родители не были **уве́рены** в своём **бу́дущем**. Они хотели жить на своей исторической родине. Конечно, в Германии более высокий **у́ровень** жизни[1]. Это для нас тоже было важно. Но это не главное.

[1] Lebensstandard

5 Правильно или неправильно?

- Клаудия считает, что иностранцы в Германии могут жить, как хотят.
- Грит говорит, что все ребята в классе, которые по национальности не немцы, говорят по-немецки лучше, чем Владимир.
- Матери Ины не нравится, что она дружит с гречанкой.
- Стив считает, что турки в Германии должны жить только так, как живут немцы.
- Марко говорит, что ему не мешает, когда Владимир говорит по-немецки с ошибками.
- Бьёрн против национализма…

Работаем над текстом

6 Вы познакомились с ребятами из класса, в котором учится Владимир.

Скажите, кто из них по национальности немец (немка), турок, гречанка, итальянец?
Кто из них переехал в Ганновер из Дрездена (из Бремена)?
У кого из них отец работает в банке?
У кого отец инженер (шофёр)?
У кого мать официантка (домохозяйка)?
У кого есть старший брат? Младший брат?
Кто в свободное время зарабатывает деньги?
Кто любит моду?
Занимается виндсёрфингом?
Интересуется компьютерной техникой?

7 Расскажите, что вы узнали о Леонардо, Бьёрне, Элени, Саиде или о других ребятах.

8 Научитесь коротко формулировать содержание текста по-русски. Так, например, вы можете коротко передать содержание текста «Русский Майер»:

В тексте говорится о юноше из России.
Его зовут …
Он приехал с родителями …
По национальности он …
Его родителям очень трудно …
Владимир учится в школе вместе …
Он ещё не очень хорошо говорит по-немецки, поэтому …
У него ещё нет друзей в классе, но …

9 Представьте себе, что вы разговариваете с Владимиром.
Спросите его по-русски,

- где он родился и вырос,
- чем занимаются его родители,
- как называется город или деревня, откуда он приехал,
- есть ли у него брат или сестра,
- есть ли у него уже друзья в Германии,
- нравится ли ему его новая школа и новый класс.

Какие ещё вопросы вы хотели бы задать Владимиру?

10 Коротко ответьте на вопросы к тексту «Наши одноклассники».

Почему девочки смеются над Владимиром?
Почему ребята других национальностей говорят по-немецки лучше, чем Владимир?
Почему Бьёрн дружит с Саидом?
Почему Элени не любит ходить в гости к Ине?
Почему Клаудия не очень хорошо относится к девочкам-турчанкам?
Почему родители Владимира решили переехать в Германию?

Работаем над языковым материалом

11 Сравните слова одного корня.
Найдите в текстах «Русский Майер» и «Наши одноклассники» предложения с этими словами и переведите их.

нация	прав (права, правы)	родиться	работать
национальность	правда	родители	заработать *v.*
(интер)национальный	правильно	родина	работа
(интер)национализм	право	родной	безработный
		родственники	

12 Вставьте слова из упр. 11.

Мой друг Карим по … турок. Его отец … в ресторане.
Карим турок, но он … в Германии.
Он каждое лето ездит со своими … в Турцию.
Там живут его дедушка и бабушка и другие …
Ребята спросили его, … ли, что в Турции много …
Он ответил, что это …

должен ↗ G 132

13 Так можно сказать,
что вам надо обязательно сделать.

Он Она Они	*должен* *должна* *должны*	(*был, будет*) (*была, будет*) (*были, будут*)	уважать права человека.

14 Переведите.

1. Клаудия считает, что девочки из Турции *должны* жить так, как живут немцы.
2. Одноклассники Владимира говорят, что каждый человек *должен* уважать традиции другой нации.
3. По-моему, люди *должны* всегда стараться понять друг друга.
4. Многие иностранцы в Германии *должны были* учить немецкий язык вечером. Днём они *должны были* работать.
5. Летом Наташа *должна будет* зарабатывать деньги, чтобы помочь своей семье.

15 Переведите словосочетания из текста «Наши одноклассники».

1. Это *моё* (не твоё, не ваше) *дело.* Это *их право.*
2. Бьёрн *прав.* Я считаю, что ты не *права*. Грит и Клаудия не *правы.*
3. *Мне всё равно,* как человек говорит по-немецки. *Мне это совсем не мешает.*
4. *Для меня* это *важно. Для Бьёрна важно,* что Саид хороший друг.
5. По-моему, *это* не *главное.*
6. Он *делает вид,* что ему не мешает, что ребята над ним смеются. Но *ему* это не очень *приятно.*
7. Владимир не очень хорошо говорит по-немецки. *Ну и что же?*

16 Скажите с помощью текста «Русский Майер»,
как это можно сказать по-другому.

В Германии *другая жизнь, чем* в России.
Родители Владимира хотели жить *в стране своих предков* (Vorfahren).
У отца Владимира *нет работы.*
У Владимира в Германии *меньше проблем, чем у* его родителей.
Владимир *не говорит ребятам, что ему неприятно,* когда они над ним смеются.

А теперь попробуйте сказать по-другому без текста:
Используйте слово «важно».

1. Для меня главное, какой ты человек.
2. Мне всё равно, какой национальности мои друзья.

17 Обменяйтесь репликами в парах.
Используйте слова и словосочетания из упр. 15.

(М) А: Ирине не нравится, что ты мало занимаешься спортом.
Б: По-моему, это не её дело. У меня много других интересов. Спорт для меня не главное.

А: Человек, который живёт в другой стране, должен жить точно так, как живут люди этой страны.
Б: …

А: Каждый человек должен знать не только родной язык, но и другие языки.
Б: …

А: Мне всё равно, кто мои друзья по национальности.
Б: …

А: Владимиру всё равно, что ребята над ним смеются.
Б: …

18 Дополните подписи к рисункам.

Родители:

отец
(...)

...
(**жена́**)

Дети:

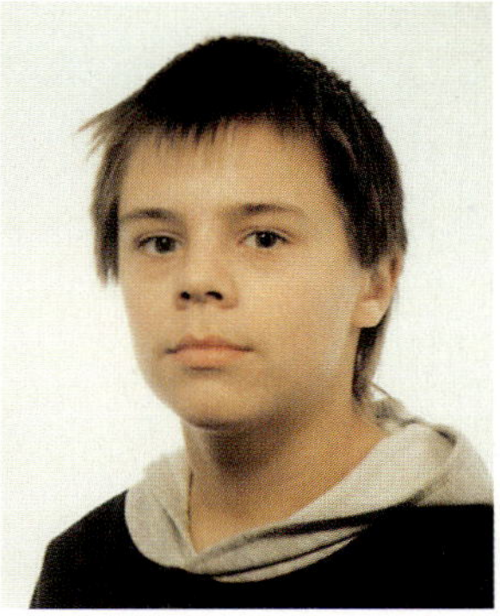

...
(**сын**)

сестра
(**дочь**)

19 Поговорите в парах.

– У тебя есть братья и сёстры?
– Есть. (Нет, у меня нет братьев и сестёр.)
– У тебя есть старший (младший) брат? Старшая (младшая) сестра?
…
– Сколько у тебя братьев и сестёр?
…
– Сколько сыновей (дочерей) у твоих родителей?
…
– Сколько сыновей и дочерей у родителей твоего отца и твоей матери?
…

20 Различайте:

<u>Девочку</u> зовут Екатерина, а друзья и родители <u>называют</u> <u>её</u> Катя (Катей).
N. oder I.

Скажите юноше или девушке, с которыми вы познакомились, как вас зовут и как вас называют родственники или друзья.
Меня зовут … Мой отец (моя мама, мой старший брат, моя младшая сестра …) называет меня … А мои друзья …

Говорим, обсуждаем, спорим

21 Вы прочитали о Владимире и его одноклассниках, где они родились и выросли, чем занимаются их родители, чем они сами интересуются, что любят делать. Расскажите теперь о себе.

22 Поговорите о дискуссии, которую провели одноклассники Владимира. С кем из ребят вы согласны? С кем не согласны? Почему? Ребята в классе считают Владимира русским. А как вы думаете?

23 Вы узнали, что у Владимира есть проблемы в Германии. Но ему легче, чем его родителям. Как вы думаете, почему? Используйте слова: во-первых, во-вторых…

24 Скажите, как вы сами относитесь к иностранцам, которые приезжают в Германию и живут здесь.
Аргументируйте свои высказывания. Используйте таблицу.

Эти слова и словосочетания вы можете использовать в дискуссии:

persönlichen Standpunkt äußern:
по-моему, по-твоему, по-нашему, по-вашему
(не) думаю, (не) считаю ...
(не) понимаю, что (почему) …
(мне) всё равно, (не) приятно, что …
мне трудно говорить об этом, потому что …
я уверен (уверена), мы уверены, что …

Zustimmung, Ablehnung ausdrücken:
я (не) согласен (согласна) с тобой, с ним, … с Робертом, с Ниной
ты (не) прав (права)

eine Vermutung zum Ausdruck bringen:
мне (тебе, вам, …) кажется, что …

etwas als (un)wesentlich bezeichnen:
(для меня) важно, что …
(для меня) главное, что …
(это не главное)
это играет важную роль (не играет роли)

etwas bewerten:
(это) глупо, плохо, (не)обычно, хорошо, (не)интересно, (не)важно

etwas aufzählen:
во-первых, во-вторых, в-третьих, в-четвёртых, в-пятых, …

25 Знали ли вы это?

Люди общáются между собóй[1] не только с помощью языка, но и с помощью жéстов[2]. Некоторые жесты в разных языках совпадáют[3], но некоторые жесты одного языка имеют в другом языке совсем другое значение.
Типи́чный примéр[4]: если человек из Болгарии согласен с собеседником, он качáет головóй[5] направо и налево. (Немцы и русские так качают головой, когда они не согласны.)
Например, вы спрашиваете болгарина: «Тебе нравится у нас в Германии?» Он хочет сказать «да» и качает головой так, как это делают немцы, когда хотят сказать «нет».

1 verständigen sich
2 Gesten
3 stimmen überein
4 typisches Beispiel
5 schüttelt den Kopf

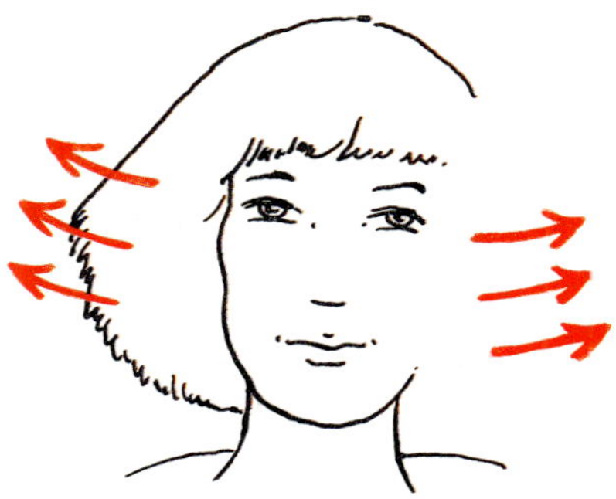

болгарин

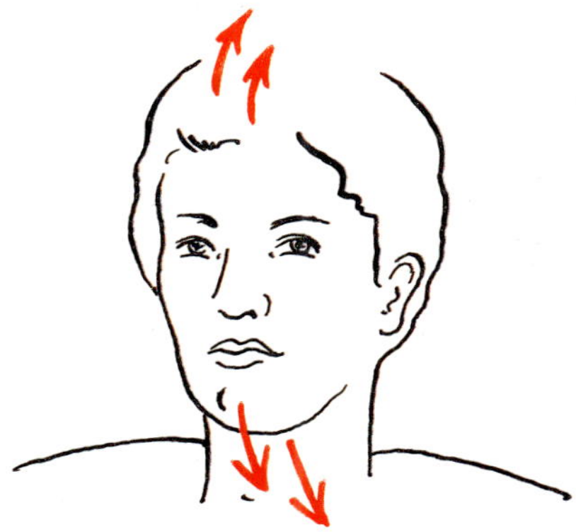

немец

Посмотрите теперь, как русские перечисля́ют что-нибудь на пáльцах[6]:

6 zählen etwas an den Fingern ab

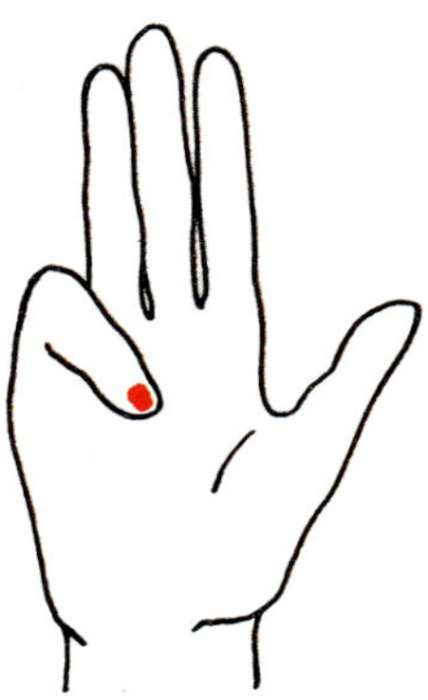

во-первых

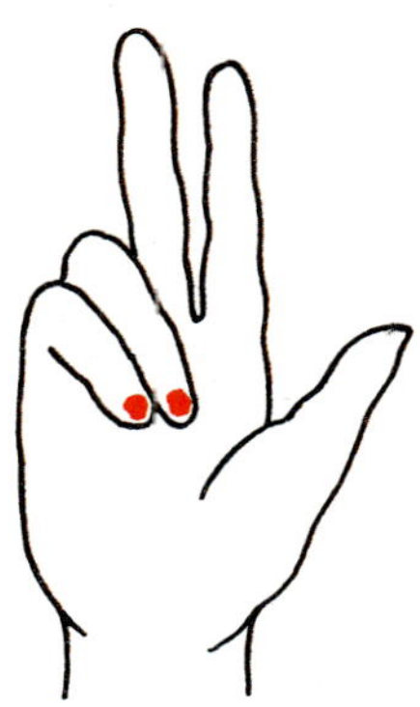

во-вторых

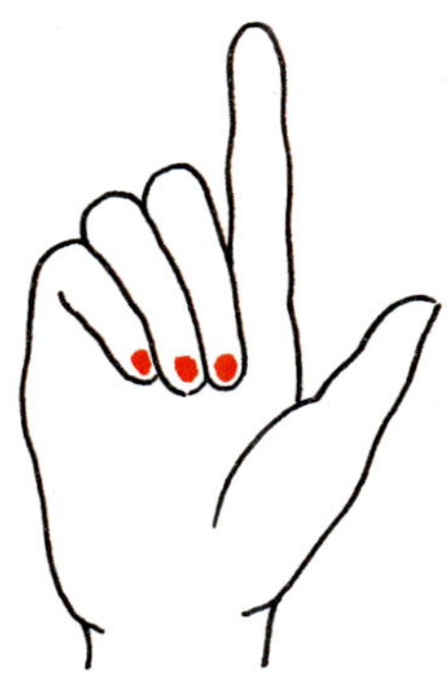

в-третьих

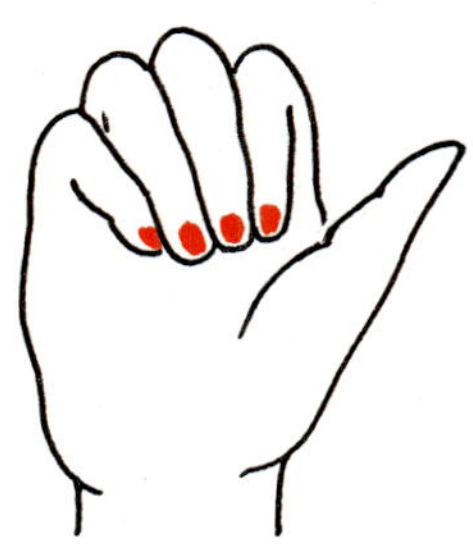

в-четвёртых

Попрóбуйте сами показать на пальцах, как вы перечисляете что-нибудь, и сравните с рисунком.

2Б

Из истории российских немцев

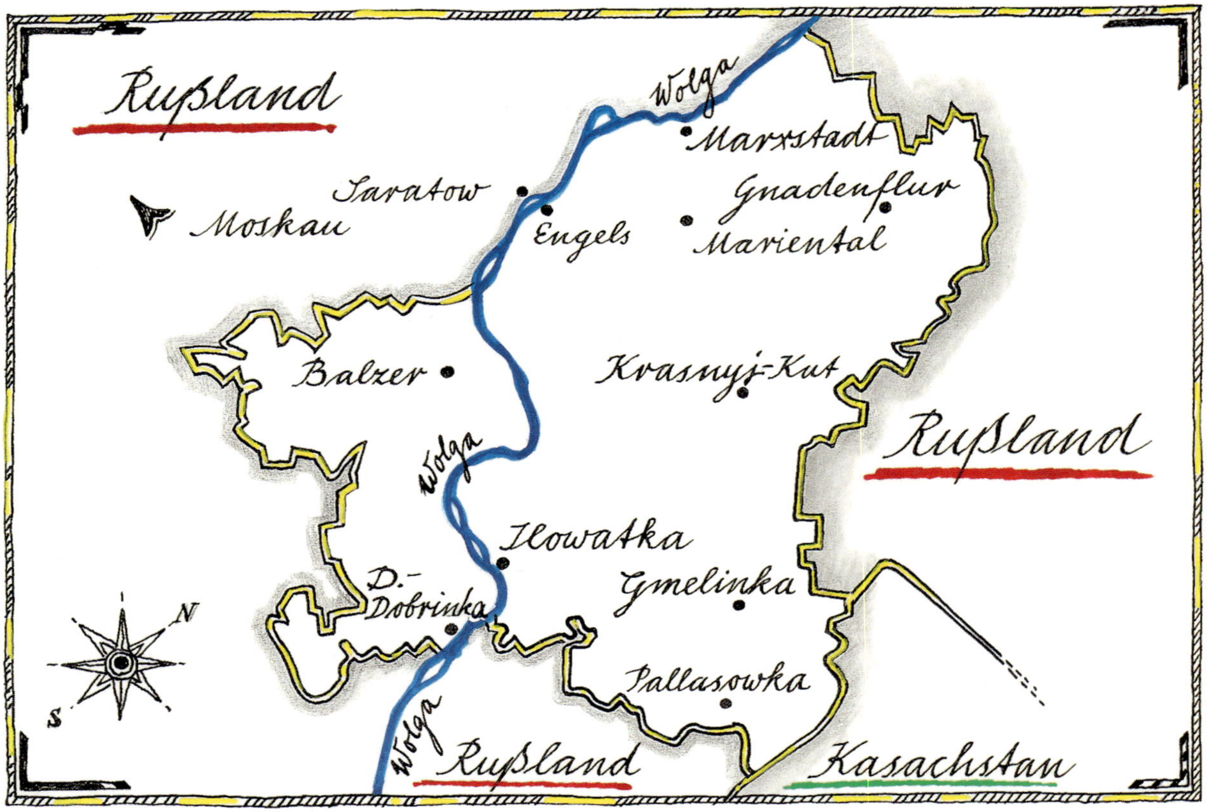

1 Республика немцев Пово́лжья[1]

В 1924 году в соста́ве Российской Федера́ции[2] была осно́вана[3] Автономная республика немцев Поволжья. В 1939 году в республике было 605 тысяч жи́телей. **Населе́ние** республики занималось се́льским хозя́йством[4], работало в пищево́й промы́шленности[5]. Республика немцев Поволжья была одной из первых советских республик со сплошно́й гра́мотностью[6]. Здесь было 176 национальных школ, в которых дети могли учиться на немецком языке, много те́хникумов и ву́зов[7], 5 театров. В республике выходи́ло[8] 25 газет, из них 21 на немецком языке. Кроме Поволжья, немецкие национальные районы были в Сибири, на Кавказе, на Украине и в других регионах России. В Советском Союзе было приблизительно два миллиона немцев.
Не все знают, как эти немцы попа́ли в Россию.

[1] Wolgarepublik
[2] innerhalb der Russischen Föderation
[3] wurde gegründet
[4] Landwirtschaft
[5] Lebensmittelindustrie
[6] …, in der alle Bewohner lesen und schreiben konnten
[7] Fach- und Hochschulen
[8] erschienen

Начало

История российских немцев начинается в 1764 году. В этом году российская императри́ца[9] Екатери́на II пригласила в Россию иностранцев осва́ивать пусту́ющие зе́мли[10]. Она обещала **переселе́нцам** свободу вероисповеда́ния[11], самоуправле́ние в коло́ниях[12]. Они не должны были служи́ть[13] в армии, 30 лет могли не плати́ть нало́ги[14].

Переселенцев было много. Особенно много из германских государств, разорённых Семиле́тней войно́й[15].

С 1764 по 1768 год в степи Поволжья **пересели́лись** 30 тысяч человек. Переселенцы, которые получали землю, создава́ли свои поселения. Так в степях Поволжья появились деревни и **сёла**, у которых были немецкие названия: Унтервальден, Нойваренбург, Сальмсдорф и т. д. Переселение продолжа́лось и в XIX веке.

[9] Kaiserin
[10] um brachliegende Böden zu bestellen
[11] Glaubensfreiheit
[12] Selbstverwaltung in den Kolonien
[13] brauchten nicht zu dienen
[14] brauchten keine Steuern zu zahlen
[15] durch den Siebenjährigen Krieg zerstört

Blick auf die Getreidespeicher in Marxstadt. (Aufnahme 1928)

2Б

Война

В июне 1941 года фашистская Германия напа́ла[1] на Советский Союз, а в августе Автономная Республика немцев Поволжья была ликвиди́рована[2]. Советских немцев бездоказа́тельно обвини́ли[3] в соде́йствии[4] фашистской армии, в шпионаже и диверсиях. Их переселили из республики в специа́льные райо́ны[5] в Сибири, Средней Азии и Казахстане, из которых они не имели права выезжа́ть[6]. Многих мужчин послали в так называемую трудовую армию. Они жили в лагерях и были за́няты на са́мых тру́дных работах[7]...
Война кончилась в 1945 году. Но только в 1955 году немцы получили право жить там, где они хотят.

1 überfiel
2 wurde liquidiert
3 man beschuldigte ohne Beweise
4 Kollaboration
5 Sondergebiete
6 ausreisen
7 wurden zu schwersten Arbeiten herangezogen

Июнь 1941 г. Великая Отечественная война.

Семья российских немцев в Поволжье сегодня.

В наши дни немцы сно́ва[8] получили все права. Открылись немецкие школы, церкви, идёт восстановле́ние[9] культуры. Но многие немцы уезжают из России в Германию.
Причи́ны ра́зные[10]. Главная, наверно, что они не уверены в своём будущем. Многие хотят верну́ться[11] на свою историческую родину. Но многие хотят оста́ться[12] в России, где они родились и выросли. **Реше́нием** проблем российских немцев вместе занимаются Россия и Германия.

8 wieder
9 wird wiederhergestellt
10 es gibt verschiedene Gründe
11 zurückkehren
12 bleiben

2 Прочитайте со словарём и переведите на немецкий язык отрывок из энциклопедии о русской императрице Екатерине II.

Екатерина II (София Фредерика Августа) (24. 1. 1729–17. 11. 1796) – императрица всероссийская (1762–1796). Родилась в Штеттине. Происходила из рода немецких принцев Ангальт-Цербстских. В 1745 г. стала женой Петра III. Использовала недовольство дворян антинациональной политикой Петра III, при помощи гвардейских офицеров совершила дворцовый переворот. Была одной из самых образованных женщин Европы. Переписывалась с французскими писателями-просветителями Дидро, Монтескье, Вольтером. Писала комедии и публицистические произведения. Способствовала развитию образования и культуры в России. Одновременно поддерживала крепостное право. В 1763 г. пригласила в Россию колонистов из южной и восточной Европы для освоения пустующих земель.

Работаем над языковым материалом

3 Сравните слова с корнем *-сел-*.
Найдите эти слова в тексте «Из истории российских немцев» и переведите предложения с ними на немецкий язык.

село
поселение
переселиться/переселяться
переселение
переселенец
переселенка
население

4 Словообразование. Суффикс *-ни(е)/-ени(е)*.

знать – знание
переселить – переселение
уважать – **уваже́ние**
изучить – изучение

Nennen Sie entsprechende Verben. Übersetzen Sie die Substantive.

отноше́ние, уважение, уме́ние, **жела́ние**, рисова́ние, повторе́ние, **поздравле́ние**, стара́ние, приглашение, чте́ние, пе́ние, решение

который ↗ G 148

5 Запомните.

Мы прочитали текст, который рассказывает о жизни российских немцев.
Мы прочитали текст, в котором говорится о жизни российских немцев.

Владимир, родители которого теперь живут в Германии, приехал из России.

6 Переведите и закончите диалоги.

Ⓜ – Ты прочитала журнал?
– Какой? (Какой журнал?)
– Который мы вчера купили.

– В тексте говорится о важных проблемах.
– В каком (тексте)?

– Ты получила открытку?
– Какую открытку?

– Как ты относишься к Владимиру?
– К какому Владимиру?

– Которую я написала тебе из Москвы.

– О котором мы читали на уроке.

– Который я вчера читал.

7 Попробуйте объяснить по-русски эти слова.

Переселенцы – это люди, которые …
Интересный фильм – это фильм, который …
Безработный – это человек, у которого …
Иностранец – это человек, который …
Учительница – это женщина, которая …
Родина – это страна, в которой …
Школьники – это ребята, которые …

8 Вставьте *который* в правильной форме.

Герольд Бергер, семья … жила в Республике немцев Поволжья, родился в 1937 году. В 1941 году семью, в … были маленькие дети, переселили в Казахстан. В 1944 году Герольд начал учиться в казахской школе, … находилась в маленьком ауле (в маленькой казахской деревне). Когда Герольд окончил школу, он хотел учиться в университете, … находился в столице Казахстана Алма-Ате. Но Герольд, … был немцем, не мог выезжать из района, в … он жил. Только в 1957 году Герольд, … было 20 лет, начал учиться в университете.

Говорим, обсуждаем, спорим

9 Вы прочитали текст, в котором говорится о том, как немцы попали в Россию, как они жили и почему они уезжают из России.
Наверно, не всё, что вы прочитали, вы знали раньше.
Что в этом тексте было для вас новым? Интересным?
Представьте себе, что вы разговариваете с Владимиром Майером. О чём вы спросите его после чтения этого текста?

10 Подготовьте доклад об истории российских немцев.
Используйте дополнительный материал.

Повторяем

Substantivdeklination ↗ G 62, 63

1 Образуйте множественное число.

-ы (-и) или -а (-я)?

город – города	дом – …	лес – …	автобус – …
район – …	парк – …	берег – …	учитель – …
регион – …	сад – …	поезд – …	покупатель – …

2 Дополните. Используйте предлоги *в* или *на*.

Летом Франка была … (Москва) … (олимпиада). Она прилетела на самолёте … (аэропорт Шереметьево). Её французская подруга Симон приехала на поезде … (Белорусский вокзал). Потом были соревнования. Партнёрами участников олимпиады … (соревнования) были московские школьники. В свободное время участники олимпиады ходили … (экскурсии, музеи, театры, концерты, стадион). Они покупали сувениры … (магазины), красивые марки и открытки … (почта) и даже один раз были … (рынок). Ребята ездили … (русская деревня). Они обедали в … (сад), гуляли … (лес), купались … (река) и загорали … (берег реки).

Verben der Fortbewegung ↗ G 22–24

3 Переведите. Объясните употребление глаголов движения.

Семья Франки любит путешествовать: ходить пешком, ездить на машине и на поезде, летать на самолёте. Франке очень нравится летать на самолёте. А её французская подруга ещё не летала на самолёте, но она часто ездит на поезде. Год назад Франка с родителями уже ездила в Москву. Из Берлина в Москву они два часа летели на самолёте, а обратно в Берлин они ехали на поезде 28 часов.

4 Как правильно: *лететь* или *летать*, *ехать* или *ездить*, *идти* или *ходить*?

А: Я … в Братск, а куда вы …?
Б: В Иркутск. Я первый раз … на самолёте.
А: А я часто … Недавно я … в Берлин.

А: Я тебя вчера видел. Ты … на автобусе номер 5 и сидел у окна.
Б: Правильно. Я … к бабушке. Я часто … к ней. А ты тоже … на этом автобусе? Я тебя не видел.
А: Нет, я … пешком по улице.

2 B

Reflexive Verben ➚ G 45, 46

5 Дополните предложения.

1. Скажите, пожалуйста, где вы …?
2. Пойдём …, вода в реке сегодня не холодная.
3. По-моему, мы с тобой уже …
4. Чем ты будешь … сегодня после школы?
5. Я уже давно … рок-музыкой.
6. Мой брат … компьютерной техникой.
7. Мне очень … эта девушка.
8. Нина очень …, но учится плохо.
9. Ты хорошо … к Виктору?
10. Когда ты с ним …?

встречаться с кем?
интересоваться чем?
заниматься чем?
нравиться кому?
относиться к кому?
увлекаться чем?
купаться
познакомиться с кем?
стараться
родиться

6 Как правильно?

начинать или *начинаться*? *кончать* или *кончаться*?

Каникулы … в августе, а в сентябре … новый учебный год. В этом году некоторые ребята … изучать третий иностранный язык.
В некоторых школах России изучение иностранных языков … в младших классах. Учёные говорят, что … учить иностранный язык лучше в пять-шесть лет.

Aspekte ➚ G 19–21

7 Как правильно?

перевести или *переводить*?
Ирина учит уроки. Она … текст с русского языка на немецкий. Она … текст и пойдёт играть в теннис с Мишей.

выбрать или *выбирать*?
Школьники … в 7-м классе второй иностранный язык. Эльке учится в 6-м классе. Она ещё не знает, какой иностранный язык она …

выучить или *учить*?
Криста сейчас … новые слова. Она … 20 слов и начнёт смотреть фильм по телевизору.

понять или *понимать*?
Мы уже немного говорим по-русски, но ещё плохо …, когда говорят русские. Особенно трудно … человека, который говорит быстро.

8 Повторите глаголы *дать/давать*, *продать/продавать*, *взять/брать* и слова одного с ними корня.

дать (дам, дашь, даст; дадим, дадите, дадут) / давать (даю, даёшь, даёт; даём, даёте, дают)	*что? кому?*	geben
Imperativ: дай, давай		
продать/продавать	*что? кому?*	verkaufen
продавец		
продавщица		
взять (возьму, возьмёшь, …; возьмут) / брать (беру, берёшь, …; берут)	*что? у кого?*	nehmen
выбрать/выбирать		
собрать/собирать		
убрать/убирать		

9 Дополните предложения. Вставьте *дать/давать*, *взять/брать*.

А: Рита сказала, что летом вы едете в Сибирь. Хочешь, я … тебе книгу о Сибири?
Б: Конечно, хочу. Когда ты мне её …?
А: Приходи сегодня вечером.

А: Я видел у тебя последний номер журнала «Спутник». Ты … мне его почитать?
Б: У меня его сейчас нет. Я … его Ире. Я получаю «Спутник», а она «Новый мир». Я всегда … ей читать мои журналы, а она … мне свои журналы.

А: Ты … книги в библиотеке?
Б: Да, я увлекаюсь историей и часто хожу в библиотеку. Завтра я … там книгу о Петре Первом.

10 Wiederholen Sie die Rektion von *познакомиться/знакомиться, понять/понимать, выучить/учить, перевести/переводить; согласен (согласна, согласны).* Fügen Sie fehlende Präpositionen ein.

1. Владимир познакомился ... (юноши и девушки из Германии).
2. Не все в классе согласны ... (иностранцы).
3. Иногда ребята неправильно понимают ... (друг друга).
4. Владимир не всегда понимает, что говорит учитель, поэтому ребята иногда переводят ... (Владимир) ... (немецкий язык) ... (русский).
5. Владимир хочет обязательно хорошо выучить ... (немецкий язык).

УРОК 3 Россия глазами молодых немцев

Моё путешествие по Сибири

Собор в Иркутске

1

Рита Дитман – студентка **университе́та** в Берлине. Она изучает русский язык. В этом году Рита провела каникулы в Сибири. Об этой поездке она написала в своём **сочине́нии**.
Чтобы вам легче было понять текст, советуем вам до чтения текста проработать упр. 7 в разделе «Работаем над языковым материалом».

В этом году я ездила в Сибирь.
Эту поездку я никогда не **забу́ду**! Мы проехали по Транссиби́рской железной дороге от Москвы до Хаба́ровска 8531 километр! Обратно в Москву мы летели на самолёте. Когда я рассказываю своим знакомым, что мы ехали на поезде 141 час, многие меня не понимают. Они считают, что так долго ехать на поезде скучно. Но нам было очень интересно. Из окна **ваго́на** мы видели Россию, её **приро́ду**, её деревни и города. Видели разные регионы страны: европейскую часть России, Урал, Западную и Восточную Сибирь. **Прое́хали** города Яросла́вль, Пермь, Вя́тку, Екатеринбу́рг, Тюме́нь, Омск, Новосиби́рск, Красноя́рск, Иркýтск, Улан-Удэ́. Переехали несколько больших рек, например, Волгу, Обь. В поезде я часто разговаривала с русскими: с нашими **проводника́ми** и с другими **пассажи́рами** поезда. Я поняла, что жизнь в России трудно сравнивать с жизнью у нас, в Германии. Особенное **впечатле́ние** на нас, западных туристов, **произвели́** её огромные **расстоя́ния**. Иногда мы **часа́ми** не видели поселе́ний[1], только леса, реки и тайгу́.
Первый пункт нашего маршрута – город Новосибирск – са́мый большой[2] город Сибири.

[1] Siedlung [2] die größte

В нём один миллион пятьсот тысяч **жи́телей**. В Новосибирске мы были три дня. Трудно **предста́вить** себе, что здесь, где начинается тайга, находится большой, современный **промы́шленный**, **нау́чный** и **культу́рный** центр. В нашей **програ́мме** были экскурсии по городу, **посеще́ние** музеев и театров. Мы были в Академгородке́, одном из самых больших научных центров России с университетом и научными **институ́тами**.

Большое впечатление произвели на нас и города Ирку́тск и Хаба́ровск с их промышленными **предприя́тиями**, научными институтами, культурными и историческими достопримечательностями.

Но особенно мне понравилась поездка на озеро Байка́л, которое находится недалеко от Иркутска. Это самое **глубо́кое**[3] озеро мира (1620 метров). Его площадь – 31,5 тысяча кв.км (тридцать одна с **полови́ной** тысяча **квадра́тных** километров). Озеро, горы и леса на его берегу очень красивые, а **вода́** в озере **чи́стая** и **вку́сная**. Но из разговоров с русскими я узнала, что и здесь есть большие **экологи́ческие** проблемы.

Эта поездка помогла мне лучше узнать Россию, лучше познакомиться с её историей. Но я много узнала и о проблемах этой страны, о **стра́шных** страницах её истории, о которых я раньше мало знала. Например, о **ста́линских лагеря́х** в Сибири, в которых **поги́бли** миллионы советских людей.

После этой поездки я решила обязательно ещё серьёзнее заняться историей России.

[3] der tiefste

Новосибирск.

2 Правильно ли вы поняли текст? Скажите, что неправильно.

- От Москвы до Хабаровска Рита ехала по Транссибирской железной дороге на поезде, а обратно она летела на самолёте.
- Она проехала на поезде больше, чем 8000 километров.
- От Москвы до Хабаровска она ехала почти шесть дней.
- Она ехала по территории Европы и Азии.
- Город Новосибирск находится в Европе.
- В нём 1 680 000 тысяч жителей.
- Площадь озера Байкал - тридцать с половиной тысяч квадратных километров.
- Это не очень глубокое озеро.

Работаем над текстом

3 Найдите в тексте «Моё путешествие по Сибири» ответы на следующие вопросы.

Куда Рита ездила летом?
Как называется железная дорога, по которой она ехала?
Где началось и где кончилось её путешествие по Транссибирской железной дороге?
Сколько часов поезд шёл от Москвы до Хабаровска?
Сколько это дней?
Сколько километров Рита проехала по Транссибирской железной дороге?
По каким континентам проходит Транссибирская железная дорога?
По каким горам проходит граница между этими континентами?
В каких больших сибирских городах была Рита?
Какие города, которые проехала Рита, находятся в европейской части России?

4 Посмотрите на карту России на стр. 50–51.

Найдите крупные города в Западной и Восточной Сибири, которые проехал поезд. Найдите места, где поезд переехал Волгу и Обь. Какие другие большие реки находятся в Сибири?

5 Что в поездке по Транссибирской железной дороге произвело на Риту особенно большое впечатление? Найдите в тексте предложения о её впечатлениях и переведите их на немецкий язык.

6 Расскажите, что вы узнали из текста о Новосибирске и об озере Байкал.

Работаем над языковым материалом

7 В тексте «Моё путешествие по Сибири» встречаются интернационализмы и другие незнакомые вам слова, которые вы можете перевести без словаря.

Интернационализмы:
университет, *программа*,
институт, *вагон*;
культурный центр; *лагерь*

Слова одного корня:
наука – *научный*; жить – *житель* (сравни: учить – учитель);
Сибирь – *сибирский*

8 В русском языке много сложных слов с сокращением от слова *половина* – *пол-*.

полчаса, полгода, полдня, полстакана, полкило, полпятого (4 часа 30 минут), полдесятого, полдвенадцатого

Город Екатеринбург. В одном из микрорайонов.

Уральский политехнический институт.

■ ***Verben der Fortbewegung*** ↗ G 22–25

9 Найдите в сочинении Риты Дитман предложения с глаголами *ехать – ездить, лететь – летать.*
Переведите предложения и объясните употребление глаголов движения.

10 Рита написала о своём путешествии в Сибирь.
Представьте себе, что Рита не была в Сибири, а только хочет поехать туда.
Как вы измените эти предложения?

1. В этом году я ездила в Сибирь. …
2. Обратно в Москву мы летели на самолёте. …
3. От Москвы до Хабаровска мы ехали 141 час. …
4. Из Иркутска мы поехали на озеро Байкал. …

Хабаров совершил в 1649 – 1652 гг. ряд походов в Приамурье.

3 A

Балтийское море
Баренцево море
Карское море
САНКТ-ПЕТЕРБУРГ
МОСКВА
Волга
Вятка
КАЗАНЬ
ПЕРМЬ
ЕКАТЕРИНБУРГ
Тюмень
Обь
Иртыш
Енисей
ОМСК
НОВОСИБИРСК
Красноярск
Ростов-на-Дону
Чёрное море
Каспийское море
Аральское море

Северный Ледовитый океан
Восточно-Сибирское море
Берингово море
море Лаптевых
Лена
Охотское море
Амур
оз. Байкал
Хабаровск
Иркутск
Улан-Удэ
Владивосток

11 Обратите внимание на перевод подчёркнутых слов (der unterstrichenen Wörter).

Из Москвы Рита поехала на поезде в Хабаровск.	… fuhr Rita nach …
От Москвы до Хабаровска она проехала 8531 километр.	… ist sie 8531 km gefahren …
Она проехала (через) города Новосибирск, Иркутск, Омск.	… ist durch die Städte ... gefahren (an den Städten vorbeigefahren)
Поезд переехал (через) Волгу и несколько других рек.	… ist über die Wolga gefahren (hat die Wolga überquert)
Наконец Рита приехала в Хабаровск.	… ist nach Chabarowsk gekommen (in Chabarowsk angekommen)

12 Переведите подписи к рисункам.
Объясните употребление глаголов *проехать/проезжать, переехать/переезжать.*
Обратите внимание на значение префиксов.

Поезд переезжает (через) реку по железнодорожному мосту.

Поезд переехал (через) реку.

Автобус проезжает (через) деревню.

Автобус проехал (через) деревню.

13 Запомните некоторые глаголы движения.

при- приехать/приезжать прилететь/прилетать прийти/приходить	Вчера к нам приехал в гости знакомый из России. Он прилетел в Берлин на самолёте. Мы поздно пришли домой из кино.
по- поехать *v.* пойти *v.* **полете́ть** *v.*	В субботу мы поедем в горы. Сегодня вечером мы пойдём на дискотеку. Летом я полечу в Италию.
пере- переехать/переезжать **перейти́/переходи́ть** **перелете́ть/перелета́ть**	Машина переехала (через) реку по мосту… Мы перешли (через) улицу. На пути в США наш самолёт перелетел (через) океан.
про- проехать/проезжать **пройти́/проходи́ть** **пролете́ть/пролета́ть**	Мы проехали (через) Бава́рию. Мы проехали на машине больше, чем 500 километров. В походе туристы прошли по тайге 80 километров. Самолёт пролетел над тайгой. Он пролетел 2800 километров.

14 Друзья Риты хотят больше узнать о её поездке в Сибирь.
О чём они её спросили?

…?
141 час.

…?
8531 километр.

…?
Многие крупные города, например, Новосибирск, Иркутск.

…?
Несколько рек, например, Волгу.

…?
В Новосибирск? Через 44 часа 40 минут.

…?
Из Новосибирска? В Иркутск.

15 Вставьте глаголы движения в нужной форме.

Летом Игорь с родителями … в Новосибирск. Сначала они два дня были в Москве, а потом … на поезде в Новосибирск. От Москвы до Новосибирска поезд … 3343 километра. Он … большие города, например, Ярославль, Екатеринбург. Около Омска поезд … реку Иртыш. Туристы … в Новосибирск в 7 часов 30 минут по **ме́стному вре́мени**. От Москвы до Новосибирска они … 44 часа 40 минут.

ехать
ездить
поехать
приехать
проехать
переехать

III. Deklination ↗ G 69

16 Дополните предложения. Вставьте подходящие слова.

Рита интересуется жизнью в России. Летом она ездила в … Она три недели путешествовала по … Туристы видели горы, реки, леса, деревни и города ..., видели озеро Байкал с … 31,5 тысяча кв. км, познакомились с … людей в … Рита много узнала о … в …, о её природе и её проблемах. Дома она написала сочинение о …

Сибирь
жизнь
площадь

Говорим, обсуждаем, спорим

17 Некоторые знакомые Риты считают, что долго ехать на поезде скучно. Лучше лететь на самолёте. Рита считает, что ехать несколько дней на поезде, смотреть в окно, видеть незнакомые города, горы, реки, природу других регионов – это очень интересно. А как вы думаете?

18 Французский журнал «Монд диплома́тик» опубликова́л[1] **мне́ния** некоторых школьников старших классов французских школ о Сибири. Вот одно из них:
«Сибирь – это край све́та[2]. Там слишком холодно, поэтому люди не могут там жить нормально. Работают в Сибири только заключённые[3], другие люди не хотят туда ехать».
Скажите французским школьникам ваше мнение.

[1] veröffentlichte

[2] Ende der Welt

[3] Strafgefangene

19 Из сочинения Риты Дитман вы немного узнали о Сибири.
Подготовьте короткое письменное сообщение о своей федеральной земле.
Используйте следующие предложения. Доба́вьте другую информацию.

Наша федеральная земля называется …
Она находится на севере (юге, …) Германии.
Это (не)большая … Она граничит на юге с (на востоке с …, …)
Её площадь … Расстояние с севера на юг (с запада на восток) … километр (-а, -ов).
В нашей земле … жителей.

Столица земли … называется …
Это промышленный (…, …) центр.
Природа нашей земли …
У нас есть горы (реки, …). Они называются …

20 Найдите информацию и расскажите о Транссибирской железной дороге.

Альпы. Гросглокнер.

21 Расскажите о своей поездке во время каникул в (на) … Используйте вопросы. Добавьте другие факты.

Когда это было (будет)?
Как называется это место?
На чём вы туда ездили или летали (поедете, полетите)?
С кем?
Сколько часов?
Какие города (места) вы проехали (будете проезжать)?
Какие реки (моря) переехали (переедете)?
Сколько километров вы проехали (проедете)?

Некоторые горы и реки Европы

	Горы	***Высотá***	*Страны*
Mont Blanc	Монблáн (Áльпы)	4808 м	Франция/Италия
Monte Rosa	Мóнте-Рóза (Альпы)	4634 м	Швейцария
Matterhorn	Мáттерхорн (Альпы)	4478 м	Швейцария/Италия
Großglockner	Гросглóкнер (Альпы)	3797 м	Австрия
Ätna	Э́тна	3369 м	Италия
Zugspitze	Цýгшпитце (Альпы)	2963 м	Германия
Olymp	Олúмп	2917 м	Греция

Река Дон у города Ростова-на-Дону.

	Реки	*Длина*
Wolga	Вóлга	3531 км
Donau	Дунáй	2850 км
Dnepr	Днепр	2200 км
Don	Дон	1870 км
Rhein	Рейн	1320 км
Elbe	Э́льба	1165 км
Weichsel	Вúсла	1047 км
Loire	Луáра	1020 км
Oder	Óдер	854 км
Seine	Сéна	776 км
Po	По	653 км
Themse	Тéмза	346 км

22 Проблемы Байкала

В последние годы растёт загрязне́ние[1] озера Байкал. Погибают уника́льные живо́тные и расти́тельные органи́змы[2], которые фильтру́ют воду озера.
В чём причи́ны[3] загрязнения Байкала?
Это промышленные предприятия, гидроэлектроста́нции[4], которые находятся на берегах озера или недалеко от него. Кроме того, это строительство Байка́ло-Аму́рской желе́зной доро́ги[5]. На берегах озера выросли поселения, где живут стро́ители[6] и их семьи. Вот один пример: город Северобайка́льск с населением 20000 жителей и очень низкой экологической культурой. Обще́ственность[7] страны бо́рется против загрязнения Байкала. Несколько лет назад в городе Северобайкальске закрыли целлюло́зно-бума́жный комбина́т[8]. Для озера это хорошо, но в городе теперь пять тысяч безработных.
На берегах озера много поле́зных ископа́емых[9]. Это деньги для страны, у которой большие экономические трудности. Это работа для людей, но это и опа́сность[10] для уникального озера, которому 25 миллионов лет.
Проблем много, и решить их нелегко…

1 Verschmutzung
2 tierische und pflanzliche Organismen
3 Ursachen
4 Wasserkraftwerke
5 Baikal-Amur-Eisenbahn
6 Bauarbeiter
7 Öffentlichkeit
8 wurde das Zellulose-Papier-Kombinat geschlossen
9 Bodenschätze
10 Gefahr

23 СЛАВНОЕ МОРЕ – СВЯЩЕННЫЙ БАЙКАЛ

Слова Д. Давы́дова

2. До́лго я зво́нкие це́пи носи́л,
До́лго броди́л я в гора́х Акату́я,
/: Ста́рый това́рищ бежа́ть пособи́л,
О́жил я, во́лю почу́я. :/

3. Ши́лка и Не́рчинск[1] не стра́шны тепе́рь,
Го́рная стра́жа меня́ не пойма́ла,
/: В де́брях не тро́нул прожо́рливый зверь,
Пу́ля стрелка́ минова́ла. :/

4. Шёл я и в ночь и средь бе́лого дня,
Вкруг городо́в озира́яся зо́рко,
/: Хле́бом корми́ли крестья́нки меня́,
Па́рни снабжа́ли махо́ркой. :/

5. Сла́вное мо́ре – свяще́нный Байка́л,
Сла́вный мой па́рус – кафта́н дырова́тый!
/: Э́й, Баргузи́н, пошеве́ливай вал,
Слы́шны уж бу́ри, раска́ты! :/

[1] Namen von Verbannungsorten in Sibirien

3Б

6 Так вы можете приблизительно указать дату, время, расстояние и т. д.

В Берлине в июне максимальная температура градусов 25.
От Ганновера до Берлина километров 250.

Г. Красноярск. Трёхкилометровый мост связывает берега Енисея.

7 Поговорите в парах.

А: Как ты думаешь, сколько ...?
Б: Точно не знаю, но наверно, ...

8 Выберите правильный ответ.

- Сколько времени ехал до Новосибирска поезд, который опоздал на час?
  а) 43 ч. 40 м.
  б) 44 ч. 40 м.
  в) 45 ч. 40 м.

- По московскому времени 18 часов, а по местному времени 23 часа. Это значит, что поезд находится недалеко от ...
  а) Новосибирска.
  б) Иркутска.
  в) Хабаровска.

- Пассажир поезда Москва – Владивосток едет в Братск. Ему нужно сделать пересадку
  а) в Иркутске.
  б) в Тайше́те.
  в) в Красноярске.

Работаем над языковым материалом

9 Дополните слова одного корня.

высокий – ...	научный – ...
длина – ...	садитесь, сад – ...
спальный – ...	жить – ...

нужно ↗ G 131

10 Так вы можете сказать, что вам или другому человеку (другим людям) надо сделать.

Пассажиру (*D.*) нужно (было, будет) сделать (*v.*) пересадку.
Пассажиру (*D.*) не нужно (было, будет) делать (*uv.*) пересадку.

11 Suchen Sie Verben im Infinitiv und bestimmen Sie den Verbalaspekt. Erläutern Sie den Aspektgebrauch.

В поезде Москва – Владивосток Рита познакомилась с Ниной и Виктором. Виктор ехал в Находку. Ему нужно было сделать пересадку в Хабаровске. Нина ехала в Тайшет. Ей не нужно было делать пересадку.

12 Как правильно? Вставьте глаголы.

1. Пассажир едет из Санкт-Петербурга в Омск. Ему нужно (сделать/делать) пересадку в Москве.
2. Знакомому Риты нужно (узнать/узнавать), сколько минут поезд стоит в Ярославле. Ему нужно (купить/покупать) открытки и марки.
3. Не нужно (опоздать/опаздывать). Приходите точно.
4. Вокзал далеко от нашего дома. Туда нужно (поехать/ехать) на автобусе.
5. Ты хочешь купить билеты? Тогда тебе нужно (поехать/ехать) на вокзал.
6. Здесь не нужно (перейти/переходить) улицу: слишком большое движение.
7. Летом мы поедем на машине в Москву. Нам нужно будет (проехать/проезжать) города Минск и Смоленск.

Superlativ ↗ G 85, 88

13 Так вы можете сравнивать. На рисунке три дома. Это деревенские дома.

Этот дом небольшой.

Этот дом больше, чем первый.

Этот дом самый большой. Этот дом больше всех. (Это один из самых больших домов деревни.)

Positiv	Komparativ	Superlativ	zusammengesetzt		einfach
длинный интересный простой глубокий	длиннее интереснее проще глубже	длиннее интереснее проще глубже } всех (всего)	самый	длинный интересный простой глубокий	длиннейший интереснейший простейший глубочайший

14 Переведите на немецкий язык.

1. Новосибирск – самый большой промышленный, научный и культурный центр Сибири.
2. Интереснее всего во время путешествия для нас была поездка на озеро Байкал.
3. Моя сестра говорит, что её муж умнее всех, а наша мать – самая хорошая домохозяйка.
4. Мой брат работает в самом большом банке города.
5. Мы ехали в удобнейшем вагоне.
6. Лингвисты говорят, что английский язык простейший, чтобы говорить плохо, но сложнейший, чтобы говорить хорошо.

15 Знаете ли вы, что …?

- Москва (9 миллионов жителей) – самый большой город России и один из самых больших городов мира.
- Озеро Байкал – самое глубокое (глубина – 1620 м) и одно из самых больших озёр мира (31,5 тыс. кв.км).
- Транссибирская железная дорога – самая длинная железная дорога в мире (9297 км).
- Волга – самая длинная река в Европе (3531 км).
- Монблан – самая высокая гора Альп (4808 м).

16 Скажите, что правильно.

(М) Санкт-Петербург больше Москвы?
Нет, Москва – самый большой город России.

Иркутск больше Новосибирска?
Дунай длиннее Волги?
Дрезден больше Берлина?
Озеро Бодензее глубже Байкала?
Гора Цугшпитце в Альпах выше Монблана?
Самые низкие температуры в Сибири зимой в Новосибирске?

17 Ваш русский собеседник хочет узнать
о самых больших федеральных землях и городах,
о самых высоких горах,
о самых длинных реках и самых глубоких озёрах Германии.
Назовите их.

Говорим, обсуждаем, спорим

18 Прослушайте объявления по радио на вокзале, в вагоне метро и в аэропорту. Помогите туристам из Германии, которые не поняли объявления. Скажите им по-немецки, что вы поняли.

19 Представьте себе, что вы едете на поезде в Россию. Задайте вопросы проводнику или попросите его помочь вам. Поговорите с другими пассажирами, познакомьтесь с ними, расскажите им о себе, задайте им вопросы.

Так вы можете начать разговор с незнакомым человеком или познакомиться с ним:

Извини(те), ты (вы) не можешь (можете) сказать …
Скажи(те), пожалуйста, …
Будьте добры (будь добр, будь добра), скажи(те) …
Мне нужно узнать …

Давай(те) познакомимся …
Будем знакомы, …
Очень приятно …

Мы были в России

1 📖

Недавно группа немецких юношей и девушек была в Москве и Волгогра́де. Многие из них уже были в России, другие были там первый раз. Участники поездки рассказали в редакции журнала «По свету» о своих впечатлениях.

Александер Б., уже был в России:

Россия для меня – это страна **контра́стов**. Особенно Москва: **архитекту́ра** сталинского времени рядом с архитектурой **нача́ла** века, красивые здания, древние церкви, прекрасные памятники **культу́ры** в центре города. И совсем недалеко от центра огромные районы с некрасивыми **многоэта́жными жилы́ми** домами. Россия – это огромные города и маленькие деревни, это **пусты́е витри́ны** магазинов и **торго́вцы** на каждой улице, которые продают всё, что только можно продавать. Россия – это **бе́дность** и **бога́тство**, **неприве́тливость** и **гостеприи́мство**.

Забине С., первый раз в России:

Эта поездка произвела на меня огромное впечатление. Нам, жителям Германии, трудно представить себе эти огромные расстояния! От Москвы до Волгограда мы летели полтора́[1] часа. Это почти такое же расстояние, как между Берлином и Парижем.

[1] anderthalb

3В

Руины мельницы в Волгограде (раньше Сталинград). Памятник Великой Отечественной войны.

Фрагмент памятника-ансамбля участникам Сталинградской битвы на Мамаевом кургане.

Франк К., первый раз в России:

Самое большое впечатление произвела на меня **панора́ма Сталингра́дской би́твы**. Мы в группе много говорили о **войне́**. Раньше я совсем не интересовался этой темой. После посещения Волгограда и его памятников, которые рассказывают об этой страшной войне, многие из нас начали больше думать о **про́шлом** и будущем России и Германии. Мы ещё лучше поняли, как нужен людям мир.

Катрин Л., первый раз в России:

Самое интересное для меня было посещение русской семьи. Быть гостем в русской семье и трудно, и приятно. Трудно, потому что нас всё время **угоща́ли**. А приятно, потому что каждый человек в семье старался сделать всё, чтобы нам было хорошо.

Элен Т., несколько раз была в России:

В Москве на меня произвели большое впечатление лица прохожих. Раньше они почти всегда были добрыми, **приве́тливыми**. А теперь я часто видела холодные, **озабо́ченные**, **уста́лые** лица. **По́зже**, в Волгограде, мы долго разговаривали с нашими русскими знакомыми о России и Германии. У русских сейчас много проблем и трудностей, отсюда **озабо́ченность**, **уста́лость**. А дома, с гостями они, как и раньше, добрые, приветливые и **гостеприи́мные**.

2 Правильно или неправильно?

- Для Катрин самым интересным было посещение русской семьи.
- На Франка самое большое впечатление произвела панорама Сталинградской битвы.
- Элен считает, что лица людей в Москве раньше были приветливые и добрые, а теперь они озабоченные и усталые.
- На Забине особенно большое впечатление произвели расстояния в России.
- Александер говорит, что от Москвы до Волгограда они летели полчаса.
- Элен говорит, Россия – это страна контрастов.

Работаем над текстом

3 Скажите, кто из ребят из текста «Мы были в России» раньше уже был в России, а кто нет?

4 Переведите на немецкий язык, что рассказали о своих впечатлениях о России Франк и Элен.

5 Объясните,

- почему Александер считает, что Россия страна контрастов.
- почему Франк начал больше думать о прошлом и будущем Германии и России.
- почему Катрин считает, что быть гостем в русской семье трудно и приятно.

6 Расскажите, что произвело самое большое впечатление на ребят в поездке в Москву и Волгоград.
Начните так: На Забине самое большое впечатление произвели огромные расстояния в России. Она рассказывает, что …

Работаем над языковым материалом

7 Какие новые слова из текста имеют общий корень с этими знакомыми вам словами?

культурный – …;
этаж – …;
жить, житель – …;
гость – …, …, …;
начать – …, …;
привет – … .

Найдите эти слова в тексте и переведите предложения с ними.

Суффиксы -ств(о), -ость

8 Сравните и переведите.

Наши русские друзья очень *гостеприимные* и *приветливые* люди. Нам нравится их *гостеприимство* и их *приветливость*.

гостеприимный	–	гостеприимство
бога́тый	–	богатство
знакомый	–	знакомство
приветливый	–	приветливость
бе́дный	–	бедность
озабоченный	–	озабоченность
усталый	–	усталость
промышленный	–	**промы́шленность**

9 Переведите предложения с существительными с суффиксами *-ость* и *-ств(о)*.

1. Я часто слушаю по радио последние новости.
2. Моя мама говорит, что человек должен учиться с молодости до старости.
3. Эта книга – большая редкость.
4. Мой друг любит иногда говорить глупости.
5. У нас квартира со всеми удобствами.

Говорим, обсуждаем, спорим

Город Владимир.
Церковь Покрова́
на Не́рли. 1165 г.

10 Были ли вы уже в России? Когда? Где?
Какое впечатление произвела на вас поездка?

11 Расскажите о путешествии, которое произвело на вас особенно большое впечатление.
Скажите, где вы были, когда, с кем?
Какие места проехали?
Что видели?
Что произвело на вас особенное впечатление?
Используйте таблицу.

Места отдыха в Германии

Altmark	А́льтмарк
Bayerische Alpen	Бава́рские А́льпы
Bayerischer Wald	Бава́рский Лес
Bodensee	Бо́денское о́зеро
Eifel	Э́йфель
Elbsandsteingebirge	Э́льбские Песча́никовые го́ры
Erzgebirge	Ру́дные го́ры
Fichtelgebirge	Фи́хтель
Fläming	Фле́минг
Frankenwald	Франко́нский Лес
Fränkische Alb	Франко́нская Юра́
Harz	Гарц
Hunsrück	Ху́нсрюк
Insel Rügen	о́стров Рю́ген
Lüneburger Heide	Лю́небургская пу́стошь
Mecklenburgische Seenplatte	Мекленбу́ргское озёрное плато́
Magdeburger Börde	Магдебу́ргская Бёрда
Niederlausitz	Ни́жний Ла́узиц
Nordseeküste	берег Се́верного мо́ря
Oberlausitz	Ве́рхний Ла́узиц
Oberpfälzer Wald	Верхнепфа́льцский Лес
Odenwald	О́денвальд
Rheinisches Schiefergebirge	Ре́йнские Сла́нцевые го́ры
Rhön	Рён
Sächsische Schweiz	Саксо́нская Швейца́рия
Sauerland	За́уерланд
Schwäbische Alb	Шва́бская Юра́
Schwarzwald	Шва́рцвальд
Siebengebirge	Зи́бенгебирге
Spessart	Шпе́ссарт
Sylt	о́стров Зи́льт
Taunus	Та́унус
Teutoburger Wald	Тевтобу́ргский Лес
Thüringer Wald	Тюри́нгенский Лес
Vogtland	Фо́гтланд
Westerwald	Ве́стервальд

Эльбские Песчаниковые горы.

Другие места отдыха

Госуда́рства

Ägypten	Еги́пет
Australien	Австра́лия
Brasilien	Брази́лия
Florida	Флори́да (США)
Indonesien	Индоне́зия
Israel	Изра́иль
Kalifornien	Калифо́рния (США)
Kanada	Кана́да
Kenia	Ке́ния
Malaysia	Мала́йзия
Mexiko	Ме́ксика
Malediven	Мальди́вская Респу́блика
Malta	Ма́льта
Marokko	Маро́кко
Monaco	Мона́ко
Neuseeland	Но́вая Зела́ндия
Philippinen	Филиппи́ны
Slowakische Republik	Слова́цкая Респу́блика
Tschechische Republik	Че́шская Респу́блика
Tunesien	Туни́с
Türkei	Ту́рция
Zypern	Кипр

Острова

Gran Canaria	Гран Кана́рия
Kanarische Inseln	Кана́рские острова́
Korsika	Ко́рсика
Kreta	Крит
Madeira	Маде́йра
Mallorca	Майо́рка (Мальо́рка)

Моря

Atlantik	Атланти́ческий океа́н
Indischer Ozean	Инди́йский ~
Stiller ~	Ти́хий ~
Mittelmeer	Средизе́мное мо́ре
(Adria	Адриати́ческое ~)
Nordsee	Се́верное ~

С помощью этих слов и словосочетаний вы можете рассказать о своих впечатлениях от путешествия, похода, поездки:

путешествие

поход, поездка
ехать … часов (… дней)
ехать на машине, автобусе, поезде
лететь на самолёте
проехать/проезжать города, деревни
переехать/переезжать (перелететь/перелетать) (через) океан, море, реку
видеть природу, горы, реки, озёра

впечатление

интересный, прекрасный, незабываемый (-ая, -ое; -ые)
всем очень понравился (-лась, -лось; -лись) …
был (-а, -о; -и) не очень интересный, скучный (-ая, -ое; -ые)
произвёл (произвела, произвело) на меня (на нас, …) хорошее, плохое, огромное, большое, особенное, страшное, незабываемое впечатление
не произвёл (произвела, произвело) впечатления
трудно себе представить, что …
помог (помогла, помогло) нам (мне, …) понять …

3Г

Повторяем

1 Какие слова не подходят к остальным словам каждой группы?

Национальность	Профессия (мужчины)	Профессия (женщины)
грек	инженер	домохозяйка
испанец	партнёр	журналистка
итальянец	переводчик	официантка
лингвист	студент	наука
поляк	учитель	продавщица
русский	шофёр	участница
француз	журналист	учительница
турок	продавец	студентка

2 Bilden Sie Nominativ und Genitiv Plural.

друг	–	друзья, друзей …	отец	–	…	жена	–	…
сын	–	…	мать	–	…	семья	–	…
муж	–	…	дочь	–	…			
брат	–	…	сестра	–	…			

3 Ответьте на вопросы. Используйте *брат*, *сестра* или *сын*, *дочь*.

• У Владимира есть братья и сёстры?	Нет, …
• У Грит есть братья?	Да, у неё 1 …
• У Марко есть сёстры?	Да, у него 2 …
• У Леонардо есть братья и сёстры?	Да, у … 1 … и 1 …
• У сестры Леонардо есть дети (Kinder)?	Да, у … 2 … и 2 …
• Сколько детей у бабушки и дедушки Саида, которые живут в Турции?	У … 5 … и 5 …

4 Владимир Майер написал письмо в Россию. Он сократил (kürzte ab) некоторые слова. Прочитайте его письмо вслух.

… Я уже писал тебе, что в наш. классе кроме немц., есть несколько иностранц.: итальянц., грек., турок. Ты спрашиваешь, есть ли в наш. классе франц., поляк. и русск.. Француз., поляк. и русск. у нас в классе нет. Правда, некоторые ребята называют меня „русск. Майер"…

5 Как спрягаются эти глаголы?

понимать, находить, встретиться, иметь, сравнить, проводить, решать, уважать, относиться

Как «читать»? Как ...?

читать	говорить	ходить	спросить	ответить	уметь
-аю, -аешь	-ю, -ишь	-жу́, -дишь	-шу́, -сишь	-чу, -тишь	-ею, -еешь

6 Дополните ответы на вопросы.

1. – Ты уже перевёл (перевела) текст? – Нет, но завтра обязательно ...
2. – Семья твоего друга уже переехала в Берлин? – Ещё нет. Наверно, они скоро ...
3. – Твой отец уже нашёл работу? – К сожалению, нет. Но я уверен, что скоро ...
4. – Ты познакомилась с родителями Нины? – Завтра я иду к ней домой. Там я с ними ...
5. – Света дала тебе журнал «Спутник»? – Нет, но она сказала, что завтра ...
6. – Ты уже выбрал третий иностранный язык? – Ещё не выбрал, но скоро ...

7 Скажите, чем ребята занимаются в свободное время.

Катя читает. Она ... книги в библиотеке.
Ина ... с русского на немецкий.
Саид вместе с отцом и братом ... овощи и фрукты.
Тина и Рита всегда ... свободное время вместе. Они ... в кино или на дискотеку.

8 Bilden Sie Verbpaare und ordnen Sie diese einer der beiden Gruppen zu:
Bildung des Aspektpartners mit Hilfe a) eines Präfixes, b) eines Suffixes.

а) прочитать/читать   б) узнать/узнавать
решить, мешать, прилететь, знакомиться, дать, заработать, изучить, учить

9 *Заработать* или *зарабатывать*?

Бьёрн в свободное время ... деньги, чтобы купить кассеты и диски, которые он собирает. Летом он два месяца работал в магазине. Там он ... деньги. Бьёрн ... деньги и купил кассетник.

10 Назовите антонимы.

большой, много, редко, легко, дорого, старший, высокий, начинаться, прошлое

УРОК 4 Музыка в жизни молодёжи

О вку́сах не спо́рят

1 Журналистка Юлия Леонова разговаривает со школьницей Ларисой А.

– Лариса, как ты относишься к музыке?

– Я очень люблю музыку, особенно поп- и рок-музыку.

– У тебя есть **куми́ры**?

– Конечно. Английская рок-группа «Пинк флойд», лучшая после «Битлз» группа в мире.

– Лучшая в мире?

– Многие так считают.

– Какие русские **исполни́тели** тебе нравятся?

– **Певе́ц** Александр Мали́нин, **соли́стка** группы «Браво» Жа́нна Агуза́рова, **пиани́ст** Серге́й Курёхин. А вам они нравятся?

– Александр Малинин – прекрасный певец, песни Жанны Агузаровой, особенно в **сти́ле** рок-н-ролл, мне тоже нравятся. Я считаю её **тала́нтливой** певицей.

– А Сергей Курёхин? Он вам меньше нравится?

– Меньше. Он **исполня́ет джаз-рок**, а я не очень люблю джаз.

– О вкусах не спорят.

– Согласна. А теперь другой вопрос. Ты часто ходишь на концерты, слушаешь и смотришь музыкальные передачи?

– На концерты почти не хожу. Музыкальные радио- и телепередачи люблю. В них часто **выступа́ют** самые **изве́стные** и **популя́рные арти́сты**. Многие передачи я **запи́сываю** на кассеты.

– Ты собираешь кассеты?

– Да, у нас музыкальная семья. Родители собирают пластинки и диски, а я – кассеты. Только они увлекаются **кла́ссикой**, а я – современной **молодёжной** музыкой.

– А как ты относишься к **класси́ческой** музыке?

– Трудный вопрос. В нашем классе некоторые ребята считают, что классическая музыка не **нужна́**. Я так не считаю. Мне, например, нравится музыка Моцарта и Чайковского. Но музыку некоторых композиторов-**кла́ссиков** я не понимаю. Мне **бли́же** современная молодёжная музыка.

– А теперь другой вопрос. Ты слушаешь музыку только в свободное время?
– Не обязательно. Я слушаю музыку, когда учу уроки…
– Не мешает?
– Нет, я хорошо учусь.
– Когда у тебя плохое **настрое́ние**, музыка тебе помогает или мешает?
– По-моему, помогает. Я часто слушаю музыку, когда у меня плохое настроение.
– А какую слушаешь особенно часто?
– Музыку, которой я в это время особенно увлекаюсь.

2

Правильно или неправильно?

- Лариса любит музыку, особенно увлекается рок-музыкой.
- У неё нет кумиров в музыке.
- Ей не нравятся русские исполнители.
- Она часто ходит на рок-концерты и любит музыкальные телепередачи.
- Она слушает музыку в свободное время и когда делает уроки.
- Она любит слушать музыку, когда у неё плохое настроение.

4 A

3 **О вкусах тоже спорят**
(Из писем в молодёжную газету)

Лена К., 15 лет:
… Мне не нравятся уроки музыки. Мы часто слушаем классическую музыку, а я считаю, что она не нужна молодёжи.

Борис Т., 16 лет:
… Мне нравятся уроки музыки. Мы часто слушаем классическую музыку, занимаемся историей музыки. Уроки помогают мне понять классику. Например, чтобы понимать музыку Бетхóвена, надо много знать о его времени. Жаль, что у нас слишком мало уроков музыки…

Виктор М., 17 лет:
… Я против рока. По-моему, все рок-группы **похо́жи** друг на друга. У них нет своего стиля. Мне мешает **электро́нная** техника, слишком **гро́мкая** музыка, **экстравага́нтный** вид рок-**музыка́нтов**. По-моему, рок – это не **иску́сство**. Молодёжь увлекается роком, потому что это мода. И ещё потому, что рок часто не нравится родителям.

Марина М., 16 лет:
… Я за рок. Говорят, что рок – это мода. А разве это плохо? Сто лет назад говорили, что **опере́тта** – это мода. А теперь оперетта – музыкальная классика. В нашем классе почти все увлекаются рок-музыкой. Нам нравится рок, потому что рок-музыканты поют о наших проблемах. Мы не только **ти́хо** сидим на рок-концертах и слушаем, но и сами **уча́ствуем** в них. Нам нравится электронная техника. Мы любим всё новое и **необы́чное**. Неправда, что все рок-группы похожи. У каждой известной рок-группы есть свой стиль. Знаем, что многим людям старшего **поколе́ния** не нравится рок. Нам это не мешает. У них свои вкусы, а у нас свои.

4 Проверьте, правильно ли вы поняли письма Лены, Бориса, Виктора и Марины.

Кому из них нравятся уроки музыки? Кому не нравятся?
Кто считает, что классическая музыка не нужна молодёжи?
Кто из них за рок? Против рока?
Кто считает, что рок – это мода?
Кто говорит, что все рок-группы похожи друг на друга?
Кому нравится электронная техника?

5 Олег приглашает Тамару на концерт. Посмотрите на **афи́шу** и дополните диалог Олега и Тамары.

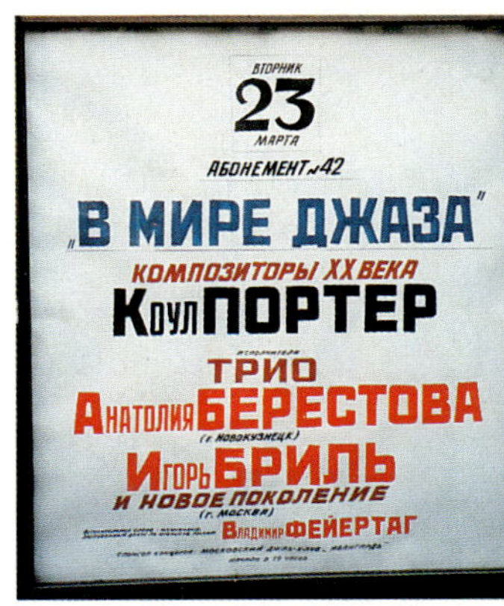

– Алло! Привет, Тамара. Говорит Олег. Как дела?
– Ничего, нормально. А у тебя?
– Тоже ничего. Слушай,Тамара, у меня есть два **биле́та** на концерт «В мире джаза».
– Об этом концерте я, по-моему, слышала. Это концерт из **се́рии** «Композиторы XX века»?
– Да, Коул По́ртер. Пойдёшь со мной?
– Ну, что за вопрос! Конечно, пойду. А когда?
– …
– Да, во вторник я могу. Кто исполнители?
– …
– Игоря Бри́ля и «Новое поколение» я знаю. Но о **три́о** Анато́лия Бе́рестова ещё не слышала. Откуда они?
– …
– А где будет концерт?
– В Конце́ртном зале Чайковского. Я буду ждать тебя в полседьмого у телефонов-**автома́тов** на станции метро.
– Спасибо, Олег. Я с удовольствием приду. До вторника!
– …

Работаем над текстом

6 Дайте развёрнутые (ausführliche) ответы на вопросы к тексту «О вкусах не спорят».

1. Любит ли Лариса музыку?
2. Есть ли у неё кумиры?
3. Часто ли она ходит на концерты?
4. Собирает ли она кассеты?
5. Мешает ли ей музыка, когда она делает уроки? Когда у Ларисы плохое настроение, помогает ей музыка или мешает?

7 В тексте «О вкусах не спорят» Лариса А. говорит, как она относится к классической музыке. О классической музыке и об уроках музыки пишут в своих письмах Лена К. и Борис Т. в тексте «О вкусах тоже спорят».

Найдите части текста, в которых говорится, как эти русские ребята относятся к урокам музыки и к классической музыке, прочитайте их вслух и переведите.

8 Коротко передайте содержание прочитанного (упр. 1, 3).

Ларисе нравится классическая музыка, например, …
Но ей ближе …
Лена не любит …
Она считает, что …
Борису уроки музыки помогают …
Он хочет больше знать …

9 Выпишите из текстов аргументы ребят за рок и против рока. Виктор М. против рока, а Марина А. за рок. Дополните их спор.

Виктор:	Я против рока.
Марина:	…
Виктор:	Все рок-группы похожи друг на друга.
Марина:	…
Виктор:	По-моему, у рок-групп нет своего стиля.
Марина:	…
Виктор:	Мне мешает электронная техника.
Марина:	…
Виктор:	Рок – это не искусство. Это мода.
Марина:	…
Виктор:	Молодёжь увлекается роком, потому что он не нравится родителям.
Марина:	…

10 Коротко расскажите, как Лариса и Марина относятся к музыке.

- Лариса очень любит …
Её кумир …
Из русских исполнителей ей нравятся …
Лариса почти не …
Но она часто слушает … и смотрит …
Многие передачи она записывает …
Ларисе нравится классическая музыка, …
Она любит слушать музыку всегда: даже …
Часто она слушает музыку, когда у неё …

- Марина любит …
В её классе почти все …
Ребятам нравится рок, потому что …
и потому что они сами участвуют в …
Им нравится …, потому что они любят всё …
Марина считает, что у каждой известной рок-группы есть …
Ей не мешает, что людям старшего поколения …

11 О чём говорили Олег и Тамара (упр. 5)?

Куда Олег пригласил Тамару?
Как называется серия концертов в Концертном зале Чайковского?
Какая музыка будет исполняться на концерте?
Кто исполнители? Откуда они?
Где Олег и Тамара договорились встретиться?

12 Найдите в диалоге упр. 5 следующие предложения.

Как Олег приглашает Тамару, и как она отвечает на его приглашение?
Как Тамара говорит Олегу, что у неё есть время?
Как Олег договаривается с Тамарой о встрече?
Как Тамара **благодари́т** Олега за приглашение?

Работаем над языковым материалом

13 Правильно произносите мягкие согласные (weiche Konsonanten).

стиль
исполнитель
афиша
билет
серия
ближе
письмо
текст

выступить/выступать
исполнить/исполнять
записать/записывать
поспорить/спорить
участвовать
любить
мешать
пригласить/приглашать

14 Словообразование.

Suffixe zur Personenbezeichnung

-ист, -истк(а)		-ник, -ниц(а)		-тель, -тельниц(а)	
журналист	– журналистка	ученик	– ученица	писатель	– писательница
пианист	– пианистка	школьник	– школьница	учитель	– учительница
солист	– солистка	участник	– участница	исполнитель	– исполнительница
артист	– артистка	проводник	– проводница	житель	– жительница
		художник	– художница		
				-щик, -щиц(а) /-чик, -чиц(а)	
				танцо́вщик	– танцо́вщица
				переводчик	– переводчица

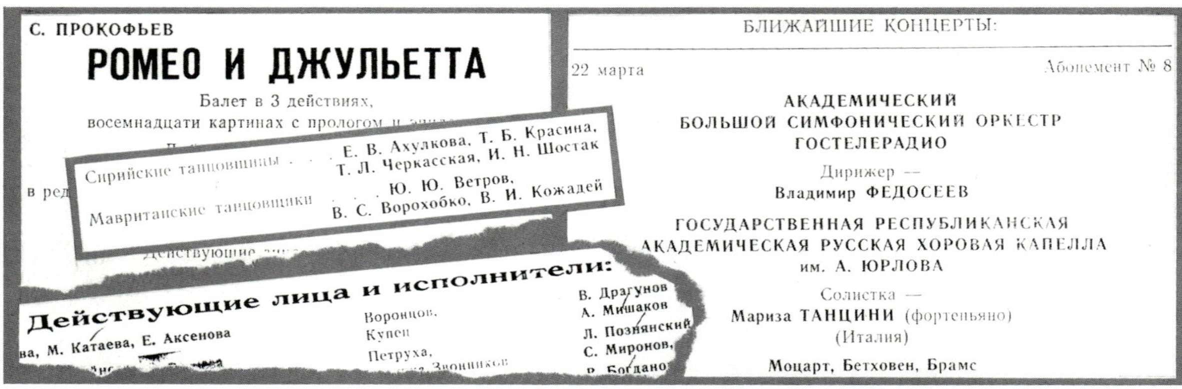

• Переведите слова одного корня.

молодой	музыка	участвовать	классика
молодёжь	музыкант	участник	классик
молодёжный	музыкальный		классический

• Переведите слова со знакомыми суффиксами.

слушать – **слу́шатель**, слушательница, радиослушатель, радиослушатели
смотреть (früher: зреть) – **зри́тель**, зрительница, телезритель, телезрители

15 Выберите из упражнения 14 несколько слов и объясните их значение по-русски.

(M) Переводчик – это человек, который переводит с одного языка на другой.

■ *ну́жен* ↗ G 127

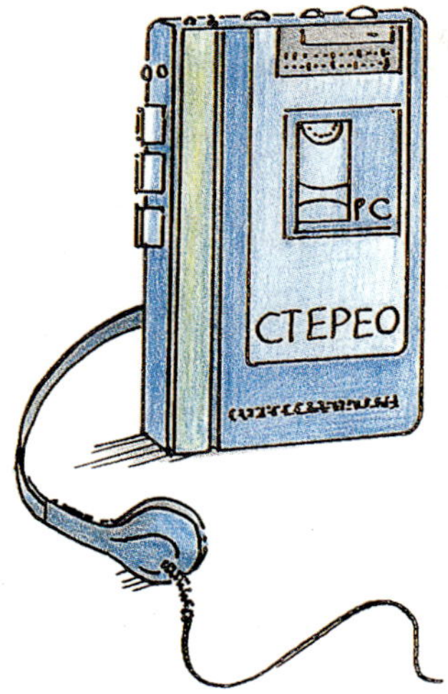

16 Так вы можете сказать, что вам или другому человеку (другим людям) нужно (was sie benötigen).

Мне (моему другу) D.	ну́жен	(был, будет)	кассетник.
	нужна́	(была, будет)	музыка.
	ну́жно	(было, будет)	искусство.
	нужны́	(были, будут)	пластинки.

17 Переведите, как ребята в классе относятся к музыке. Обратите внимание на перевод конструкций с *нужен, нужна, нужны.*

Какая музыка нужна молодёжи? В классе у ребят разные мнения. Некоторые считают, что молодёжи не нужна классическая музыка. Ей нужен только рок. Другие говорят, что молодым нужны и рок, и классическая музыка.

18 Кому что нужно или не нужно?

(M) Школьникам нужны хорошие учителя.

молодёжь – кумиры
школьник – уроки музыки
музыкант – музыкальные инструменты
композитор – исполнители
талантливый рок-музыкант – свой стиль
популярный певец – хорошая музыка и тексты
каждый человек – друзья

19 Сравните.

считать, что
считать кого? (A.) *чем? каким?* (I.)

Рита считает, что Борис – талантливый певец.		(… ist der Meinung, daß Boris … ist)
Рита считает	Бориса талантливым певцом.	(… hält Boris für …)
Рита считает	Бориса талантливым.	

4 А

20 Составьте предложения.

(М) Я считаю группу «Браво» одной из самых талантливых групп.

Я считаю	группа …	интересный, талантливый, необычный
	певец …	прекрасный исполнитель
	певица …	лучший современный, самый популярный, самый интересный

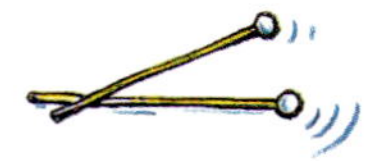

21 Различайте. Вставьте подходящие по смыслу глаголы.

выступить/выступать	*где?* (Р.)	на концерте
	перед кем? (I.)	перед слушателями
	с чем? (I.)	с песнями
исполнить/исполнять	*что?* (А.)	музыку, песни

1. Русский пианист Сергей Курёхин … джаз-рок. Он часто … с концертами в разных городах России и в других странах.
2. Группа «Браво» … только свои песни. Музыканты часто … в радио- и телепередачах.
3. Вчера на концерте … молодёжная рок-группа. Музыканты … джаз-рок.

Говорим, обсуждаем, спорим

22 Запомните.

Музыка	Звукова́я те́хника	Музыка́льные инструме́нты
музыка	**радиоприёмник**	**пиани́но**
народная ~	**кассе́тный магнитофо́н**	**скри́пка**
классическая ~	(кассетник)	**труба́**
джа́зовая ~	**пле́йер**	**фле́йта**
рок-~	**компа́кт-диск**	**саксофо́н**
		гитара
поп-~	**ви́деоклип**	**уда́рные инструме́нты**
	кассеты	**синтеза́тор, ки́борд**
	диски	

Создáтели и исполнители	Занятия музыкой	Представлéния

Создáтели и исполнители

композитор
дирижёр
ансáмбль
руководи́тель ансамбля
группа
дуэ́т, трио, **квартéт**
оркéстр
музыкант
солист(ка)
певец (певица)
хор
гитари́ст(ка)
пианист(ка)
скрипáч(ка)
удáрник (удáрница)

Занятия музыкой

играть на ~
  гитаре (пианино, ударных инструментах)
играть в оркестре (ансамбле)
слушать музыку
записать/записывать музыку
петь в хоре
ходить на концерты
собирать кассеты (диски) с **зáписями** любимых певцов (певиц)
собирать открытки (плакаты) любимых групп

Представлéния

концерт
  симфони́ческий ~
  ~ народной музыки
  ~ поп-музыки
  рок-~
óпера
оперетта
мю́зикл
балéт
ходить в театр
ходить на концерт, оперу, балет

4 А

23 Справа вы видите афишу концерта. Пригласите своего русского знакомого на этот концерт. Составьте диалоги.

24 Составьте диалоги между журналистом и школьниками, у которых он берёт интервью. Используйте для этого и слова из упр. 22.

Журналист может, например, спрашивать ребят,
- любят ли они музыку;
- какой музыкой особенно увлекаются;
- какая музыка им не очень (совсем не) нравится;
- как они относятся к опере, оперетте, мюзиклу, балету;
- часто ли ходят на концерты, на какие;
- часто ли смотрят (слушают) музыкальные передачи, какие;
- есть ли у них любимые исполнители, кумиры; кто это?
- есть ли у них дома звуковая техника и какая;
- любят ли они сами записывать музыку;
- слушают ли они музыку только в свободное время;
- слушают ли они музыку, когда учат уроки;
- слушают ли музыку, когда у них плохое настроение, и какую;
- играют ли сами на музыкальных инструментах и на каких.

Вы можете придумать и другие вопросы.

25 Расскажите о своём любимом певце (своей любимой певице).

Откуда он(а), из Германии или из другой страны?
Как его (её) зовут?
С каким ансамблем он(а) выступает?
Что исполняет?
В каком стиле работает?

26 В тексте «О вкусах тоже спорят» вы прочитали, как относятся к музыке русские юноши и девушки.
Скажите, с кем из них вы (не) согласны и почему.

27 Расскажите, как вы сами относитесь к урокам музыки, к классической музыке, к рок-музыке.

28 Напишите письмо в русский молодёжный журнал. Расскажите, как вы относитесь к музыке.

Так можно выразить своё отношение к музыке и к исполнителям.

Я (не) люблю …
Я отношусь к музыке **равноду́шно**.
Я (не) увлекаюсь (интересуюсь) …
Мне (не) особенно нравится (совсем не нравится) …
Мне больше (меньше) нравится …
Я против … (за …).
Я (не) считаю певицу … талантливой (хорошей певицей).
Мне (совсем не) нравится, как исполняет свои песни …
Мне ближе … музыка.
Я считаю, что молодёжи … музыка (не) нужна.
Многие считают, что …, и я так считаю (а я …).
У каждого свой вкус.
У нас разные вкусы.

Так можно пригласить и ответить на приглашение:

У меня есть два билета в кино (на концерт, в театр, …)
Пойдёшь со мной?
Я хочу пригласить тебя в кино (в театр, к нам в гости, …).
Пойдём в кино (в театр, …)?
Приходи(те) к нам в гости.

Спасибо за приглашение, с удовольствием приду (пойду).
Ну, что за вопрос! Конечно, пойду (приду).
Завтра я могу, обязательно пойду (приду).
К сожалению, завтра не могу.

4Б

Из истории русской рок-музыки

1

Первые **сове́тские** рок-музыканты подража́ли[1] английским и американским группам. До 70-х годов многие музыканты считали, что по-настоя́щему рок может звуча́ть[2] только на английском языке. Жизнь ро́керов первых поколений была трудной: не было хорошей аппаратуры, официальные де́ятели[3] культуры относились к року с подозре́нием[4]. Они не считали его искусством, считали, что рок одурма́нивает[5] молодёжь как нарко́тики[6]. Музыкантов не **пока́зывали** по телевидению, почти не записывали на пластинки. Первые рок-концерты даже запреща́ли[7]. Советские зрители почти не знали «Битлз», Э́лвиса Пре́сли и других известных рок-музыкантов. Но уже в семидесятые годы **появи́лись** первые группы, которые **ста́ли** петь на русском языке. У них был свой стиль. Темы песен были **актуа́льными**, а их геро́ями[8] были люди с московских и ленинградских, а не с лондонских улиц. Так появился русский (русскоязычный) рок.

В наши дни рок занял про́чное[9] место в музыкальной жизни России. Он здесь так же популярен, как и в других странах. Появилось много талантливых групп. Рок-группы выступают по радио и телевидению, играют в клубах, в концертных залах и на стадионах. Регулярно проводятся хит-парады, рок-фестивали, среди них и такие, как «Рок против наркома́нии и алкоголи́зма[10]».

1 ahmten nach
2 richtig … klingen
3 Funktionäre
4 mißtrauisch
5 verdummt
6 Drogen
7 wurden verboten
8 Helden
9 fest
10 Drogensucht und Alkoholismus

Международный рок-фестиваль против наркомании и алкоголизма в Москве.
Группа «Скорпио́ны» из Германии.

КОНЦЕРТ ГОДА

ЛУЧШИЕ

		в %
1	**РОЖДЕСТВЕНСКИЕ ВСТРЕЧИ** Театр Песни Аллы Пугачевой с/к "Олимпийский", 5-20.12	20,2
2	**НЕ УЛЕТАЙ, ЛЮБОВЬ** Ирина Аллегрова с/к "Олимпийский", 23-25.11	19,6
3	**ВЫСОКАЯ ЭНЕРГИЯ** Богдан Титомир с/к "Олимпийский", 30.11-01.12	13,2
4	**25 ЛЕТ ШОУ БАРИ АЛИБАСОВА** "На-На" и другие, гкз "Россия", 11-15.5	11,2
5	**50 x 50** Финальный тур дс "Лужники", октябрь	5,3
6	**ЗВУКОВАЯ ДОРОЖКА** Гала-концерты лауреатов "ЗД" дс "Лужники", 3-8.03	4,3
7	**ЧЕРНЫЙ ПЕС ПЕТЕРБУРГ** ДДТ МСА Лужников	3,6
8	**ПАМЯТИ ВИКТОРА ЦОЯ** "Алиса", "ДДТ", "Нау", "Бригада С" и др. БСА Лужников, 20-21.06	3,2
9	**"КАР-МЭН"** ГКЗ "Россия", октябрь	2,6
10	**ВСЕ, ЧТО ТЫ ХОЧЕШЬ** "Технология" МСА Лужников, 23-28.02	1,8

Всего названо 27 концертов. Подано 1955 голосов.

ХУДШИЕ

		в %
1	**В[illegible]ОКАЯ ЭНЕРГИЯ** [illegible] с/к "Олимпийский", [illegible]	36,1
2	[illegible] **ШНИКОМ** [illegible]екабрь	12,5
3	[illegible]	6,8
4	[illegible]	5,8
5	[illegible] ролева	5,4
6	[illegible] ДТ", "Бригада [illegible], Б.Г. и др. [illegible].01	4,7
7	[illegible] ия Металла" и [illegible]	4,4
8	[illegible] 5.11	3,8
9	[illegible]	3,5
10	[illegible] е Маруани и др. Красная [illegible] 6	3,3

Всего назван[illegible] концертов. Подано 1765 голосов.

Некоторые молодёжные газеты проводят опро́сы[11] среди читателей и публикуют имена лучших и **ху́дших** певцов и певиц года, лучших композиторов, названия лучших и худших групп, песен, видео-клипов, пластинок.

[11] Befragungen

2 Ветераны русского рока

Одна из самых первых и известных популярных рок-групп в России – «Машина времени». Вот как родился этот музыкальный ансамбль.

Андрей Макаре́вич, который позже стал руководителем группы, учился в музыкальной школе, но ему там было скучно. Он относился к музыке равнодушно и думал, что не любит музыку. Интересоваться музыкой он стал в восьмом классе. Отец Андрея – известный **архите́ктор** – был в Кана́де и купил там для сына диск с музыкой «Битлз».

Андрей и его школьные друзья часами слушали диск, а потом стали сами писать песни и выступать с ними. Так в 1969 году родился ансамбль «Машина времени».

Песни, которые исполнял ансамбль, были похожи на песни английских и американских рок-групп.

Андрей Макаревич

Группа «Машина времени».

Шли годы. Молодые музыканты днём учились или работали (Андрей, например, стал архитектором), а вечером выступали. Они пели в **кафе́**, в квартирах, в **подва́лах** и под откры́тым не́бом[1]. На их концертах всегда было много слушателей. У ансамбля появился свой стиль. Он стал исполнять русский рок. Группа стала популярной.

С 1981 года группа «Машина времени» – профессиональный ансамбль. В наши дни эту группу считают ветераном русского рока. В группе «Машина времени» четыре музыканта. Андрей Макаревич – их руководитель. Группа исполняет только свои песни. Тексты пишет Андрей Макаревич, а музыку – Макаревич и его школьный друг Александр Ку́тиков. Группа работает в разных стилях рока. Музыканты поют о проблемах людей нашего времени. Многие песни группы знают почти все молодые люди в России.

[1] unter freiem Himmel

Работаем над текстом

3 Найдите в тексте «Из истории русской рок-музыки» и переведите ответы на вопросы,

- почему первые советские рокеры подражали английским группам;
- почему жизнь рокеров первых поколений была трудной;
- что говорится в тексте о русском роке сегодня;
- какие опросы проводят молодёжные газеты.

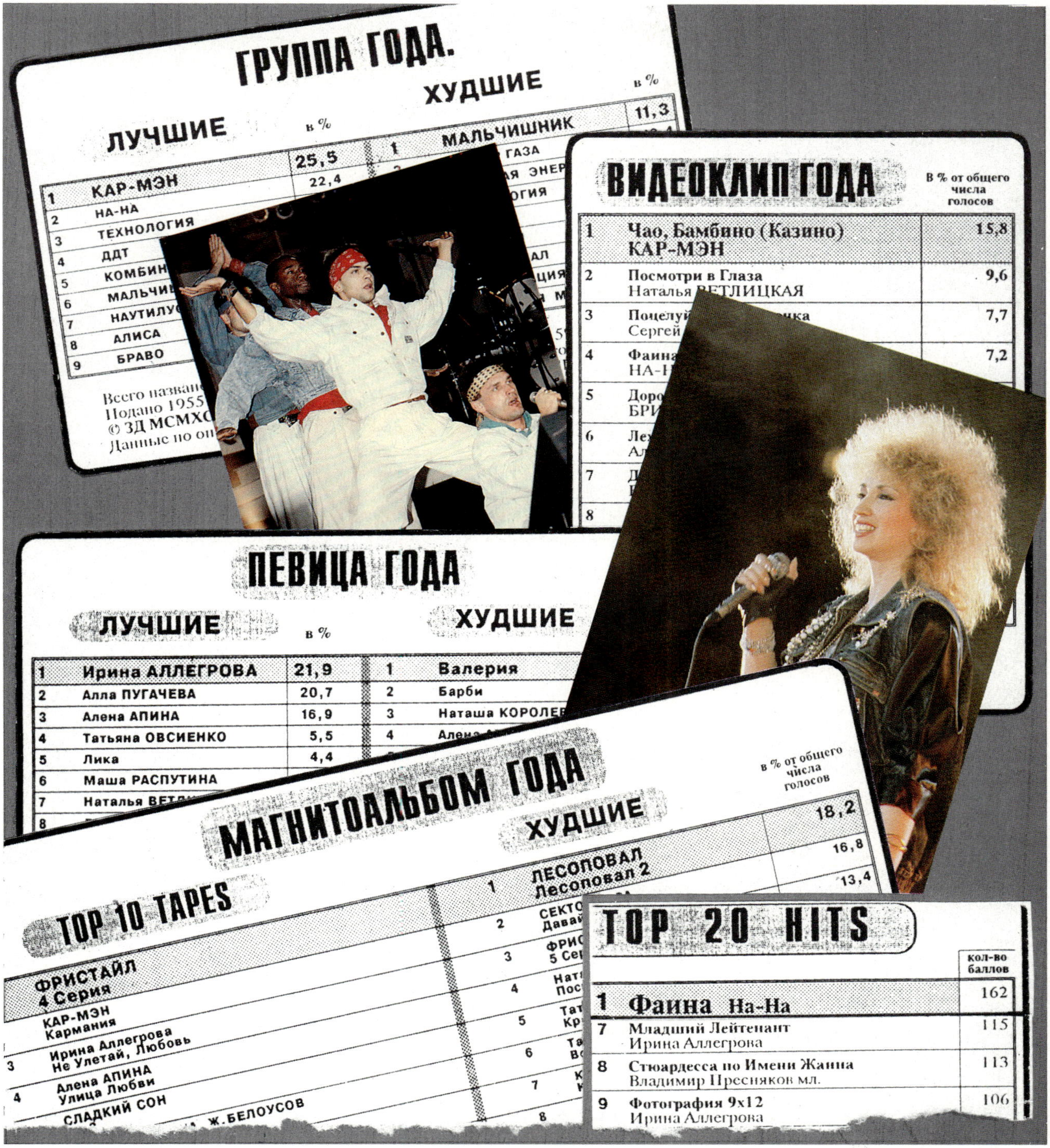
ГРУППА ГОДА.
ЛУЧШИЕ
в %
ХУДШИЕ
в %
1 КАР-МЭН 25,5
2 НА-НА 22,4
3 ТЕХНОЛОГИЯ
4 ДДТ
5 КОМБИН
6 МАЛЬЧИ
7 НАУТИЛУС
8 АЛИСА
9 БРАВО
1 МАЛЬЧИШНИК 11,3
Всего назван
Подано 1955
© ЗД МСМХС
Данные по он
ВИДЕОКЛИП ГОДА
В % от общего числа голосов
1 Чао, Бамбино (Казино) КАР-МЭН 15,8
2 Посмотри в Глаза Наталья ВЕТЛИЦКАЯ 9,6
3 Поцелуй Сергей 7,7
4 Фаина НА-Н 7,2
5 Доро БРИ
ПЕВИЦА ГОДА
ЛУЧШИЕ
в %
ХУДШИЕ
1 Ирина АЛЛЕГРОВА 21,9
2 Алла ПУГАЧЕВА 20,7
3 Алена АПИНА 16,9
4 Татьяна ОВСИЕНКО 5,5
5 Лика 4,4
6 Маша РАСПУТИНА
7 Наталья ВЕТЛ
1 Валерия
2 Барби
3 Наташа КОРОЛЕВ
МАГНИТОАЛЬБОМ ГОДА
в % от общего числа голосов
ХУДШИЕ
18,2
1 ЛЕСОПОВАЛ Лесоповал 2 16,8
13,4
TOP 10 TAPES
ФРИСТАЙЛ 4 Серия
КАР-МЭН Кармания
Ирина Аллегрова Не Улетай, Любовь
3 Алена АПИНА Улица Любви
4 СЛАДКИЙ СОН
Ж.БЕЛОУСОВ
TOP 20 HITS
кол-во баллов
1 Фаина На-На 162
7 Младший Лейтенант Ирина Аллегрова 115
8 Стюардесса по Имени Жанна Владимир Пресняков мл. 113
9 Фотография 9x12 Ирина Аллегрова 106

4Б

ПЕВЕЦ ГОДА

ЛУЧШИЕ (в %)

1	Владимир ПРЕСНЯКОВ Мл.	17,3
2	Валерий ЛЕОНТЬЕВ	
3	Богдан ТИТОМИР	17,0
4	Сергей ЛЕМОХ	12,0
5	Олег ГАЗМАНОВ	8,3
6	Вячеслав БУТУСОВ	3,0
7	Дмитрий МАЛИКОВ	
8	Сергей ЧУМАКОВ	
9	Юрий ШЕ...	
10	Сер...	

ХУДШ...

1	Богдан ТИТОМ...
2	Аркадий УКУПНИК
3	Олег ГАЗМАНОВ
4	Алексей ГЛЫЗИН
5	Сергей МИНАЕВ
6	Валерий ЛЕОНТЬЕВ
7	Владимир ПРЕСНЯКОВ М...
	Филипп КИРКОРОВ
	Женя БЕЛ...
	Александ...

КОМПОЗИТОР ГОДА

в %

1	Игорь НИКОЛАЕВ	21,4
2	Леонид ВЕЛИЧКОВСКИЙ	9,1
3	Валерий МАКЛАКОВ	5,5
4	Андрей ПОТЕМКИН	5,3
5	Аркадий УКУПНИК	5,1
	...ксей ГОРНИЗОВ	4,7
		4,3

ХУДШАЯ ПЕСНЯ

В % от общего числа голосов

1	Вспоминай	Татьяна Маркова	10,9
2	Леха	Алена Апина	10,6
3	Два Кусочека Колбаски	Комбинация	9,5
4	Секс без Перерыва	Мальчишник	8,8
5	Делай, как Я	Богдан Титомир	
6	Фаина	На-На	
7	...		

ПЛАСТИНКА ГОДА

в % от общего числа голосов:

TOP 10 LPs

1	Patricia KAAS Scene La Vie / Русский Дис...
2	Богдан ТИТОМИР Высокая Энерги...
3	Андрей МАКАРЕ... У Ломбарда / С...
4	ЛЮБЭ, Н.ЛАПИ... Шлягер от Ма... Игоря Матвиенк...
5	ВОСКРЕСЕНЬЕ Воскресенье 19...
6	Игорь ТАЛЬКОВ Россия/Русски...
7	DIRE STRAITS On Every Stree...
8	Филипп КИРКО... Ты, Ты, Ты /Р...
	ФРИСТАЙЛ

ХУДШИЕ

КОРРОЗИЯ МЕТАЛЛА Садизм/ Moroz Records	23,8
Богдан ТИТОМИР Высокая Энергия/ ЗеКо-Орфей	17,8
ЧАЙФ Давай Вернемся/ FeeLee	13,5
НА-НА Фаина / Орфей	7,6
МАЛЬЧИШНИК Поговорим о Сексе/ ЗеКо-Орфей	5,4
Татьяна МАРКОВА Все Так Просто/ Русский Диск	4,6
Ирина АЛЛЕГРОВА Странник Мой/ ЗеКо-Орфей	3,8
ЛЮБЭ, Н.ЛАПИНА, Ж.БЕЛОУСОВ Шлягер от Матвея/ Продюсерский центр Игоря Матвиенко	3,5
НАУТИЛУС ПОМПИЛИУС Чужая Земля /Мелодия-Русский Диск	3,0
ВОСКРЕСЕНЬЕ Воскресенье, 1981/ FeeLee	2,7

4 Скажите, почему группу «Машина времени» считают ветераном русского рока. Знаете ли вы, что «Машина времени» – это название известного романа английского писателя Герберта Уэллса? Читали ли вы этот роман?

5 Расскажите коротко по-русски, что вы узнали об ансамбле «Машина времени».

«Машина времени» – одна из самых …
Её руководитель … сам пишет …
Ансамбль «Машина времени» родился в …
Позже у него появился …
С 1981 года группа – …
Поэтому в наши дни группу считают …

Работаем над языковым материалом

6 Эти грамматические конструкции особенно часто встречаются в текстах для чтения.

стать v.	*что делать?*	(Inf.)
быть, стать v. кем? (чем?) или *каким?*		(I.)

Музыканты стали исполнять русский рок.
Die Musiker begannen, … zu spielen.

Отец Кати был известным композитором.
… war ein berühmter Komponist.

Катя стала певицей.
… wurde Sängerin.

Может быть, она скоро станет (будет) известной.
… wird berühmt (werden).

7 Найдите в тексте «Ветераны русского рока» предложения со словом *стать* и переведите их на немецкий язык.

8 Вставьте *стать* или *быть* в нужной форме.

В 1983 году группа, которая позже … называться «Браво», первый раз участвовала в большом рок-концерте. Руководителем группы … Евге́ний Хавта́н, он … и композитором всех её песен. Музыка молодого композитора в стиле рок-н-ролл … весёлой и танцевальной. Зрителям очень понравилась солистка группы Жанна Агузарова, которая … тогда очень молодой. Скоро ансамбль … популярным. Некоторые песни … молодёжным фольклором.

Рок-группа «Браво».

4Б

Kurzform der Adjektive ↗ G 81 – 84

9 Запомните.

Она популярная певица.	Sie ist eine populäre Sängerin.
Она популярная.	Sie ist populär.
Она популярна.	

талантливый талантлив		талантливая талантлива	талантливое талантливо	талантливые талантливы
популярный	популярен	популярна	популярно	популярны
известный	известен	известна		
громкий	громок	громка		
лёгкий	лёгок	легка		

10 Переведите. Обращайте внимание на перевод кратких прилагательных.

Говорит студент Юрий Кузнецов: «Меня спрашивают, как я отношусь к рок-музыке. Рок, электронная музыка необычны и интересны. Конечно, есть хорошая и плохая рок-музыка. Какую рок-музыку я считаю хорошей? Мне нравятся рок-оперы. По-моему, очень интересны рок-оперы талантливых композиторов Ры́бникова и Журбина́. Эти оперы известны и популярны у молодёжи».

11 Diese Wörter werden als Teil des Prädikats nur in der Kurzform verwendet.

должен	mit Inf.
нужен кому?	mit D.
согласен с кем? с чем?	mit I.
похож на кого? на что?	mit A.
знаком с кем? с чем?	mit I.
прав	

12 Переведите на русский язык.

Die russische Gruppe "Zeitmaschine" haben Sie schon kennengelernt. Diese Gruppe wurde vor vielen Jahren populär. Die Lieder vieler russischer Rockgruppen ähnelten damals den Liedern der englischen und amerikanischen Gruppen. Die Gruppe von Makarewitsch wollte russischen Rock spielen. Sie brauchte russische Texte. Die Musiker mußten ihre Lieder selbst schreiben.

13 БУДЬ СО МНОЙ

Слова Ж. Агуза́ровой
Музыка Е. Хавта́на

2. В зимнем парке тишина смеётся
И деревья тихие стоят.
Мы с тобой гуляли,
лето вспоминали,
У нас есть наша песенка,
давай её споём.
Припев.

3. Мы с тобою встретились весною,
Улыбаясь, тихо
ты сказал:
«Осенью, зимою, летом
и весною
Будь со мною рядом,
будь всегда со мной».
Припев.

Жанна Агузарова.

4Б

14

А. Г. Шнитке и дирижёр Г. Н. Рождéственский.

Der russische Komponist Alfred Schnittke sprach in einem Interview über die musikalischen Interessen der Jugendlichen. Geben Sie den Inhalt des Interviews russisch sinngemäß wieder.

– Welche Meinung haben Sie zu den Interessen der heutigen Jugend in bezug auf Jazz, Rock- und Popmusik?
– Vor hundert Jahren interessierte sich die Jugend für die Operette, die Eltern konnten das nicht verstehen. Heute ist die Operette zur Klassik geworden. Rockmusik wird auch zur Klassik. Es wird immer Neues geben (новое будет всегда), und die Älteren werden es nicht verstehen.

Композитор А. Г. Шни́тке
(отрывок из энциклопедии)

Композитор Альфред Гарриевич Шнитке – один из самых известных современных композиторов России. Род. в г. Э́нгельсе 24. 11. 1934 в немецкой семье. Учился в Москве. В 1962–72 преподавал в консерватóрии.
Пишет оперную и балетную музыку, музыку для симфонических оркестров и камерную музыку. Одна из известных опер – «Жизнь с идиóтом».

Говорим, обсуждаем, спорим

15 Наверно, не всё, что вы прочитали об истории русского рока, вы знали раньше.
Что было для вас новым, интересным? Что вы знали раньше?
Знаете ли вы русских рок-музыкантов? Каких?

16 Представьте себе, что вы хотите подарить русской знакомой или русскому знакомому диск или кассету с записями популярной немецкой (английской, американской, ...) группы. Расскажите ей (ему) об этой группе.

Русские композиторы и исполнители

1 Начало биографии

Же́ня (Евге́ний) Ки́син родился в 1971 году в Москве. Его мать была учительницей музыкальной школы по классу фортепиано, а отец – инженером. Когда Жене было три года, он мог часами слушать игру сестры на роя́ле[1]. Потом стал петь – чисто и точно всё, что помнил – это могли быть и фуги Баха и рондо Бетховена. Скоро он уже импровизировал у рояля... В 1977 году шестилетний Женя начал учиться в известной музыкальной школе имени Гне́синых в Москве. Уже через год Женя играл почти весь «Детский альбом» Чайко́вского, лёгкие сонаты Гайдна. Вот что говорила его учительница А́нна Па́вловна Ка́нтор:

«У меня было много талантливых учеников. Но такого талантливого ещё не было. Прекрасный музыкальный слух[2]. А сколько фанта́зии и вкуса!»

В 1981 году, когда Женя учился в пятом классе, школа организовала его первый сольный концерт. Концерт имел огромный успех, и Женя начал выступать в концертных залах Москвы и других городов. Он исполнял Чайко́вского, Шопена, Моцарта, Листа, Проко́фьева, Шостако́вича и других композиторов-классиков.

В августе 1988 года в Зальцбурге Женя познакомился с известным дирижёром Гербертом фон Караяном.

Рассказывают, что восьмидесятилетний Караян со слеза́ми на глаза́х[3] слушал, как играет Женя. Он предложил мальчику выступить вместе.

30 декабря 1988 года Женя играл в Западном Берлине Первый концерт для фортепиано с оркестром П. И. Чайковского. Дирижировал оркестром фон Караян.

Телевидение транслировало концерт в большинство стран Европы и в США. Играл Женя и с другим известным оркестром «Виртуозы Москвы».

В 1990 году запись Первого концерта Шостаковича, которую Евгений Кисин исполнил вместе с «Виртуозами», получила во Франции приз «Золотой диск». Совсем недавно, в 1993 году, Евгений Кисин снова с огромным успехом гастролировал в Берлинской филармонии. Теперь пианист живёт и работает в Нью-Йорке.

[1] Flügel [2] Gehör [3] mit Tränen in den Augen

30. 12. 88 г. в Берлине. Караян и Кисин на Новогоднем концерте.

2 Знаете ли вы этих русских композиторов?

25. 5. 1804 – 3. 2. 1857. Основополо́жник[1] русской классической музыки. Был тесно связан со многими де́ятелями русской и зарубежной культуры. Ставил перед собой задачу создания национального музыкального искусства. Самые известные произведения: патриотическая опера «Иван Суса́нин» («Жизнь за царя́»), опера «Русла́н и Людми́ла» по поэме-сказке Пушкина, «Кама́ринская» – фантазия на темы русских песен, романсы на слова известных русских поэтов.

Михаи́л Ива́нович Гли́нка

Пётр Ильи́ч Чайко́вский

25. 4. 1840 – 25. 10. 1893. Творчество Чайковского отличается многообра́зием жа́нров. Он написал 10 опер. Лучшие из них – «Евге́ний Оне́гин» и «Пи́ковая да́ма» – написаны на сюжеты Пушкина. Автор балетов «Лебеди́ное о́зеро», «Спя́щая краса́вица» и «Щелку́нчик», 6 симфоний, 3 концертов для фортепиано с оркестром, большого количества оркестро́вых пьес. Писал вока́льную музыку: романсы, хоры на церко́вные тексты, обработки русских народных песен для фортепиано и другие.

Дми́трий Дми́триевич Шостако́вич

12. 9. 1906 – 9. 8. 1975. Автор опер «Нос», «Катери́на Изма́йлова», балетов «Золото́й век», «Болт» и других, нескольких симфоний, среди них наиболее известна 7-я – «Ленингра́дская», которая была написана и впервые испо́лнена[2] в годы второй мировой войны во время фашистской блокады Ленинграда. Шостакович написал несколько концертов для фортепиано, скрипки, виолончели, писал музыку к фильмам, песни и другие музыкальные произведения.

[1] Begründer
[2] die … geschrieben und uraufgeführt wurde

27. 4. 1891 – 5. 3. 1953. После окончания Петербургской консерватории выступал как пианист со своими музыкальными произведениями. В 1918 году эмигрировал из России. В эмиграции написал известную оперу «Любо́вь к трём апельси́нам», писал произведения для оркестра, инструментальные концерты, вокальные произведения: оратории, кантаты, песни, музыку к фильмам, например, к трём фильмам Эйзенште́йна. Его первые балеты инсценировал С. П. Дя́гилев. После возвращения в СССР в 1933 году написал среди других произведений известную оперу «Войнá и мир» и балеты «Роме́о и Джулье́тта» и «Зо́лушка».

Серге́й Серге́евич Проко́фьев

3

Эти слова с корнем –рок– не встречаются в текстах. Прочитайте их. Как вы думаете, о чём говорит такое большое количество русских слов с этим корнем?

рок-клуб, рок-дискуссия, рок-программа, рок-альбом, рок-сцена
поп-рок, панк-рок, джаз-рок, арт-рок, полит-рок
текстовый рок, роковый балет

4

У рок-групп часто необычные названия, например, «Апельсин», «Чёрный кофе», «Звуки Му», «Ве́жливый отка́з» ... Одна очень популярная группа называется «Наути́лус Помпи́лиус». Конечно, не многие знают, что это латинское слово переводится, как «моллюск»[1].

Все думают, что название русской рок-группы «А́виа» имеет отношение к авиации. Но это не так. «Авиа» – это **а**нти-**в**окально-**и**нструментальный **а**нсамбль.

[1] Weichtier, Molluske

5

Так пишутся и произносятся по-русски имена известных композиторов.

Иога́нн Себастья́н Бах
Лю́двиг ван Бетхо́вен
Иога́ннес Брамс
Карл Мари́я фон Ве́бер
Ри́хард Ва́гнер
Йо́зеф Гайдн

Гео́рг Фри́дрих Ге́ндель
Христо́ф Виллиба́льд Глюк
Во́льфганг Амаде́й Мо́царт
Иога́нн Штраус
Ри́хард Штраус
Ро́берт Шу́ман

И. С. Бах

УРОК 5 Скажи мне, кто ты

Какой ты человек?

1 Журналистка немецкого радио Ева Решке разговаривает с школьниками девятого класса средней школы в Москве.

Вот её интервью с одним из школьников, Марком Само́йловым:

Ева Решке: Марк, многие молодые люди в Германии хотят узнать, как живут юноши и девушки их **во́зраста** в России. Ты можешь ответить мне на несколько вопросов?

Марк: Могу. Пожалуйста, спрашивайте.

Ева Решке: Расскажи мне, пожалуйста, сначала о твоих планах на будущее. Что ты будешь делать после окончания школы?

Марк: Хочу после школы **поступи́ть** в университет. У нас сейчас можно поступать в университеты других стран, например, в университеты **США**. Но учёба там сто́ит очень дорого. Кроме того, для этого надо очень хорошо знать английский язык, конечно, нужно иметь хорошие отметки и участвовать в **ко́нкурсе**. Поэтому нужно много работать.

Ева Решке: И ты это, конечно, делаешь. Много занимаешься?

Марк: Много. Уроки каждый день делаю 3–4 часа. Кроме того, два раза в неделю занимаюсь английским языком с учительницей.

Ева Решке: Ну, а кроме уроков, чем ещё занимаешься?

Марк: Люблю спорт. Уже несколько лет занимаюсь дзюдо. Люблю рок-музыку. Мои кумиры – американские группы. Люблю танцевать. Когда есть время, хожу на дискотеку.

Ева Решке: А теперь совсем другой вопрос. Сейчас в России трудное время. Многие молодые люди смотрят в будущее с **неуве́ренностью** и даже со **стра́хом**. А каким ты видишь будущее своей страны?

Марк: Я, как и большинство моих друзей, считаю, что трудности перехода к рыночной экономике в нашей стране **вре́менные** и скоро **ситуа́ция** станет лучше.

Ева Решке: У тебя много друзей? В твоём возрасте молодые люди часто **чу́вствуют себя́ одино́кими**.

Марк: Я не чувствую себя одиноким. У меня не очень много близких друзей, но друзья у меня есть.

Ева Решке: Каким, по-твоему, должен быть **настоя́щий** друг?

Марк: Во-первых, друг должен быть **че́стным**, во-вторых, он должен уметь понимать проблемы другого человека. Друг – это человек, которому можно **ве́рить**, на которого всегда можно положиться. Хорошо, конечно, когда он ещё и весёлый, **жизнера́достный**, но это не обязательно. Особенно мне нравятся люди **откры́тые, справедли́вые, му́жественные.**

Ева Решке: А какие люди тебе не нравятся?

Марк: Не нравятся люди, для которых главное – это **расчёт**, **вы́года**, не люблю нечестных людей, **карьери́стов** и **эгои́стов**, людей, на которых **нельзя́** положиться.

Ева Решке: Кто для тебя в жизни – самый большой **авторите́т**?

Марк: Я часто советуюсь с родителями, особенно с отцом. Для меня важно его мнение.

Ева Решке: А с друзьями?

Марк: Иногда и с друзьями. Это **зави́сит** от вопроса. Например, о **любви́** я больше люблю разговаривать с друзьями.

Ева Решке: А можно тебя спросить, как ты относишься к любви?

Марк: Конечно, можно. По-моему, без любви человек не может быть **счастли́вым**.

Ева Решке: У тебя есть любимая девушка?

Марк: Сейчас нет.

Ева Решке: А какой должна быть девушка, которую ты **полю́бишь**?

Марк: Ну, во-первых, она должна быть красивой, доброй, **не́жной**. Я люблю, когда девушка интересуется не только модой и танцами. Мне нравятся девушки, у которых много интересов, с которыми можно обо всём говорить, советоваться. Ну и, конечно, девушка, которую я полюблю, должна меня понимать.

Ева Решке: И последний вопрос. Ты **ве́рующий**?

Марк: Нет, у нас в семье все неверующие. Но в классе есть и верующие. По-моему, **отноше́ние к ве́ре** – это **ли́чное** дело каждого.

Ева Решке: Спасибо тебе, Марк. Желаю тебе больших успехов.

Марк: Я тоже желаю вам успехов.

5 A

2 Переведите на немецкий язык, что Марк говорит
- о своих планах на будущее,
- о настоящем друге,
- о людях, которые ему нравятся и не нравятся,
- о девушке, которую он может полюбить.

3 Правильно или неправильно?

- Марк и его друзья смотрят в будущее своей страны с неуверенностью и со страхом.
- Марк не советуется со своими родителями.
- Марк считает, что любовь – это самое главное в жизни.
- У него нет любимой девушки.
- Он верующий.

4 Ева Решке спросила некоторых друзей Марка, какими они видят себя. Вот что они ответили.

Какой у тебя **хара́ктер**?

Меня зовут Виктор Си́доров. Мне 16 лет. Какой я человек? Я точно не знаю. Думаю, что у меня есть и **положи́тельные**, и **отрица́тельные ка́чества**. Положительные: я стараюсь всегда говорить правду, быть справедливым, считаю, что на меня можно всегда положиться.
Отрицательные: я слишком **за́мкнутый**, **ро́бкий**, наверно, не очень **трудолюби́вый**, можно даже сказать – **лени́вый**.

Меня зовут Наташа Петрова. Мне тоже 16 лет. Я простая, открытая, весёлая, люблю смеяться. Я серьёзно отношусь к своим друзьям, стараюсь понять их. Мне можно всегда верить. Некоторые мои друзья говорят, что я слишком **акти́вная** и **разгово́рчивая**. А, по-моему, активные люди больше нужны **о́бществу**, чем **пасси́вные**.

Катя Рыбако́ва. Мне 15 лет. Я не знаю, какая я. Может быть, слишком **споко́йная**. Часто ребята даже говорят, что я **го́рдая**, но, по-моему, это не так. Я думаю, что я добрая и справедливая, люблю животных, всегда стараюсь понять других, помочь им. Но я не очень старательная и трудолюбивая. И, наверно, не очень мужественная.

5 Володя, Наташа и Катя рассказали журналистке Еве Решке о себе. Какими они считают себя?

Кто из них считает себя
добрым,
справедливым,
активным,
ленивым,
разговорчивым,
не очень старательным,
слишком спокойным,
замкнутым,
робким,
не очень мужественным.

Кто из них любит посмеяться? Всегда говорит правду? Любит животных? Считает, что на него можно положиться? Считает, что ему можно верить?

Работаем над текстом

6 Переведите словосочетания из текста «Какой ты человек?» и повторите их за диктором.

поступить/поступать в университет
участвовать в конкурсе
большинство молодых людей
молодые люди нашего возраста
временные трудности
сложная ситуация
чувствовать себя одиноким
чувствовать себя счастливым
быть честным и жизнерадостным
быть открытой и справедливой
быть нежной и доброй
зависеть от настроения
он(а) верующий(ая)
на него (неё) нельзя положиться

7 Что вы узнали из текста о Марке Самойлове? Расскажите.

Планы на будущее:
После школы Марк хочет …
Чтобы поступить в университет в США, он должен …
Обычно он делает уроки …

Свободное время:
Кроме уроков, он …

Мнение о будущем России:
Марк и большинство его друзей …

Отношение к людям:
Он не чувствует себя …
Марк считает, что настоящий друг должен …
Ему нравятся … люди.
Ему не нравятся люди, на которых …

Его авторитеты:
Марк часто советуется с …
О любви он обычно …

Отношение к любви:
По его мнению, без любви …
Девушка, которую он полюбит, должна быть …
Ему не нравятся девушки, которые …

Отношение к вере:
Марк … Он считает, что вера …

8 Представьте себе, что вы разговариваете с русским юношей. Спросите его о его планах на будущее,
о том, чем он занимается в свободное время,
о его отношении к будущему России,
о том, какие люди ему нравятся и не нравятся,
о его отношении к любви,
о его отношении к вере.

(M) Марк, скажи, пожалуйста, как ты относишься к своим друзьям?

9 Охарактеризуйте Наташу, Виктора, Катю.
Начать вы можете так:

- Виктору 16 лет. У него есть положительные и отрицательные качества.
  Положительные: он старается …
- Наташе … Она простая, открытая …
- Кате … лет. Она слишком … Она считает себя …

Работаем над языковым материалом

10 Sprechen Sie die Zischlaute richtig aus.

[ш]	[ж]	[щ']	[ч']
большинство	должен	будущий	честный
отношение	жизнь	настоящий	чувствовать
девушка	жизнерадостный	общество	час
США	нежный	верующий	часто
что	мужественный	счастливый	разговорчивый
	можно положиться	расчёт	помочь

11 Скажите, с какими словами эти новые слова имеют общий корень.

временный – …, неуверенность – …, большинство – …,
полюбить, любовь – …, одинокий – …, будущее – …, возраст – …,
жизнерадостный – …, отношение – …, верующий – …;
мужественный – …, разговорчивый – …, трудолюбивый – …, …;
личный – …, счастливый – …

12 Запомните эти выражения с новыми словами.

Споко́йной но́чи!

Счастли́вого пути́!

13 Переведите и запомните выражения со словом *дело*.

В чём дело?	Нина не пошла сегодня в школу. Мама спросила её: «Нина, в чём дело? Почему ты не в школе?»
Это моё (личное) дело.	«Отношение человека к религии – это его личное дело», – говорит Марк.
Это не твоё (не ваше) дело.	«Не нужно спрашивать Нину, где она была сегодня вечером, это не наше дело», – сказала Наташа подругам.
Дело в том, что …	«Я не могу тебе сказать, куда мы поедем летом. Дело в том, что мы ещё сами не решили, куда поехать».

14 Различайте.

чувствовать себя	*как*? mit Adv.	(не очень) хорошо, (очень, совсем) плохо, отлично, нормально
чувствовать себя	*каким, какой*? mit Adj. im I.	одиноким (-ой), счастливым (-ой), сильным (-ой), слабым (-ой), (не) нужным (-ой)

5 А

15 Дополните предложения.

быть стать считать *кого?* чувствовать себя	какой? каким? какими?

В первом классе Таня была … (маленькая, некрасивая, одинокая девочка). Она была … (неразговорчивая, робкая, замкнутая, но очень старательная и трудолюбивая). А теперь она стала … (высокая, красивая, весёлая девушка). Она больше не чувствует себя … (одинокая). Теперь у неё есть друг Игорь, и они чувствуют себя очень … (счастливый).

можно – нельзя ↗ G 128

16 Кому из них можно (нельзя) верить? На кого можно (нельзя) положиться? С кем можно (нельзя) советоваться? С кем можно (нельзя) обо всём говорить?

- Саша – честный и открытый человек, поэтому на него всегда можно положиться.
- Лида часто говорит неправду, поэтому …
- Рита иногда опаздывает, поэтому …
- Наташа справедливая, она всегда понимает других, поэтому …
- Многие люди старшего поколения совсем не понимают современную молодёжь, поэтому…
- Игорь интересуется только своими проблемами, поэтому …

Objekt- und Finalsätze ↗ G 143, 145

17 Так можно выразить желание.

Марк хочет (решил…) поступить в университет в США. Родители хотят, чтобы Марк поступил в университет. Скажи Марку, чтобы он больше занимался английским языком.

18 Переведите и сравните.

1. Игорь хочет (чего?), чтобы у него был настоящий друг.
2. Игорь хочет дружить с Владимиром.
3. Скажи Владимиру (что?), чтобы он сегодня позвонил Игорю.
4. Журналистка разговаривала с русскими школьниками (почему? **заче́м**?), чтобы больше узнать об их жизни.
5. Русские школьники рассказали о своей жизни журналистке (зачем? почему?), чтобы она могла сделать о них передачу.

19 Дополните.

Марк занимается английским языком, чтобы …
Родители советуют Марку больше заниматься английским языком, чтобы …

20 Скажите по-другому.

(M) По мнению Марка, друг должен быть честным.
Марк хочет, чтобы его друг был честным.

По мнению Марка, его друг должен
- всегда говорить правду.
- быть весёлым и жизнерадостным.
- быть человеком, с которым можно говорить обо всём.

Direkte / Indirekte Rede ↗ G 149

21 Различайте:

Direkte Rede	Indirekte Rede
Марк сказал: «Я люблю спорт».	Марк сказал, что он любит спорт.
Журналистка сказала Марку: «Расскажи мне о своих планах на будущее».	Журналистка сказала Марку, чтобы он рассказал ей о своих планах на будущее.
Журналистка спросила Марка: «У тебя много друзей?»	Журналистка спросила Марка, много ли у него друзей.

22 Verwandeln Sie in den Sätzen die direkte Rede in die indirekte.

1. Марк говорит: «Настоящий друг должен быть честным».
2. Таня говорит: «Трудности в России временные».
3. Ира сказала: «Без любви человек не может быть счастливым».
4. Наташа сказала: «Я простая, добрая, открытая, люблю посмеяться».
5. На вопрос, каким он видит себя, Виктор ответил: «У меня есть положительные и отрицательные качества».
6. Игорь говорит: «Моё отношение к любви – это моё личное дело».
7. Марк говорит: «Я не чувствую себя одиноким».
8. Журналистка сказала: «Ребята, расскажите мне о себе».
9. Нина спросила Игоря: «Ты любишь разговаривать с друзьями? Ты советуешься с родителями? У тебя есть любимая девушка?»
10. Учительница сказала ребятам: «Занимайтесь спортом!»

23 Скажите, что говорят о себе Наташа, Виктор и Катя.

Он(а) думает, что …
Он(а) считает, что …
Он(а) уверен(а), что …

тот ↗ G 110

24 Переведите. Обратите внимание на перевод подчёркнутых словосочетаний.

Ева спросила Марка о том, что он хочет делать в будущем. Он рассказал ей, что мечтает поступить в университет. Но дело в том, что поступить в университет нелегко. Поступит ли он в университет, будет зависеть от того, как он будет знать английский язык, и от того, какие у него будут отметки. На вопрос о том, каким он видит будущее России, Марк ответил: «Я уверен в том, что ситуация в России скоро станет лучше».

25 Поговорите друг с другом.

– Говорят, ты хочешь поступить после школы в университет?
– Хочу, но дело в том, что …

– Ты любишь рок-музыку?
– Это зависит от того, …

– Это правда, что ты хочешь летом поехать в Москву?
– Да, но это зависит от …

– Ты говоришь с родителями о своих проблемах?
– Это зависит от …

26 Переведите на русский язык.

Die Journalistin fragte, was Mark in der Freizeit macht. Mark sagte, daß er Sport treibt, Musik hört, in die Disko geht. Er sagte, daß er Freunde hat. Mark träumt davon, an einer Universität in den USA zu studieren. Aber die Sache ist die, daß man dafür sehr viel lernen muß. Jeden Tag lernt er 3–4 Stunden. Er fühlt sich glücklich und sieht die Schwierigkeiten seines Landes beim Übergang zur Marktwirtschaft als zeitweilig an.

27 Прочитайте объявления из русских газет.

МОСКОВСКОЕ ОБЪЕДИНЕНИЕ ПРОФПОДГОТОВКИ КАДРОВ:
проводит обучение по специальностям:
СЕКРЕТАРЬ-РЕФЕРЕНТ, ВОДИТЕЛЬ-ТЕЛОХРАНИТЕЛЬ, РЕКЛАМНЫЙ АГЕНТ, ГУВЕРНЕР, ДОМОХОЗЯЙКА-ЭКОНОМКА и трудоустраивает выпускников;
обучает **ИНОСТРАННЫМ ЯЗЫКАМ,** в том числе **МЕТОДИКЕ преподавания** для дошкольников, основам работы на ПЭВМ, классическому МАССАЖУ.

Приглашает преподавателей.
☎ *395-53-61, 270-87-09, 397-26-14.*

ПРЕДПРИЯТИЕ
для своих сотрудников
купит
комнаты,
1 – 2-комнатные квартиры.

Приватизация и юридическое оформление в кратчайшие сроки ГАРАНТИРУЕТСЯ.

☎ *351-52-23, 244-00-79.*

Говорим, обсуждаем, спорим

28 В тексте «Какой ты человек?» Марк говорит, какие люди ему нравятся, а какие не нравятся, и каким, по его мнению, должен быть настоящий друг.
Расскажите, каким, по вашему мнению, должен быть настоящий друг.
Какие люди вам нравятся, а какие не нравятся?

29 Кто это?
Опишите одну из своих одноклассниц или одного из своих одноклассников (юноша/девушка, возраст, как учится, чем интересуется, характер). Попросите своих одноклассников отгадать, кто это.

30 Расскажите, какой или каким вы видите себя. Какие свои качества вы считаете положительными или отрицательными. Как вы считаете, что думают о вас ваши друзья и одноклассники?

31 Возьмите друг у друга интервью.

Поговорите о планах на будущее; о том, как вы учитесь; чем занимаетесь в свободное время; о вашем отношении к людям; о том, кого вы считаете авторитетом; о вашем отношении к любви; о вашем отношении к вере.

Так можно охарактеризовать человека и своё отношение к нему:

У него (неё) есть положительные и отрицательные качества.
Положительные качества: добрый (-ая), справедливый (-ая), …
Отрицательные качества: нечестный (-ая), эгоист(-ка), …
Он(а) добрый (-ая), …, но не очень мужественный (-ая), …
Я считаю его (её) справедливым, …, открытым, … человеком.
Он(а) для меня (не) авторитет.
Для него (неё) дружба, … – (не) главное в жизни.
Мне (не) нравится, как он(а) относится к друзьям, …
Он(а) старается каждого понять.
Он(а) старается всегда помогать другим.
Он(а) (не) умеет слушать других.
Ему (ей) можно (нельзя) верить.
На него (неё) можно (нельзя) положиться.
С ним (с ней) можно (нельзя) советоваться (обо всём говорить).

5Б

Молодёжь сама о себе

1 Российский центр изучения **общéственного** мнения провёл **опрóс среди́** студентов России.
Познакомьтесь с **результáтами** опроса. Лучше понять текст вам помогут упражнения 7 и 8 из раздела «Работа над языковым материалом».

I.
Настроение молодых людей более **оптимисти́ческое**, чем у людей старшего поколения, но сложная ситуация в стране и большие проблемы отрицательно **влия́ют** на настроение молодёжи. Многие молодые люди (их 14 **процéнтов**) считают, что в жизни слишком много **несправедли́вости** и **преступлéний**.
34 % молодых людей смотрят в будущее с уверенностью,
45 % спокойно, но без особенной уверенности,
16 % с неуверенностью,
3 % со страхом.

Больше половины юношей и девушек считают, что жизнь – это праздник и надо взять от неё как можно больше.
6 % из них считают себя счастливыми,
3 % чувствуют себя **несчáстными**,
22 % считают, что счастье надо **создавáть** своими руками.

II.
Молодёжные увлечения: музыка, путешествия, спорт, любовь.
57 % молодых людей увлекаются молодёжной музыкой.
На втором месте после музыки – путешествия (39 %).
65 % молодых людей считают, что любовь – это **вели́кая си́ла**.
Любовь, по их мнению, самое главное в жизни.

III.
На вопрос, чувствуют ли они себя одинокими, 20 % ответили положительно. Но 26 % написали, что не чувствуют себя одинокими и не хотят иметь близких друзей. Почему? Многие молодые люди не верят знакомым и даже близким. Они считают, что большинство людей – эгоисты и карьеристы. Главное для них – расчёт и выгода.

IV.

А вот их авторитеты:

V.

В последние годы в России выросла **популя́рность** церкви и религии.

Важной частью культуры народов считают религию	61 %
считают, что человек не может жить правильно без религии	38 %
считают религию своим **о́бразом** жизни	12 %.

VI.
Большинство молодых людей – не **патрио́ты**. Вот как они ответили на вопрос об отношении к своей родине:

это просто место, где я родился (родилась)	33 %
моя родина там, где мне хорошо	28 %
слово родина для меня не имеет значения	11 %.

VII.
А вот интересные **фа́кты** из опроса среди молодёжи Германии.
Больше, чем 85 % молодых людей отрицательно относятся к **наси́лию**. С самой большой **симпа́тией** молодые люди относятся к **движе́нию**

в **защи́ту окружа́ющей среды́**	77 %
и к движению за мир	71 %.

Этот опрос показал, что 80 % молодых людей в Германии не верит политикам. Большинство молодёжи не хочет активно заниматься **поли́тикой**.

2 Правильно или неправильно?

- Более, чем 85 % молодых людей в Германии отрицательно относится к насилию.
- 80 % молодых немцев хочет в будущем активно заниматься политикой.
- Юноши и девушки Германии с большой симпатией относятся к **защи́тникам** окружающей среды.
- Большинство русских молодых людей – патриоты.
- 60 % юношей и девушек России считают главным своё мнение.
- Многие молодые люди не верят знакомым и даже близким.
- 25 % молодых людей чувствуют себя несчастными.
- 34 % юношей и девушек смотрят в будущее с уверенностью.

3 Вот как ответили московские юноши и девушки на вопрос:

«**Употребля́ли** ли вы **нарко́тики**?»

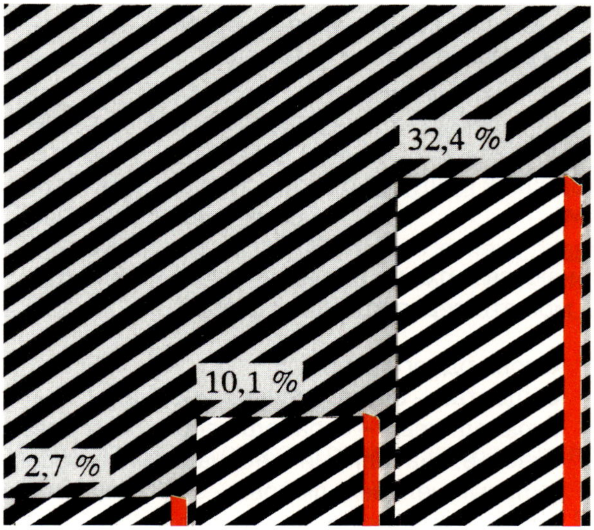

Данные опроса по городам России в первом квартале 1992 года

Данные опроса по Москве в первом квартале 1992 года (опрошено 1000 учащихся школ, ПТУ[5] и вузов[6])

Данные опроса по Москве в первом квартале 1993 года (опрошено 860 учащихся школ, ПТУ и вузов)

Итак, каждый десятый (10,5 %) регулярно **ку́рит** «тра́вку»[1], а каждый сорок третий (2,3 %) регулярно употребляет лека́рственные препара́ты[2]. Как правило, это 16–18-летние, а лиди́руют ... девушки.

Сравните: пробовали наркотики 30 процентов юношей и 34,8 процента девушек, из которых каждая седьмая регулярно употребляет самые страшные из них – лекарственные препараты. Среди молодых людей «лекарственных наркома́нов[3]» почти нет – они курят «травку».

Третья часть этих юношей и девушек – школьники. Опросы и обработку да́нных[4] проводили ученики московских школ.

[1] pflanzliche Drogen, z.B. Hanf
[2] Arzneimittel
[3] Arzneimittelsüchtige
[4] Angaben
[5] Berufsschule (профессионально-техническое училище)
[6] Hochschule (высшее учебное заведение)

Работаем над текстом

4 Найдите в тексте «Молодёжь сама о себе» ответы на следующие вопросы.

1. Кто участвовал в опросе?
2. Какое настроение у молодых людей в России?
3. Что отрицательно влияет на настроение российской молодёжи?
4. Как молодые люди в России смотрят в будущее?
5. Какие увлечения молодёжи стоят на первом месте?
6. Многие молодые люди считают, что любовь – это великая сила. Сколько процентов юношей и девушек так считают?
7. Что молодые люди больше всего ценят в близком человеке?
8. Сколько процентов молодых людей Германии отрицательно относится к насилию?
9. К кому они относятся с самой большой симпатией?
10. Хочет ли большинство молодых людей в Германии активно заниматься политикой?

12 Переведите на русский язык.

Die komplizierte Situation im Land wirkt sich negativ auf die Stimmung der jungen Menschen in Rußland aus. Viele Jugendliche sehen mit Ungewißheit in die Zukunft. Aber nur 3 % von ihnen fühlen sich unglücklich. 22 % sind der Meinung, daß man das Glück mit eigenen Händen schaffen muß. Eine Umfrage bei jungen Menschen in Deutschland hat gezeigt, daß mehr als 85 % von ihnen gegen Gewalt sind. Große Sympathie bringen sie den Umweltschützern und der Friedensbewegung entgegen.

Молодые художники продают свои картины перед Домом художника.

Говорим, обсуждаем, спорим

13 Ответьте на вопросы. Аргументируйте.

Чем вы особенно увлекаетесь?
Есть ли у вас близкие друзья?
Согласны ли вы с тем, что большинство людей – карьеристы и эгоисты?
Как вы относитесь к родине? К религии? К политике?
К защите окружающей среды?

1-4 Проведите в классе опрос. Составьте анкéту[1].
Используйте вопросы, дополните анкету своими вопросами.
Сравните результаты вашего опроса с результатами опроса молодых людей в России и в Германии из текста «Молодёжь сама о себе».

(M)

Как вы смотрите в будущее?	да	нет
Оптимистически Спокойно, но без уверенности С неуверенностью Со страхом		

Чувствуете ли вы себя
счастливым (счастливой), несчастным (несчастной), одиноким (одинокой)?

Ваши увлечения?
путешествия, чтение, компьютерная техника, …

Мнение какого человека для вас важнее всего?
своё мнение
…

Курите ли вы?
да, нет

Пьёте ли **спиртны́е напи́тки**?
нет, иногда, часто

Как вы относитесь к **употребле́нию** наркотиков?
считаете, что употреблять наркотики очень **опа́сно**, не думаете так, …

Как вы относитесь к насилию?
отрицательно, считаете нужным, …, затрудня́етесь ответить[2]

Как вы относитесь к движению в защиту окружающей среды?
сами активно участвуете, с симпатией, считаете очень важным, равнодушно, считаете ненужным, …

Как вы относитесь к движению за мир?
сами активно участвуете, с симпатией, считаете очень важным, равнодушно, считаете ненужным, …

[1] Fragebogen
[2] Sie haben Schwierigkeiten, diese Frage zu beantworten.

5B

Повторяем

1 Какие слова не подходят к остальным словам каждой группы?

исполнитель, -ница	участвовать в концерте	талантливый
архитектор	петь	популярный
музыкант	танцевать	удобный
певец, певица	выступать	известный
солист, -ка	спорить	знаменитый
артист, -ка	играть на …	необычный
пианист, -ка	заботиться	прекрасный
официант, -ка		греческий
одноклассник, -ница		исторический

2 Составьте словосочетания и предложения.

по/спорить *с кем? о чём?*	одноклассники – классическая музыка
по/благодарить *кого? за что?*	друг (подруга) – билет на концерт
выступить/выступать *перед кем? с чем?*	зрители – новая программа
исполнить/исполнять *что?*	рок-музыка
стать *кем?*	известный (-ая) исполнитель (-ница)
(не) считать *что? чем?*	рок-музыка – искусство
относиться *к чему? как?*	классика – равнодушно

3 Как спрягаются эти глаголы?

благодарить, спорить, исполнить, выступить, показать, записать, участвовать
Как «рисовать»? Как «говорить»? Как …?

рисова́ть -у́ю, -у́ешь	говори́ть -ю́, -и́шь	купи́ть -плю́, -пишь	сказа́ть -жу́, -жешь	писа́ть -шу́, -шешь

4 Какие из этих глаголов не спрягаются как «гулять, -яю, -яешь»?
Как они спрягаются?

исполнять, взять, понять, представлять

5 С какими глаголами употребляются следующие существительные?

… роль, … вид, … свободное время, … впечатление, … деньги,
… успех, … традиции

6 Объясните слова на русском языке.

Журналист – это человек, который пишет для журналов, газет, радио, телевидения. Певец – это … . Артистка – это … . Безработный – это … . Учительница – это … .

Зарабатывать – это значит, получать деньги за работу.
Переселиться – это значит, … .
Опоздать – это значит, … .

7 Скажите, что вам нужно, чтобы пойти на концерт современной молодёжной музыки?

Используйте:
- нужен, нужна, нужно; нужны
- интерес к …, желание пойти на …, свободное время, деньги на …; программа концерта, чтобы узнать …

Aspektgebrauch im Infinitiv

8 Welche dieser beiden Verbgruppen wird mit dem v. und welche mit dem uv. Infinitiv verwendet?

начать/начинать кончить/кончать стать v. по/любить по/нравиться на/учиться уметь устать/уставать	забыть v. смочь v.

9 Дополните предложения.
Используйте глаголы из упр. 8.

- Лариса … смотреть музыкальные передачи по телевизору, но не очень … ходить на концерты.
- Игорь … учить английский язык в пятом классе. Он быстро … читать и писать по-английски. Сейчас Игорь учится в девятом классе. Он уже … неплохо говорить по-английски.
- Мать … говорить сыну, чтобы он учил уроки каждый день.
- Максим пригласил Таню на концерт, но … купить билеты.

10 Как правильно?

рассказать или рассказывать?
Давайте пригласим Риту. Она может … нам о своей поездке в Сибирь. Она может часами … об этой поездке.

позвонить или звонить?
– Нужно … Лиде. Может быть, она пойдёт с нами на концерт.
– Не надо … Лиде. Она сейчас в музыкальной школе. Ей надо всегда … вечером.

написать или писать?
Журналист долго разговаривал с участниками ансамбля, потому что хочет … о них в газету. Музыканты уверены, что он напишет о них правду. Журналисты всегда должны … правду.

пригласить или приглашать?
Вадим решил … Лиду на концерт. Лиде очень понравился концерт, и Вадим хочет чаще … её на концерты.

познакомиться или знакомиться?
Виктор давно хотел … с Мариной. Два месяца назад Виктор смог ... с ней.

УРОК 6 Что вы читаете?

Любите ли вы читать?

1 Этот вопрос российская молодёжная газета задала своим читателям, школьникам старших классов. Прочитайте, что ответили русские юноши и девушки.

Русский писатель А. П. Чехов (1860–1904).

Миша К.:
… Меня совсем не **интересу́ет худо́жественная** литература. У меня просто нет времени: школа, спорт, телевидение, музыка, **ви́дики**, кино… По-моему, в наш **техни́ческий** век литература больше не нужна. Но писатели не будут безработными: они могут писать **сцена́рии** кино- и телефильмов, видеофильмов…

Сергей Л.:
… Я очень люблю читать, особенно увлекаюсь **детекти́вами**. Классику не читаю. Скучно. Кроме того, у нас есть учебники, из которых можно узнать **кра́ткое содержа́ние произведе́ний**.

Наташа А.:
… В сочинении я написала, что мне нравятся **рома́ны** Льва Толстого. Но я их не читала. Они очень длинные. Я видела фильмы «Война и мир», «Анна Каренина», и они мне очень понравились. Считаю, что я написала в сочинении правду.

Таня Б.:
… Я очень интересуюсь классической литературой. Мой любимый **поэ́т** – Пушкин, любимый писатель – Че́хов. Некоторые ребята говорят, что им скучно читать классику. А что они читали? Классику нужно читать в оригинале. Краткое содержание романа в учебнике и даже фильм по роману – это совсем другое. Я люблю смотреть фильмы по телевизору и ходить в кино. Но **чте́ние** – это моё самое большое хобби.

Анна Васильевна С., учительница русского языка:
… Я **сра́зу** могу сказать, кто из моих учеников много читает. У ребят, которые много читают, большой **слова́рный запа́с**, они умеют свободно и точно **выража́ть** свои **мы́сли**, пишут почти без ошибок …

роман:	**по́весть**	**пье́са**
исторический ~	**расска́з**	**дра́ма**
фантасти́ческий ~ (фанта́стика)	**ба́сня**	**коме́дия**
детекти́вный ~ (детектив)	**ска́зка**	**траге́дия**
приключе́нческий ~	стихи	

Работаем над текстом

2 Правильно ли вы поняли ответы школьников?
Ответьте с помощью текста.

Почему Мишу не интересует художественная литература?
Почему Сергей почти не читает классику?
Почему Наташа не читала романы Л. Толстого?
Почему Таня не согласна с мнением Наташи и Сергея?

3 Что говорит учительница Анна Васильевна о том, как чтение влияет на умение выражать свои мысли?

4 Составьте диалог Тани и Сергея об их отношении к чтению.

Таня: Я очень люблю …
Сергей: Я тоже … Я особенно увлекаюсь …
Таня: А я интересуюсь …
Сергей: Нет, я почти не … Кроме того, …
Таня: Я не понимаю, почему тебе скучно … По-моему, …

5 Расскажите об отношении ребят к художественной литературе.

- Таня любит … Она интересуется … Она считает, что … Чтение – это …
- Наташа не согласна с Таней. Она не …, но видела … Наташа написала, что … Она считает, что …
- Сергей увлекается … Он почти не …, потому что … Он считает, что …
- Мишу совсем не интересует … У него нет … Он считает, что в наш технический век литература …

Говорим, обсуждаем, спорим

6 Что читают московские школьники (результаты опроса).

Детективы	72 %
Фантастику	69 %
Историческую литературу	39 %
Научную литературу	30 %
Сказки	28 %
Классику	17 %

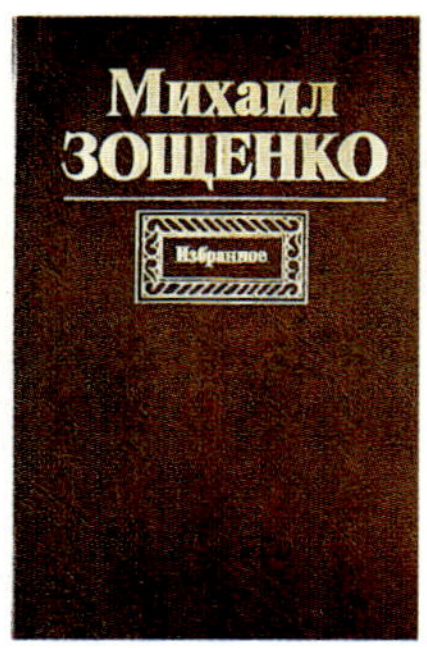

Составьте диалоги. Поговорите о вашем отношении к чтению. Вопросы могут быть, например, такие:

- любите ли вы читать; какой литературой особенно интересуетесь;
- есть ли у вас любимый писатель, любимые книги;
- ваше отношение к классике;
- ваши любимые немецкие писатели, поэты;
- русские, английские, американские, французские и другие писатели, которых вы знаете;
- авторы исторических, фантастических, детективных, приключенческих романов (повестей), которых вы любите.

7 Вы узнали, как относятся к чтению некоторые русские юноши и девушки. Кроме того, вы познакомились с мнением учительницы. С кем из них вы согласны (не согласны)? Почему? Аргументируйте своё мнение.

Разыграйте диалоги с русскими ребятами – авторами высказываний о художественной литературе.

8 Знаете ли вы этих русских писателей?

Пу́шкин, Алекса́ндр Серге́евич

6. 6. 1799 – 10. 2. 1837 – крупне́йший русский поэт, созда́тель современного русского литературного языка. Основу его творчества составляет ли́рика. Наряду́ с большим количеством произведений «лёгкой поэзии» и любовной лирики писал стихи, в которых выража́л политические идеи, например, идеи декабри́зма. Написал ряд поэм: «Бахчисара́йский фонта́н» (Der Springbrunnen von Bachtschisarai), «Ме́дный вса́дник» (Der eherne Reiter) и другие. Писал также и прозу: «По́вести Бе́лкина» (Erzählungen Belkins), «Пи́ковая да́ма» (Pique Dame) и драмати́ческие произведения: «Бори́с Годуно́в» и другие. Самое известное произведение – роман в стихах «Евге́ний Оне́гин» (1823–1831 г.), который современники называли «энциклопе́дией русской жизни».

Достое́вский, Фёдор Миха́йлович

11. 11. 1821 – 9. 2. 1881 – русский писатель. Его первый роман «Бе́дные лю́ди» (1864 г.) (Arme Leute), который современники называли «творе́нием ге́ния», имел большой успех. В романе пока́зана социальная трагедия «маленьких людей». В «Запи́сках из мёртвого дома» (Die Aufzeichnungen aus einem Totenhaus) Достоевский описывает страшные годы сибирской ка́торги, куда его сосла́ли за участие в тайном революционном кружке́. В 60-х–70-х годах написал крупнейшие романы «Преступле́ние и наказа́ние» (Schuld und Sühne), «Бе́сы» (Die Dämonen), «Идио́т» и другие. В романе «Бра́тья Карама́зовы» (Die Brüder Karamasow) нашли выраже́ние философские, политические и психологи́ческие проблемы, которые интересовали писателя. Творчество Достоевского оказа́ло большое влияние на мировую литературу.

Толсто́й, Лев Никола́евич

9. 9. 1828 – 20. 11. 1910 – крупне́йший русский писатель-реалист. Самые известные произведения – роман «Война́ и мир» (1865–1869), который Толстой посвяти́л Оте́чественной войне 1812 года против Наполео́на, и роман «А́нна Каре́нина», в котором Толстой описывает трагедию женщины, которая стала же́ртвой морали светского общества. Оба произведения переведены́ на многие иностранные языки. Творчество Л. Н. Толстого имело большое значение для развития русской и мировой литературы, оказало влияние на таких крупных писателей, как Г. Флобер, Р. Роллан, Т. Манн, Г. Манн и других.

6 Б

Художественная литература

1 In dieser Lektion lesen Sie zum erstenmal Originalausschnitte aus einer Erzählung der russischen Schriftstellerin В. То́карева. Damit Sie die Handlung verfolgen können, finden Sie im Kleindruck zwischen den einzelnen Ausschnitten Zusammenfassungen der ausgelassenen Teile. Nutzen Sie den Kommentar auf S. 122.

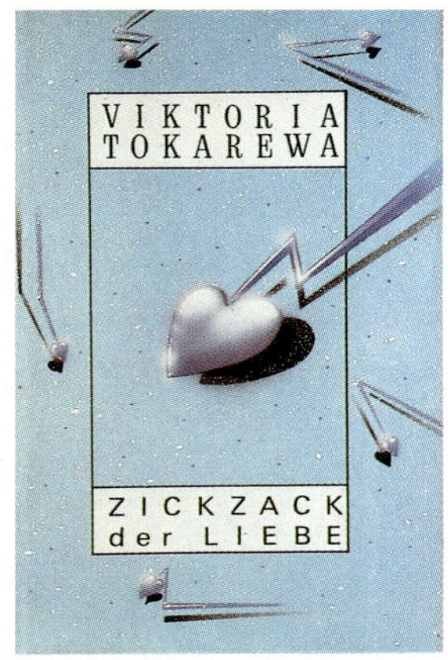

Самый счастливый день (отрывки из рассказа)

__Де́йствие__ рассказа __происхо́дит__ в семидесятые годы. Оно начинается и кончается в школе, на уроке русского языка. Ребята пишут сочинение на __те́му__ «Самый счастливый день в моей жизни». Автор __опи́сывает__ мысли и __чу́вства__ девочки, которой трудно выбрать тему сочинения. Она может выбрать тему, которая понравится её учительнице. Но это значит, написать неправду. Можно написать правду. Но она не знает, какую отметку ей тогда __поста́вит__ учительница. А ей очень нужно получить хорошую отметку. Мы не знаем, как зовут __герои́ню__ рассказа. Мы знаем, что она учится в восьмом классе. У неё нет братьев и сестёр. Она очень любит своих родителей, но родители в последнее время не понимают друг друга. Когда отец вечером дома, мать приходит домой поздно. И __наоборо́т__. Особенно часто поздно приходит отец. А девочка не представляет себе жизни без отца.

1.
… Я … стала думать – какой у меня был самый счастливый день? Я выбрала воскресенье – четыре месяца назад, когда мы с папой утром пошли в кино, а после этого сразу поехали к бабушке. Получилось двойное развлече́ние[1]. Но наша учительница Ма́рья Ефре́мовна говорит: человек бывает **по-настоя́щему** счастлив только …, когда приносит людям **по́льзу**. А какая польза людям от того, что я была в кино, а потом поехала к бабушке? …

[1] doppeltes Vergnügen

Героиня рассказа думает о том, что для неё очень важно получить хорошую отметку за сочинение … __Е́сли__ у неё будет тройка в че́тверти[2], её могут не перевести в девятый класс. Тогда она должна будет поступить в профессиональное училище, а она очень хочет учиться в девятом классе. Рядом с ней пишет сочинение Маша. Героиня думает о Маше …

[2] im Vierteljahreszeugnis

2.
… У неё выда́ющиеся[3] математические **спосо́бности** …, и она уже знает, куда будет поступать. У неё есть **смысл** жизни. А у меня **еди́нственное**, что есть, это большой словарный запас …

[3] очень большие

Поэтому мне в музыкальной школе поруча́ют[4] **докла́ды** о жизни и **тво́рчестве** композиторов. ... И ещё я **объявля́ю** на концертах, например: «Сонати́на[5] Климе́нти, играет Катя Шубина ...» И это **звучи́т убеди́тельно**, потому что у меня **рост**, **цвет** лица и фирменные **ве́щи**. Цвет лица и фирма́[1] мне перешли от мамаши[6], а рост **непоня́тно** откуда.

... я знаю много слов, потому что много читаю. Это у меня от папы. Но знать много слов **соверше́нно** не обязательно. Мальчи́шки[2] в нашем классе **вполне́** обхо́дятся ше́стью словами[3]: «точня́к», «нормалёк», «споку́ха», «не ки́сло», «ре́зко» и «структу́ра моме́нта»[4]. А Ленка[7] Коновалова любую бесе́ду[8] **подде́рживает** двумя предложениями: «Ну да, в общем-то[9] ...» и «Ну, в общем-то, конечно ...» Неделю назад я слушала по радио передачу о счастье. Там сказали: счастье – это когда чего-то очень хочешь и добива́ешься[10]... А чего я очень хочу? Хочу перейти в девятый класс, хочу поступить в МГУ[11] ... и познакомиться с артистом В. В. ... Мама говорит, что двадцать лет назад она тоже была влюблена в артиста ... Но мама меня не понимает. Я вовсе[12] не влюблена в В. В. Просто он играет д'Артаньяна, и так он **замеча́тельно** играет, что кажется, будто[13] В. В. – это и есть сам д'Артаньян, талантливый, **неожи́данный**, **романти́ческий**. Не то что[14] наши мальчишки: «точняк»,«нормалёк» и ниже меня на два **сантиме́тра**.

Я смотрела «Мушкетёров» шесть раз. А Ри́та Кия́шко десять раз. Рита вы́яснила[15]: В. В. жена́т[16] и у него есть маленький сын ... Рита выяснила, что В. В. – карьерист. Но ещё неизве́стно, отрицательная

4 man beauftragt mich
5 маленькая соната
6 от мамы
7 ср. Лена
8 каждый разговор
9 im Grunde genommen
10 man etwas sehr möchte und auch erreicht
11 Московский Государственный университет
12 совсем
13 что
14 не так как
15 узнала
16 у него есть жена

это черта́[17] или положительная. Мой папа, например, не карьерист, но … большого счастья на его лице я не вижу. У него нет жизненного сти́мула[18] и маленькая зарпла́та[19] …
Честно сказать, я считаю, человек должен быть эгоист. Карьерист и эгоист. Потому что, когда ему хорошо, то и другим **вокру́г** него хорошо …
Я решила написать, как мы **сажа́ли** вокруг школы деревья …

17 качество характера
18 Antrieb
19 он мало зарабатывает

Героиня рассказа думает о том, что она кончит школу, а дерево, которое она посадила, будет расти и приносить пользу людям. Она уверена, что за это содержание учительница поставит ей пятёрку, а всё другое у неё есть: она умеет свободно выражать свои мысли и пишет почти без ошибок.

3.
… Оста́лось[20] одиннадцать минут. Я … приняла́сь[21] писать о том дне, когда мы с папой утром пошли в кино, а после поехали к бабушке. И пусть[22] Мария Ефремовна ставит мне, что хочет. Всё равно ни карьеристки, ни эгоистки из меня не полу́чится[23] …

20 у меня было ещё
21 начала
22 soll
23 Я не могу стать карьеристкой и эгоисткой.

Героиня рассказа, которая недавно думала, что человек должен быть карьеристом и эгоистом, понимает, что сама карьеристкой быть не может и не хочет. Она пишет о дне, который она провела с отцом и с бабушкой, и о том, почему этот день был для неё счастливым.
В кино они так смеялись, что на них все смотрели. У бабушки она чувствовала себя счастливой, потому что в семье все любили и понимали друг друга и им было хорошо вместе.

4.
… Меня все любили … И я тоже всех любила на сто процентов и тем са́мым[24] приносила огромную пользу …
Конечно, это был не самый счастливый день в моей жизни. Просто счастливый. А самого счастливого дня у меня ещё не было. Он у меня – впереди́[25].

24 и так
25 ещё будет

Виктория Токарева. Самый счастливый день.
© by Diogenes Verlag AG Zürich

Комментарий

1 *фирма́, фирменные вещи* = вещи известных западных фирм
2 *мальчи́шки, девчо́нки* – разговорная форма от слов *мальчики, девочки*
3 В их активном словарном запасе только шесть слов. Этими словами они выражают свои мысли.
4 Schülerslang: *точня́к* – ср. точно; *нормалёк* – ср. нормально; *споку́ха* – ср. спокойно; *не ки́сло* – всё равно; *ре́зко* – прекрасно, отлично; *структу́ра моме́нта* – ситуация

2

Прочитайте, что думают об этом рассказе девушки и юноши в России. Сравните их впечатления от рассказа со своими впечатлениями.

Нина Д., 16 лет:

... Мне нравится героиня рассказа. Она прямая, честная, открытая и мужественная, не хочет быть карьеристкой и эгоисткой. По-моему, она поступает **принципиа́льно**.

Игорь З., 17 лет:

... От отметки за сочинение зависит будущее героини ... По-моему, в этой ситуации просто глупо думать о **при́нципах**. Мне не нравятся такие романтические девчонки. **Рома́нтика ухо́дит** из жизни. Расчёт, своя выгода – вот что важно в наше время. Значит, нормальный человек спокойно может быть карьеристом и эгоистом.

Ольга Е., 17 лет:

... Учительница, наверно, не **сомнева́ется**, что все ребята напишут, как они приносят пользу обществу, например, сажают деревья. Но общество начинается с семьи. У героини рассказа серьёзные проблемы в семье, поэтому день, который она провела с отцом, был для неё счастливым. Я её понимаю...

Антон Ж., 15 лет:

Все ребята пишут сочинение весь урок, а героиня рассказа напишет хорошее сочинение за одиннадцать минут. По-моему, **так не быва́ет**.

3

Правильно или неправильно?

- Мы не знаем, как зовут героиню рассказа.
- Героиня хочет написать сочинение, как она с папой была в кино и как они потом были у бабушки.
- Она уверена, что тема понравится учительнице.
- Ей всё равно, что она будет делать после восьмого класса.
- У неё большой словарный запас, потому что она много читает.
- У мальчиков в её классе тоже большой словарный запас.
- Героиня – красивая девочка.
- Героиня рассказа мечтает поступить в университет.
- В. В. – это учитель русского языка.
- Девочка написала сочинение, как ребята сажали деревья вокруг школы, и получила за сочинение хорошую отметку.

4

Проверьте, правильно ли вы поняли мнения русских читателей рассказа.

Кто из читателей считает,
- что героиня рассказа – романтическая девчонка;
- что героиня рассказа поступает принципиально;
- что у неё серьёзные проблемы в семье;
- что так, как пишет автор, в жизни не бывает.

Почему
- Нине нравится, а Игорю не нравится героиня рассказа;
- Антон считает, что так не бывает.

6 Б

Работаем над текстом

5 Переведите словосочетания из рассказа «Самый счастливый день» и повторите их за диктором.

действие рассказа происходит	прийти/приходить домой поздно
автор описывает мысли и чувства	представить/представлять себе жизнь
поставить/ставить отметку	приносить пользу
получить/получать хорошие отметки	математические способности
перевести/переводить в девятый класс	честно сказать

6 Ответьте с помощью текста на следующие вопросы.

1. Какую тему выбрала героиня рассказа в начале урока?
2. Она не уверена, что тема понравится учительнице. Почему?
3. Почему для неё важно получить хорошую отметку за сочинение?
4. Куда она хочет поступить после школы?
5. Почему она решила написать, как ребята сажали деревья вокруг школы?
6. О чём она решила написать в конце урока? Почему?
7. Почему день, когда она с отцом была в кино и у бабушки, она считает счастливым днём?

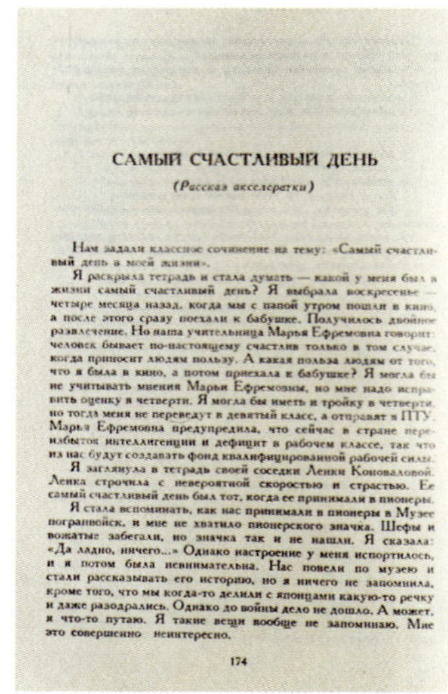

САМЫЙ СЧАСТЛИВЫЙ ДЕНЬ

(Рассказ акселератки)

Нам задали классное сочинение на тему: «Самый счастливый день в моей жизни».

Я раскрыла тетрадь и стала думать — какой у меня был в жизни самый счастливый день? Я выбрала воскресенье — четыре месяца назад, когда мы с папой утром пошли в кино, а после этого сразу поехали к бабушке. Получилось двойное развлечение. Но наша учительница Марья Ефремовна говорит: человек бывает по-настоящему счастлив только в том случае, когда приносит людям пользу. А какая польза людям от того, что я была в кино, а потом приехала к бабушке? Я могла бы не учитывать мнения Марьи Ефремовны, но мне надо исправить оценку в четверти. Я могла бы иметь и тройку в четверти, но тогда меня не переведут в девятый класс, а отправят в ПТУ. Марья Ефремовна предупредила, что сейчас в стране переизбыток интеллигенции и дефицит в рабочем классе, так что из нас будут создавать фонд квалифицированной рабочей силы.

Я заглянула в тетрадь своей соседки Ленки Коноваловой. Ленка строчила с невероятной скоростью и страстью. Ее самый счастливый день был тот, когда ее принимали в пионеры.

Я стала вспоминать, как нас принимали в пионеры в Музее погранвойск, и мне не хватило пионерского значка. Шефы и вожатые забегали, но значка так и не нашли. Я сказала: «Да ладно, ничего...» Однако настроение у меня испортилось, и я потом была невнимательна. Нас повели по музею и стали рассказывать его историю, но я ничего не запомнила, кроме того, что мы когда-то делили с японцами какую-то речку и даже разодрались. Однако до войны дело не дошло. А может, я что-то путаю. Я такие вещи вообще не запоминаю. Мне это совершенно неинтересно.

174

7 Переведите на немецкий язык отрывки текста «Самый счастливый день», в которых героиня думает о Маше, о Ленке Коноваловой, об артисте В. В.

Переведите предпосле́дний[1] абзац раздела 2 и раздел 3, в которых героиня говорит о своём отношении к карьеристам и эгоистам.

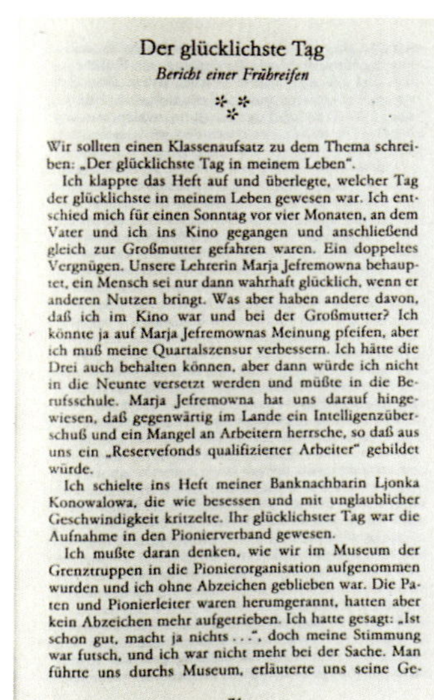

Der glücklichste Tag

Bericht einer Frühreifen

Wir sollten einen Klassenaufsatz zu dem Thema schreiben: „Der glücklichste Tag in meinem Leben".

Ich klappte das Heft auf und überlegte, welcher Tag der glücklichste in meinem Leben gewesen war. Ich entschied mich für einen Sonntag vor vier Monaten, an dem Vater und ich ins Kino gegangen und anschließend gleich zur Großmutter gefahren waren. Ein doppeltes Vergnügen. Unsere Lehrerin Marja Jefremowna behauptet, ein Mensch sei nur dann wahrhaft glücklich, wenn er anderen Nutzen bringt. Was aber haben andere davon, daß ich im Kino war und bei der Großmutter? Ich könnte ja auf Marja Jefremownas Meinung pfeifen, aber ich muß meine Quartalszensur verbessern. Ich hätte die Drei auch behalten können, aber dann würde ich nicht in die Neunte versetzt werden und müßte in die Berufsschule. Marja Jefremowna hat uns darauf hingewiesen, daß gegenwärtig im Lande ein Intelligenzüberschuß und ein Mangel an Arbeitern herrsche, so daß aus uns ein „Reservefonds qualifizierter Arbeiter" gebildet würde.

Ich schielte ins Heft meiner Banknachbarin Ljonka Konowalowa, die wie besessen und mit unglaublicher Geschwindigkeit kritzelte. Ihr glücklichster Tag war die Aufnahme in den Pionierverband gewesen.

Ich mußte daran denken, wie wir im Museum der Grenztruppen in die Pionierorganisation aufgenommen wurden und ich ohne Abzeichen geblieben war. Die Paten und Pionierleiter waren herumgerannt, hatten aber kein Abzeichen mehr aufgetrieben. Ich hatte gesagt: „Ist schon gut, macht ja nichts ...", doch meine Stimmung war futsch, und ich war nicht mehr bei der Sache. Man führte uns durchs Museum, erläuterte uns seine Ge-

71

8 В рассказе часто используются противопоставле́ния[2]. Дополните предложения с помощью текста.

1. Если у героини будет тройка в четверти, её могут не перевести в девятый класс. Тогда она должна будет поступить в профессиональное училище, а ...
2. ... я знаю много слов, потому что много читаю. Но ...
3. Мама говорит, что двадцать лет назад она тоже была влюблена в артиста. Но ...
4. Рита выяснила, что В. В. – карьерист. Но ...
5. Мой папа, например, не карьерист. Но ...

[1] vorletzter [2] Gegenüberstellungen

9 Расскажите, что вы узнали о героине. Используйте следующий план.

Семья
Она очень любит … У неё нет … Её родители … Девочка не представляет себе …

Интересы, способности
Она очень много … Поэтому у неё … Она умеет … и пишет …
Она учится ещё и в … Там она часто делает доклады о… Она объявляет, что будут играть ученики ...

Планы на будущее
Она хочет перейти в … и поступить в … Кроме того, она хочет познакомиться с …, который замечательно...

Её принципы
По её мнению, человек не должен быть …

10 Расскажите, как автор описывает мысли и чувства девочки на уроке. Дополните для этого следующие предложения.

На уроке русского языка ребята …
Героиня рассказа выбрала …
Но она не была уверена, что …
Её учительница считает, что …
Для героини рассказа важно …

Девочка решила написать, как …
Она была уверена, что …
Когда прошло уже больше половины урока, она решила написать о том, как …
Она не хочет быть …

11 Передайте кратко содержание рассказа «Самый счастливый день».
Выберите для этого высказывания, которые вы считаете правильными.

- Время действия рассказа

а) наши дни
б) начало века
в) семидесятые годы

- Место действия рассказа

а) урок русского языка в школе
б) квартира
в) университет

- Тема рассказа

а) любовь юноши и девушки
б) отношения юношей и девушек
в) проблемы школьников

- Автор описывает

а) урок русского языка
б) мысли и чувства девочки, которая выбирает тему сочинения
в) трудности учительницы, которая работает в старших классах

- Главная мысль рассказа

а) Когда от отметки зависит будущее, глупо думать о принципах.
б) Человек должен быть карьеристом и эгоистом, тогда ему будет хорошо. И тогда хорошо будет людям вокруг него.
в) Человек должен быть честным, даже если это ему может помешать в жизни.

6 Б

Работаем над языковым материалом

12 Произносите слова правильно.

	[a̯]	[ə̯]
че́с(т)ный	слова́рный	содержа́ние
по́з(д)но	свобо́дно	произведе́ние
чу́(в)ство	сомне́ние	по-настоя́щему
чу́(в)ствовать себя	спосо́бность	прия́тно
счас(т)ли́вый	вокру́г	убеди́тельно
несча́с(т)ный	подде́рживать	
	объявля́ть	

13 Словообразование. Переведите слова одного корня.

сказать	писать	слово	раз	ждать
рассказать	написать	словарь	сразу	неожиданно
рассказ	записать	словарный		
сказка	описать		рост	цвет
	писатель		вырасти	цветной
				цветы

14 Verbinden Sie diese Substantive mit passenden Verben.

… пользу; … отметку; … без ошибок; … в университет; … в следующий класс; … мысли; … разговор; … доклад.

15 Скажите по-другому.

(М) Я интересуюсь сценарием этого фильма.
Меня интересует сценарий этого фильма.

1. Миша не интересуется докладом о творчестве писателей-классиков. Он интересуется только детективами и видиками.
2. Нина интересуется художественной литературой, она даже читает английские рассказы в оригинале.
3. Ребят интересуют мысли и чувства героини.
4. Школьников интересуют произведения русских писателей.
5. Многие ребята в классе интересуются компьютерной техникой.

16 Обратите внимание на многозначность (Mehrdeutigkeit) этих глаголов.

перевести/переводить

Мы перевели текст на немецкий язык. | Девушку перевели в девятый класс.

перейти/переходить

Юноша перешёл через улицу. | Она перешла в девятый класс.

поступить/поступать

Девушка хочет поступить в университет. | Героиня рассказа поступила правильно.

себя ↗ G 101

17 Переведите на немецкий язык.
Дополните предложения.

- 1. Героиня рассказа не представляет себе жизнь без отца.
  2. Она провела воскресенье с отцом и чувствовала себя счастливой.
  3. Вы можете представить себя на месте героини рассказа?

- Рита – эгоистка. Она любит только …, думает только о … и весь день занимается только …

если – когда ↗ G 144, 147

18 Так можно выразить условие (Bedingung).

> Если у Тани будет двойка по истории, (то) она не перейдёт в девятый класс.
> Таня не перейдёт в девятый класс, если у неё будет двойка по истории.

Различайте:

если (wenn, falls)

Если ты придёшь ко мне, я покажу тебе мои новые диски.

когда (als, wenn)

Когда ты придёшь ко мне, я покажу тебе мои новые диски.
Героиня рассказа была счастлива, *когда* была с отцом в кино.

Человек может быть по-настоящему счастлив, *если* (*когда*) приносит пользу людям.

6 Б

19 Найдите в тексте «Самый счастливый день» предложения с *когда* и *если* и переведите их.

20 Дополните предложения.

1. В сочинении Рита замечательно описала, как ребята в школе сажали деревья. Когда учительница прочитает сочинение, …
2. Героиня рассказа обязательно должна написать сочинение без ошибок, чтобы …
3. Её не переведут в девятый класс, если …
4. Лена поддерживает любой разговор двумя предложениями, потому что …
5. У Маши большие математические способности, поэтому …

Ausdruck zeitlicher Beziehungen
↗ G 144

21 Переведите предложения. Объясните употребление видов глагола.

Когда девочка и её отец смотрели фильм, они много смеялись. Они посмотрели фильм и поехали к бабушке. Они ехали в автобусе и говорили о фильме. Когда они ехали в автобусе, неожиданно пошёл дождь. Пятнадцать минут они стояли на остановке автобуса и ждали, когда дождь кончится. Когда они наконец пришли к бабушке, они сразу рассказали ей содержание фильма.

22 Вставьте глаголы в нужном виде.

посадить или сажать?
Когда ребята … вокруг школы деревья, они говорили о своих планах на будущее. Когда они … деревья, они пошли в кино.

сказать или говорить?
Когда ребята говорили о своих планах на будущее, одна девочка …, что хочет стать артисткой.

написать или писать?
В субботу вечером Рита … письма, её мама читала, а папа смотрел телевизор. Когда Рита сидела за столом и … письма, позвонила её подруга и сказала, что идёт в кино. Когда Рита … письма, она стала смотреть по телевизору фильм «Три мушкетёра».

весь ↗ G 113

23 Вставьте *весь, вся, всё, все.*

1. Ребята писали сочинение … урок. Героиня рассказа … это время выбирала тему сочинения, которое она писала только 11 минут.
2. У бабушки девочке было хорошо: … любили её, и она любила …
3. С Ритой героиня рассказа может говорить обо …
4. Ирина взяла в библиотеке роман «Три мушкетёра», но она прочитала ещё не … книгу.

24 Сравните.

У Тани много интересов и увлечений, но <u>больше всего</u> она любит читать.
У Кати много друзей, но <u>больше всех</u> ей нравится Виктор.

25 Дополните:
больше всего или *больше всех*?

Ира любит современную музыку, но ... она любит джаз. Из композиторов-классиков она ... любит Бетховена и Чайковского. Иногда она слушает и рок-музыку. Из исполнителей ей ... нравится Майкл Джексон. В свободное время Ира много читает. У неё много любимых книг, но ... она увлекается исторической литературой.

Говорим, обсуждаем, спорим

26 Расскажите по-русски, что вы узнали о героине рассказа «Самый счастливый день», о её семье, её проблемах, её интересах и способностях и о её планах на будущее.

27 Как вы считаете, карьерист и эгоист – это положительные или отрицательные качества? А как считает героиня рассказа?

28 Вы прочитали мнения русских юношей и девушек о героине рассказа. С кем из них вы согласны, а с кем не согласны? Почему? Нравится ли вам героиня рассказа? Понимаете ли вы её?

29 Напишите краткое резюме рассказа «Самый счастливый день». Дайте ему оценку. Используйте слова и выражения, данные ниже.

6 Б

Так вы можете охарактеризовать литературное произведение:

Название
Рассказ, который мы прочитали, называется …

Автор
Автор рассказа – писатель (-ница) …
Это современный (-ая) русский (-ая), английский (-ая) …
Это писатель (-ница) XIX века.

Тема
Это повесть из жизни школьников.
Это рассказ о проблемах молодёжи в современной России.
Тема … – жизнь (история, любовь, дружба, проблемы, …) …
В романе говорится о …
Автор описывает …

Действие
Действие происходит (начинается, кончается) …
Время и место действия …
Главные герои (герой, героиня) …
Краткое содержание …

Главная мысль …
Автор выражает мысль, что …
Автор хочет сказать своим рассказом, что …

Так вы можете оценивать литературное произведение:

Рассказ (не) очень интересный (весёлый, **смешно́й**, **гру́стный**, слабый, необычный …)
Рассказ мне (не) понравился, потому что его содержание …
Он хорошо (плохо) … написан.
Его (не)интересно (скучно) … читать.
Он слишком длинный (сложный, простой).
Рассказ мне совсем не понравился. По-моему, так не бывает. В жизни всё совсем не так.
Рассказ произвёл на меня большое впечатление (не произвёл на меня впечатления).
Эта проблема, по-моему, не может интересовать (может быть, не интересует) молодых людей.
Это проблема, которая очень интересует молодёжь.

30 Писательница Виктория Токарева

Виктория Токарева – талантливая современная писательница, автор популярных повестей, рассказов и киносценариев.

Автор рассказа «Самый счастливый день» Виктория Токарева.

Виктория Токарева родилась в 1937 году в Ленинграде. Окончила музыкальное училище и стала учительницей пе́ния[1]. В 1957 году переехала в Москву к мужу.

Работала в школе, но работа ей не нравилась. Ей хоте́лось[2] найти своё настоящее место в жизни…

Она начала писать. Написала несколько рассказов, но успеха они ей не принесли.

Один известный писатель, которому она дала прочитать свои рассказы, посоветовал ей: «Твоя сила в подро́бностях[3]. Пиши подро́бно[4]». «Я села, – пишет Токарева в своей автобиографии, – и из двухстрани́чного[5] сюже́та о том, как человек решил целый день говорить только правду, сделала сорок две. Получился[6] рассказ «День без вранья́[7]».

Этот рассказ принёс писательнице первый успех.

Позже Виктория Токарева окончила сцена́рный[8] факультет Института кинематогра́фии[9]. По её первому киносценарию была снята́[10] кинокомедия «Джентельме́ны уда́чи[11]», которая имела большой успех. После этого Токарева написала ещё много сценариев, но главным для себя она считает художественную литературу.

Герои её произведений – наши **совреме́нники**. Её интересует разная тематика: семья, любовь, одино́чество[12] … Дом, семья, как считает писательница – главное в жизни человека. В повестях Токаревой много юмора, иро́нии[13]. О себе она говорит: «Мои произведения … – трагикоме́дии[14]. Я описываю жизнь и показываю, что в ней есть смешного и грустного…» И ещё: «Мне нельзя отка́зываться[15] от иронии… Без иронии я самая обыкновенная, а с иронией – Токарева».

[1] ср. петь
[2] она хотела
[3] в деталях
[4] ausführlich
[5] ср. две страницы
[6] es entstand
[7] неправда
[8] ср. сценарий
[9] Filmhochschule
[10] wurde gefilmt
[11] Erfolg
[12] ср. одинокий
[13] Humor, Ironie
[14] ср. трагедия и комедия
[15] ich darf nicht verzichten

6В

Повторяем

1 Какие слова не подходят к остальным словам?

Черты характера

великий	жизнерадостный	нежный	прямой	сильный
весёлый	замкнутый	одинокий	разговорчивый	справедливый
гордый	ленивый	отрицательный	робкий	старательный
добрый	мужественный	пассивный	серьёзный	счастливый
				честный

2 Назовите антонимы.

открытый – …, активный – …, трудолюбивый – …, несчастный – …

3 Какой это человек?

Человек, который верит в Бога – это верующий человек.

Человек, который

любит поболтать	всегда говорит правду
любит посмеяться	говорит прямо, что он думает
любит работать	мало говорит, не имеет друзей
много работает	всегда старается помочь другим

4 Как правильно?

счастливый или счастливо?
Вера едет в Москву. Её мама желает ей … пути.
Вера первый раз едет в Москву, она чувствует себя …

хороший или хорошо?
Николай был болен (krank), но сейчас чувствует себя …

серьёзный или серьёзно?
Все считают Романа …, потому что у него … вид.
Он … интересуется математикой. Но Роман сам не считает себя …

5 Какие глаголы спрягаются одинаково?

влиять, чувствовать, ответить, защитить, спорить, зависеть, представлять, посетить, верить, забыть, заботиться, участвовать

6 Дополните предложения.
Обращайте внимание на управление глаголов.

Сложная ситуация в России влияет … в обществе.	настроение
Эта ситуация зависит … перехода к рыночной экономике.	трудности
Особенно трудно сейчас старым одиноким людям, государство должно заботиться …	они
Многие политики считают, что эти трудности временные, и люди верят …	политики

7 Дополните.
Используйте *который, что, чтобы, потому что, поэтому*.

Журналисты провели опрос среди студентов, … больше узнать о настроении русской молодёжи.
Настроение у студентов, … отвечали на вопросы, не очень оптимистическое, … ситуация в стране сложная.
Но некоторые считают, … трудности в стране временные, … они смотрят в будущее с уверенностью.
Журналисты узнали, … часть молодёжи не верит людям и … не хочет иметь близких друзей.
20 % молодых людей хотят иметь друзей, … они чувствуют себя одинокими.

8 Скажите, чего хочет Наташа.

(М) Наташа хочет обо всём рассказывать своему другу.
Она хочет, чтобы её друг тоже обо всём рассказывал ей.
Наташа хочет обо всём советоваться со своим другом. Она хочет …
Наташа хочет понимать своего друга. Она …
Наташа хочет уважать своего друга. Она …
Наташа хочет заботиться о своём друге. Она …
Наташа не хочет спорить со своим другом. Она …

9 Переведите на русский язык.

- Rita möchte ein Studium an der Universität beginnen. Auch ihre Eltern möchten, daß sie an die Universität geht.
- Sagen Sie Nina, daß eine Journalistin sie angerufen hat. Sagen Sie bitte, daß Nina abends im Hotel anrufen möchte.
- Sagen Sie, daß Tanja an ihren deutschen Freund Sven schreiben soll. Sagen Sie, daß Sven schon lange auf einen Brief wartet.

УРОК 7 В Москве

Экскурсия по Тверско́й улице

1 Чтобы лучше понять текст, советуем вам сначала проработать упр. 12 на стр. 140.

По приглашению московских школьников группа юношей и девушек из берлинской гимназии приехала в Москву. Немецкие ребята уже провели в Москве несколько интересных дней. Они посетили Кремль, катались по Москве-реке на речном трамвае, были на **моги́ле** Неизвестного **солда́та**. Сегодня они с учительницей Мари́ей Петро́вной Кольцо́вой пришли на **пешехо́дную** экскурсию по центру Москвы. Сейчас они на Тверской улице. Давайте пройдём с ними несколько метров и послушаем, что рассказывает им Мария Петровна:

Белорусский вокзал.

«... А теперь мы с вами на главной улице Москвы – Тверской. Её назвали так, потому что раньше здесь проходила дорога в город Тверь. В 1935 году в **честь** писателя А. М. Го́рького она стала называться улицей Горького, а в начале девяностых годов по желанию москвичей улица снова получила старое название – Тверская.

Улица начинается здесь, у стен Кремля, и кончается у Триумфальной площади. Оттуда до Белорусского вокзала она называется теперь 1-я Тверская-Ямская.

Посмотрите налево, **пе́ред** вами большое здание из **стекла́** и бето́на. Это гостиница «Интури́ст» на 930 мест. Она **постро́ена** не так давно, в семьдесят первом году, и не очень нравится многим москвичам. Они считают, что здание не **подхо́дит** к архитектурному ансамблю центра Москвы.

На **пра́вой стороне́** вы видите кафе «Космос». Сегодня это совме́стное[1] русско-немецкое предприятие.

Посмотрите налево. **Сле́ва**, на другой стороне улицы, вы видите **Центра́льный телегра́ф**. Отсюда можно позвонить в разные города мира, **посла́ть телегра́мму**, **посы́лку**, здесь можно **обменя́ть валю́ту**. **О́коло** телеграфа, на **ле́вой** стороне Тверской, два здания, первый этаж которых облицо́ван[2] красным гранитом. У этих зданий интересная история. В 1941 году, когда армии Гитлера подошли к Москве, Гитлер приказа́л[3] **привезти́** из Финляндии красный гранит, чтобы построить из него в Москве памятник **побе́ды** Германии над Советским Союзом. В 1945 году этим гранитом облицева́ли первый этаж домов номер 9 и 11 по улице Горького.

Центральный телеграф.

[1] gemeinsamer [2] ist verkleidet [3] befahl

На небольшой улице напротив Центрального телеграфа находится старое здание знаменитого МХАТа – Московского художественного театра. Театр **осно́ван** в 1898 году знаменитыми **режиссёрами** Станисла́вским и Немиро́вичем-Да́нченко. Творчество театра **свя́зано** с именами русских писателей Чехова и Горького.

В красивом здании на левой стороне Тверской улицы находится московская **мэ́рия**. Здание построено в 1782 году известным русским архитектором Матве́ем Казако́вым. В 1937/38 годах оно было передви́нуто[4] на 14 метров. Два этажа надстро́ены[5] в 1946 году.

На площади напротив здания мэрии стоит памятник. Давайте **осмо́трим** его... Перед вами памятник кня́зю[6] Ю́рию Долгору́кому, который основал Москву. Памятник был **устано́влен** в 1954 году. А теперь посмотрите направо. **Спра́ва** от памятника начинается знаменитый Столе́шников **переу́лок** с небольшими магазинами, кафе и ресторанами. Это одно из любимых мест москвичей.

Пойдём дальше. Справа вы видите магазин, который тоже относится к достопримечательностям города. **Войдём** в него. Это настоящий маленький **дворе́ц**. Смотрите, **везде́** бронза и хрусталь[7]. Этот прекрасный магазин **откры́л** в 1901 году богатый русский **купе́ц** и талантливый **предпринима́тель** Григо́рий Елисе́ев (1858–1942). После 1917 года магазин стал называться **Гастроно́м** № 1, но москвичи все эти годы называли его «Елисеевский». Теперь магазин опять **но́сит** имя своего **основа́теля**.

[4] wurde versetzt [5] wurden aufgestockt [6] Fürst [7] Kristall

Здание МХАТа.

Столешников переулок.

Елисеевский магазин.

А теперь мы с вами на Пу́шкинской площади. Памятник в центре площади создан в 1880 году известным русским **ску́льптором** Алекса́ндром Опеку́шиным. Подойдём к нему. Это памятник великому русскому поэту, основателю русского литературного языка Алекса́ндру Серге́евичу Пу́шкину. Деньги **на** памятник собрал **наро́д**. Здесь всегда лежат цветы: русские очень любят Пушкина. В Москве, где поэт родился и провёл третью часть своей жизни, многие места носят имя поэта. Здесь есть Пушкинская площадь, станция метро «Пушкинская», Музей А. С. Пушкина, Музей изобрази́тельных иску́сств[8] **и́мени** А. С. Пушкина, Театр имени А. С. Пушкина и Институт русского языка имени А. С. Пушкина.»

[8] Museum der bildenden Künste

2 Это тоже интересно. Прочитайте без словаря.

- В 1937/38 году улицу Горького сделали **ши́ре**. Раньше **ширина́** улицы Горького, бывшей Тверской, была 19 метров. При реконструкции было **снесено́** много старинных домов, сегодняшнее здание мэрии было передви́нуто[1] назад на 14 метров. Теперь ширина улицы 56 метров.

  [1] wurde verschoben

- Москва – театральный город. До 1985 года в Москве было около 30 театров, среди них такие известные театры, как Малый, Художественный, Театр на Таганке. Знаменитый Большой театр знают любители оперы и балета во всём мире.
  В наши дни в Москве и в других городах России появилось много новых театров.

Тверская улица.

Малый театр.

• Григорий Елисеев, который в 1901 году открыл магазин в Москве, кроме того, имел магазины в Петербурге и в Киеве. Газеты того времени писали, что в мире не было магазинов, которые по ассортименту и комфорту можно было сравнить с елисеевскими. Григорий Елисеев, который умер в 1942 году в Париже, был последним в дина́стии купцов Елисеевых. Два его сына, которые после 1917 года не хотели уезжать из России, были аресто́ваны[1] в 1937 году и погибли в сталинских лагерях.

В Елисеевском магазине.

Музей изобразительных искусств им.
А. С. Пушкина.

Третьяковская галерея.

• Музей изобразительных искусств имени А. С. Пушкина – один из самых больших музеев **зарубе́жного** искусства в России (второй после петербургского Эрмита́жа). Он был открыт в 1911 году. С 1937 года он носит имя поэта.

• Произведения русского изобразительного искусства в Москве можно осмотреть в знаменитой Третьяковской **галере́е**. Эта картинная галерея называется так в честь своего основателя – богатого русского купца Па́вла Миха́йловича Третьяко́ва (1832–1898). В 1856 году Третьяков начал собирать картины русских художников, а в 1892 году он подарил их городу Москве. Так в России появился первый музей национального искусства.

[1] wurden verhaftet

3 Найдите в текстах и переведите ответы на вопросы.

1. Как называется главная улица Москвы? Почему она так называется? Как она называлась раньше? Где она начинается и кончается? Как улицу реконструировали в 1937 году?
2. Что говорится в текстах о Юрии Долгоруком? Где находится памятник Юрию Долгорукому?
3. Что говорится в текстах о здании мэрии?
4. Кто и когда со́здал памятник А. С. Пушкину? Какие места в Москве носят имя поэта?
5. Где в Москве можно осмотреть произведения русского и зарубежного изобразительного искусства?

Памятник Юрию Долгорукому.

4 Переведите и прочитайте по ролям.

На Центральном телеграфе

– Дайте мне, пожалуйста, пять **конве́ртов** и пять марок по … рублей.
– Пожалуйста, с вас … рублей.
– Извините, я хочу дать телеграмму. Скажите, пожалуйста, где **принима́ют** телеграммы?
– Куда?
– В Германию.
– Международные телеграммы принимают в пятом окне.
– Отсюда можно позвонить в Германию? В Дрезден?
– Конечно. Номер телефона в Дрездене?
– 486-61-17, **код** 8 - 1049351.
– **Подожди́те мину́тку**… Дрезден, вторая кабина.
– Спасибо.

– Скажите, пожалуйста, где здесь можно обменять валюту?
– В шестом окне.

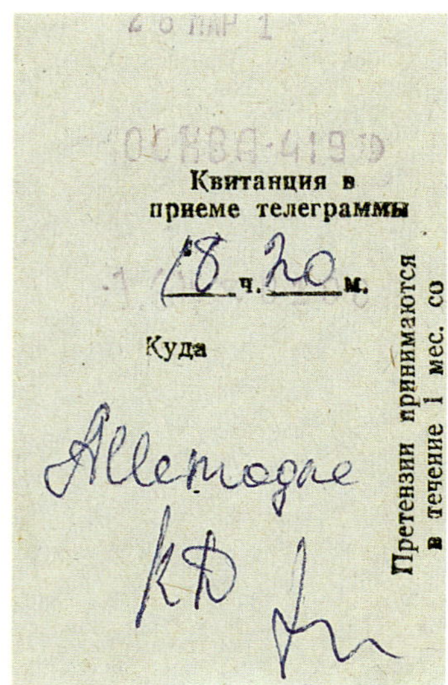

Работаем над текстом

5 Переведите отрывки из текстов упр. 1 и 2, в которых говорится
- о МХАТе
- о поэте А. С. Пушкине
- о П. М. Третьякове и о его картинной галерее.

6 Расскажите коротко, что вы узнали из текстов

- о Юрии Долгоруком;
- об А. С. Пушкине и местах в Москве, которые связаны с его именем;
- о П. М. Третьякове и Третьяковской галерее;
- о Григории Елисееве и о его магазинах.

7 Дополните и прочитайте вслух предложения, которые рассказывают об истории Москвы.

Раньше главная улица Москвы ..., в 1935 году ..., в 1937 году ..., в начале девяностых годов ...
Здание, в котором сегодня находится мэрия, ... в 1782 г.
В 1898 г. знаменитые режиссёры ...
Памятник Юрию Долгорукому, который..., установили в 1954 г.
В 1901 г. богатый русский купец ...
В 1880 г. русский скульптор ...
Музей изобразительных искусств имени Пушкина открыли в 1911 г. С 1937 г. музей ...
В 1856 г. богатый русский купец П. М. Третьяков начал ... В 1892 г. он подарил...

Работаем над языковым материалом

8 Какие другие слова с этими корнями вы знаете?

<u>основ</u>атель, <u>шир</u>ина, по<u>смотр</u>еть, <u>чест</u>ный, <u>лев</u>ый, <u>прав</u>ый, <u>куп</u>ец, <u>карт</u>ина, <u>жд</u>ать, <u>пеш</u>ком, <u>открыт</u>ый

Suffixe zur Adjektivbildung

9 Переведите прилагательные. Составьте словосочетания с некоторыми из них.

ск/ий (-ск/о́й)	-(ич)еск/ий	-н/ый
москов<u>ск</u>ий берлин<u>ск</u>ий пушкин<u>ск</u>ий третьяков<u>ск</u>ий елисеев<u>ск</u>ий твер<u>ск</u>ой город<u>ск</u>ой	истор<u>ическ</u>ий политич<u>еск</u>ий	культур<u>н</u>ый централь<u>н</u>ый картин<u>н</u>ый литератур<u>н</u>ый архитектур<u>н</u>ый театраль<u>н</u>ый глав<u>н</u>ый (ср. голова)

Deklination von Familiennamen ↗ G 74, 75

Н. Н. Пушкина (Гончаро́ва).

10 Определите падеж подчёркнутых имён.

Во время экскурсии по Москве Марку очень понравился памятник основателю Москвы Юрию Долгорукому в центре города. Он решил обязательно больше узнать о Юрии Долгоруком.
Катя интересуется творчеством Александра Сергеевича Пушкина. Она любит читать книги о Пушкине. Недавно она прочитала книгу Вике́нтия Вереса́ева «Пушкин в жизни». Из книги она много узнала о Пушкине и о его жене Наталье Николаевне Пушкиной (Гончаро́вой).

11 Дополните предложения. Используйте имена, данные справа.

Во время экскурсии по Москве ребята немного узнали об основателе Москвы ..., побывали в Третьяковской галерее, которая была основана купцом...
Они долго стояли у памятника ... Им очень понравился магазин, который был открыт предпринимателем ...

Александр Сергеевич Пушкин

Юрий Долгорукий
Григорий Елисеев
Павел Михайлович Третьяков

Partizip des Präteritums Passiv – Kurzform ↗ G 54

12 Сравните и запомните.

Юрий Долгорукий основа́л Москву. — Juri Dolgoruki hat … gegründet.

Москва была осно́вана Юрием Долгоруким. — … wurde durch Juri Dolgoruki gegründet.

Infinitiv	Partizip des Präteritums Passiv – Kurzform (als Prädikat verwendet)	
основа́ть *v.* связа́ть *v.* созда́ть *v.* постро́ить *v.* установи́ть *v.* откры́ть *v.*	был (-а, -о; -и) будет (будут)	осно́ван (-а, -о; -ы) свя́зан (-а, -о; -ы) со́здан (-а́, -о; -ы) постро́ен (-а, -о; -ы) устано́влен (-а, -о; -ы) откры́т (-а, -о; -ы)

13 Найдите в текстах упр. 1 и 2 предложения с краткими причастиями и переведите их на немецкий язык.

14 Переведите на немецкий язык.

М. В. Ломоно́сов – знаменитый русский **учёный**. В 1755 году им был основан Московский университет. В 1953 году были построены новые здания университета. Перед главным зданием университета установлен памятник Ломоносову.

Московский университет им. Ломоносова.

Passiv der Verben ↗ G 47 - 49

15 Сравните и переведите на немецкий язык.

	unvollendete Verben	vollendete Verben
Aktiv	... проводят (экскурсию)	... провели (экскурсию)
Passiv	(экскурсия) проводится (*кем?*)	(экскурсия) была проведена (*кем?*)

Русские школьники <u>проводят</u> для немецких гостей экскурсию по Тверской улице.
Экскурсия <u>проводится</u> школьниками на русском языке.
Вчера школьники <u>провели</u> экскурсию по Кремлю.
Немецкие гости считают, что экскурсия <u>была проведена</u> школьниками интересно.

16 Измените предложения по образцу.

Ⓜ Музей-квартира А. С. Пушкина в Москве был открыт в 1986 году.
Музей-квартиру А. С. Пушкина в Москве открыли в 1986 году.

- Здание, в котором находится мэрия, было построено в 1782 году.
  Оно было надстроено в 1946 году.
- Памятник Юрию Долгорукому был установлен в 1954 году.
- Памятник Пушкину (был) установлен в 1880 году.
- Пушкинская площадь на́звана в честь знаменитого поэта.
- В честь поэта в школе был проведён концерт.

Памятник Пушкину.

17 Ответьте на вопросы по образцу.

Ⓜ Этот магазин открыл купец Елисеев?
Да, этот магазин был открыт купцом Елисеевым.

- Юрий Долгорукий основал Москву в 1147 году?
- Третьяковскую галерею основал П. М. Третьяков?
- Памятник Пушкину создал скульптор Опекушин?
- Деньги на памятник Пушкину собрал народ?
- Произведение «Евгений Онегин» написал Толстой?

Крамской. Портрет Третьякова.

18 Найдите в тексте «Экскурсия по Тверской улице» словосочетания с предлогами места, которые отвечают на вопрос *где?*, и переведите их на немецкий язык (например: в Москве, по Москве-реке).

19 Скажите, где в вашем (другом немецком) городе находятся ратуша, вокзал, универмаг …, рынок …, гостиница …, ресторан …, парк …, театр …, музей …, памятник …, другие места и достопримечательности.
Используйте:
в, на + P.;
у, около, напротив, слева (справа) от, (не)далеко от + G.;
за, перед, рядом с, между + I.

Скажите, когда они были построены (установлены, созданы, основаны); с какими именами или историческими **собы́тиями** они связаны.

Бюст Елисеева.

Говорим, обсуждаем, спорим

20 Составьте диалоги на почте в Москве или в другом русском городе. Вам нужно

- купить конверты, марки, открытки с видами города;
- позвонить по телефону домой;
- дать телеграмму;
- обменять валюту.

21 Вы участвуете в экскурсии по Москве. Задайте вопросы экскурсоводу.

22 Составьте для русских гостей текст экскурсии по вашему или другому немецкому городу. Как вы думаете, какие вопросы они могут вам задать? Ответьте на эти вопросы.

23 Подготовьте доклад об одной из достопримечательностей Москвы. Найдите для этого материал в справочниках или путеводителях.

Эти слова, словосочетания и предложения вы можете употребить в рассказе о достопримечательностях:

Здание (дом, дворец, церковь, собор, …) построен(-а,-о) (когда?)(кем?)
Здание древнее (в старинном стиле, современное, деревянное, из стекла и бетона, высокое, многоэтажное, одноэтажное, …);
Музей (университет, институт, …) основан (когда?), создан (кем?), открыт (когда?);
Улица (площадь, переулок) появилась (-лся) (когда?) в … веке. Раньше здесь был(-а, -о)…;
Он(-а) называется …, носит имя …; он(-а) назван(-а) так в честь …;
Памятник (здание) находится, расположен(-о), стоит (где?) в, на, около, у, недалеко от, слева от, справа от, рядом с, перед, за, ...
Памятник (кому?) установлен (когда?), создан (кем?, в честь какого события?);
… относится к самым известным достопримечательностям; … считается одним (одной) из самых …; производит (какое?) впечатление.

7Б

Проблемы городского тра́нспорта

1 После экскурсии ребята из Берлина Карола и Йенс встретились в кафе-мороженом с Мариной и Алёшей из Москвы. Прочитайте их разговор.

Алёша: Ну, как вам понравилась экскурсия по Москве? Интересно было?

Йенс: Ну, что за вопрос! Конечно, понравилась!

Карола: Мария Петровна рассказала нам много интересного. Москва – очень красивый город. И такой огромный!

Йенс: Я **заме́тил**, что москвичи почти не ездят по улицам на велосипедах. Почему? У нас в Берлине, например, многие молодые люди ездят на велосипедах и редко **по́льзуются** городским транспортом …

Алёша: По-моему, это традиция. Велосипед у нас не играет такой роли, как в других европейских городах. Может быть, потому что у нас другой **кли́мат** …

Марина: Да, у нас зимой на велосипеде ездить нелегко: морозы, снег ..., ну и расстояния в Москве совсем другие. Мы, например, живём в центре, а мой отец работает на речном вокзале в Хи́мках. На дорогу у него каждый день уходит три с половиной часа. Если **бы** у нас была своя **автомаши́на**, **тогда́** папа ездил бы на работу на машине и не **теря́л** бы так много времени.

Алёша: Конечно, приятно иметь свою автомашину, но личные автомашины не решат проблемы городского транспорта. Скорее наоборот. … **Чем** больше будет личных автомашин, **тем остре́е** будут транспортные проблемы …

Йенс: Марина, по-моему, Алёша прав. У вас в стране сейчас пока ещё меньше личных машин, чем в других европейских столицах, а посмотри, какое большое движение в городе уже сейчас.

Карола: У нас в Берлине на улицах так много автомашин, что часто быстрее можно доехать на общественном транспорте. Кроме того, такое большое **коли́чество** машин **ведёт** к экологическим проблемам.

Йенс: А как часто происходят **несча́стные слу́чаи**! ... По-моему, политики всех стран слишком мало занимаются проблемами городского транспорта, например, проблемами **безопа́сности** движения. Или другое: у нас **пла́та** за **прое́зд** в общественном транспорте всё время растёт, значит, многим людям **вы́годнее** каждый день ездить на работу на машине, чем, например, на метро...

Карола: Да, по-моему, если бы общественный транспорт был **беспла́тным**, тогда люди чаще пользовались бы им...

Марина: А по-моему, в городах нужно строить надзе́мные эстака́ды[1] и подзе́мные[2] улицы и переходы ..., и потом надо создать новое поколение экологически чистых автомобилей...

Алёша: Конечно, решить эту проблему очень трудно, ... я уверен, что люди должны найти здесь совсем новые, **оригина́льные** решения...

Карола: А какие?

Алёша: На этот вопрос я пока ответить, к сожалению, не могу...

[1] Hochstraße [2] unterirdisch

2

Проверьте, правильно ли вы поняли текст. Переведите части текста, в которых

- Йенс говорит о том, как решают проблемы городского транспорта многие молодые люди в его родном городе;
- Марина говорит, как можно решить проблему транспорта в её семье;
- Алёша говорит о том, могут ли личные автомашины решить проблему городского транспорта;
- Карола рассказывает, как большое количество личных машин влияет на жизнь города;
- Карола, Марина и Алёша **предлага́ют** решение проблем городского транспорта.

7Б

3 Знаете ли вы, что …?

- Площадь Москвы – 87 тысяч **гекта́ров**, а население города – больше девяти миллионов человек.
- Площадь и население города с каждым годом растут.
- Городской общественный транспорт Москвы – это метро, **электри́чки**, автобусы, троллейбусы, трамваи, такси.
- Кроме жителей Москвы, городским общественным транспортом пользуются 650 тысяч жителей **при́городов**, которые работают в Москве, и два миллиона гостей столицы.
- 40 % всех пассажиров в Москве пользуются метро.

4 Переведите диалоги и прочитайте их по ролям.

Как дое́хать до ...?

На улице
– Вы не скажете, как доехать до Тверской улицы?
– Тверская улица большая. Куда вам нужно?
– В Столешников переулок.
– Вы можете доехать на первом троллейбусе или на пятом автобусе до остановки «Столешников переулок». Столешников переулок находится между Тверской и Петровкой.
– А какая остановка отсюда ближе?
– Первого троллейбуса. Идите прямо, а потом сверните направо. Остановка около магазина «Гастроном».

В троллейбусе
– Скажите, пожалуйста, когда будет Столешников переулок?
– Столешников? Через пять остановок. Я скажу, когда вам выходить.

– Вы выходите на следующей?
– Нет.
– **Разреши́те** пройти.

На улице
– Извините, как доехать до Пушкинской площади?
– Лучше всего на метро до станции «Пушкинская».
– Можно доехать без пересадки?
– Нельзя. Вам нужно выйти на станции «Павеле́цкая» и перейти на другую **ли́нию**. А если вы хотите доехать без пересадки, надо **сесть** на первый троллейбус или на пятый автобус.

Работаем над текстом

5 Переведите и повторите за диктором.

городской транспорт
пользоваться городским транспортом
плата за проезд
произошёл несчастный случай
личная автомашина

сесть/садиться в автобус
выйти/выходить из автобуса
войти/входить в магазин
до/ехать до остановки
по/терять много времени
на дорогу ушёл час

6 Расскажите коротко

- о городском общественном транспорте Москвы
  Москва – один из самых ... Площадь города ..., население ... Площадь и население города ... К городскому транспорту Москвы относятся ... Общественным транспортом, кроме москвичей, пользуются ... 40 % пассажиров ...
- о проблемах городского транспорта в больших городах
  Самые острые проблемы – это ... Жители больших городов теряют ... Плата за проезд в общественном транспорте ... Многим людям выгоднее ... Чтобы решить эти проблемы, нужно ...

7 Дополните диалоги. На какие вопросы отвечают москвичи?

На улице
– ...?
– До Тверской? Лучше всего на первом троллейбусе.
– ...?
– Можно и на метро.
– ...?
– Нет, без пересадки нельзя.

В троллейбусе
– ...?
– Центральный телеграф? Через пять остановок.

– ...?
– На следующей? Нет, не выхожу.

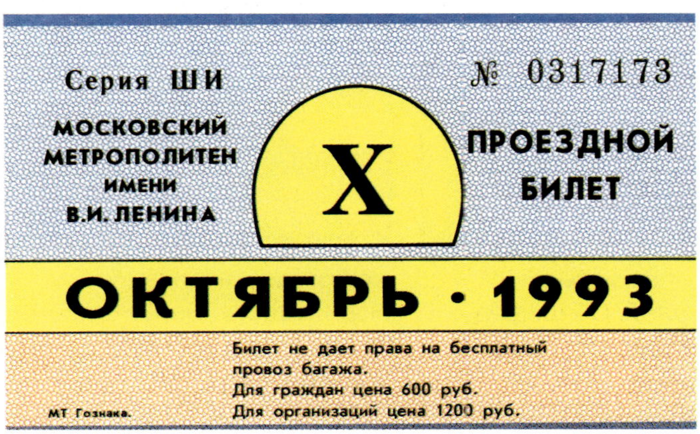

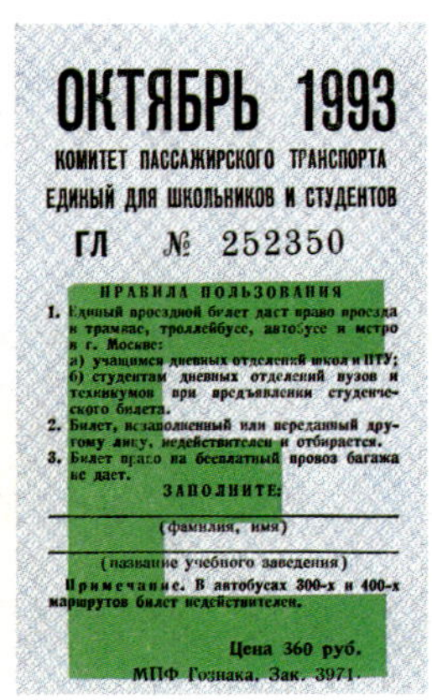

7Б

Работаем над языковым материалом

8 Произносите правильно.

[a]		[ə]
общéственный	доéхать	подождáть
объяснять	конéчно	óколо
оригинáльный	подзéмный	переýлок
основáть	послáть	скýльптор
основáтель	конéц	вы́годно
	тогдá	при́город

9 Какие другие слова с этими корнями вы знаете?

общий, счастливый, польза, ездить, везти, решить, город, опасно, лицо, плата

Verben der Fortbewegung ↗ G 22 - 25

10 Запомните глаголы движения.

вести *uv.* – **води́ть** *uv.*
Наташа – экскурсовод. Она вóдит экскурсии по городу. Сейчас она ведёт туристов в Кремль.

везти́ *uv.* – **вози́ть** *uv.*
А это Николай. Он шофёр. Он вóзит туристов по Москве. Сейчас он везёт их на вокзал.

нести́ *uv.* – носить *uv.*
Носи́льщики (Gepäckträger) нóсят вещи пассажиров на вокзале. Этот носильщик несёт их в вагон.

11 Вспомните знакомые слова, образованные от глаголов несовершенного вида *вести – водить, нести – носить.*

Глаголы:

v.	uv.	v.	uv.
перевести /	переводить текст	принести /	приносить пользу
провести /	проводить время	снести /	сносить дом
произвести /	производить впечатление	отнестись /	относиться к девушке *как?*

Существительные: экскурсовод

произведение	переводчик		отношение
	проводник		

12 Обратите внимание на многозначность глаголов. Составьте с ними предложения.

сесть/садиться
- Все сидят, а вы стоите. Садитесь, пожалуйста.
- Не надо садиться на первый троллейбус, лучше сесть на пятый автобус.

произойти/происходить
- Чем больше на улицах машин, тем чаще происходят несчастные случаи.
- Что здесь происходит?
- Действие в рассказе происходит в наши дни.

13 Какие ответы относятся к данным слева вопросам?

Как доехать до Красной площади?	Наверно, влюблена.
Что с ней происходит?	Вам выходить через три остановки.
Это место свободно?	Произошёл несчастный случай.
Где можно перейти улицу?	Слева отсюда подземный переход.
Сколько остановок мне ещё надо проехать?	Да, садитесь, пожалуйста.
Почему на остановке так много людей?	Надо сесть на первый троллейбус.

Konjunktiv ↗ G 41, 42

14 Так можно выразить

- предположение (Vermutung)

Если бы ты поехал в центр на машине, у тебя ушло бы на дорогу полчаса.	Wenn du mit dem Auto ... gefahren wärest, hättest du ... gebraucht.

- просьбу, желание

Ты мог бы помочь мне нести вещи? Я хотела бы доехать до центра на метро.	Könntest du mir helfen, ...? Ich würde gern ... fahren.

7Б

15 Найдите в тексте «Проблемы городского транспорта» предложения с конъюнктивом и переведите их.

16 Переведите следующие высказывания.

- Если бы у всех людей были личные машины, проблемы городского транспорта были бы решены.
- Если бы проезд в городском транспорте был бесплатным, многие люди не пользовались бы личными машинами.

Говорим, обсуждаем, спорим

17 Как вы ответите русскому туристу, который на улице вашего города или в общественном транспорте спросит вас:
«Скажите, пожалуйста, как доехать до центра города?»
«Отсюда далеко до вокзала?»
«На какой автобус мне нужно сесть?»
«Где мне нужно сделать пересадку?»

Москва. Ярославский вокзал.

Казанский вокзал.

18 Скажите, вы живёте далеко от школы? Вы ходите в школу пешком? Если нет, то на чём вы ездите в школу? Сколько времени у вас уходит на дорогу? Вы считаете, что это много или нет? Часто ли вы пользуетесь общественным транспортом? Каким? Куда вы часто ездите? В вашей семье есть автомашина? Куда вы, например, ездите на ней? Как вы считаете, помогает ли машина вашей семье эконо́мить (sparen) время?

19 Как вы понимаете следующие высказывания? Согласны ли вы с ними? Почему?

- Чем больше город, чем больше машин на улицах, тем острее проблемы городского транспорта. Но люди хотят иметь личные машины.
- Чтобы решить проблемы городского транспорта, нужны новые оригинальные идеи.

20 Найдите материалы и подготовьте краткое сообщение о проблемах городского транспорта.

Эти слова и словосочетания помогут вам ориентироваться в русском городе:

Обращение

Скажите, пожалуйста, …
Извините, вы не скажете, …?
Будьте добры, помогите мне, пожалуйста, …

В общественном транспорте

Когда будет остановка …?
Вам надо проехать ещё … остановок.
Я скажу, когда вам выходить.
Вы выходите на следующей?
Разрешите пройти.

На улице

Как дойти (доехать) до …?
Идите прямо (сверните налево, направо), через двадцать метров на левой стороне улицы будет …
Туда можно (нельзя) дойти пешком. Вам надо ехать на … автобусе.
Остановка автобуса на улице … Вам нужно сесть на … трамвай (автобус).
Лучше всего туда доехать на метро до станции … и перейти на линию …
Какой автобус (трамвай, троллейбус) идёт до …?
Где находится остановка автобуса (остановка трамвая, станция метро, стоянка такси)?
Туда можно доехать без пересадки?

7В

Из истории Москвы

1 Московский Кремль

Московский Кремль – прекрасный исторический и архитектурный памятник, самый русский из архитектурных памятников Москвы по форме и по ду́ху[1]. Если вы будете в Москве, обязательно посетите Кремль, воро́та[2] которого открыты с утра до вечера. На территории Кремля находится большое количество памятников архитектуры: дворцы, церкви, соборы. В музеях Кремля собраны уника́льные памятники культуры и искусства.

1 Geist
2 Tor

Площадь Кремля – 28 гектаров. Кремлёвские стены построены из красного кирпича́[3] и имеют форму треуго́льника[4]. Их длина – 2235 метров, высота – от пяти до девятнадцати метров. В каждой стене 7 ба́шен[5]. Их высота от двадцати восьми до семидесяти одного метра. Каждая башня имеет свою архитектуру и своё название.

3 Ziegelstein
4 Dreieck
5 Türme

Кремль основан в 1156 году Юрием Долгоруким как кре́пость[6] на берегу Москвы-реки. Первые деревя́нные[7] стены города сгоре́ли при наше́ствии татар[8]. Стены из красного кирпича, которые стоят и сейчас, построены много позже. В XV веке, когда Русь стала сильным и независимым государством, великий князь[9] Иван III решил построить новые стены. Знаменитые итальянские архитекторы, которые были приглашены русским князем, вместе с русскими мастерами за десять лет построили главные башни, стены и некоторые соборы Кремля, которыми ещё и сегодня восхища́ются[10] туристы.

6 Festung
7 aus Holz
8 sind beim Einfall der Tataren abgebrannt
9 Fürst
10 bewundern

1. Спа́сская башня
2. Сена́тская башня
3. Нико́льская башня
4. Углова́я Арсена́льная башня
5. Сре́дняя Арсена́льная башня
6. Тро́ицкая башня
7. Башня Кута́фья
8. Коменда́нтская башня
9. Оруже́йная башня
10. Борови́цкая башня
11. Водовзво́дная башня
12. Благове́щенская башня
13. Тайни́цкая башня
14. 1-я Безымя́нная башня
15. 2-я Безымя́нная башня
16. Петро́вская башня
17. Беклеми́шевская башня
18. Константи́но-Еле́нинская башня
19. Наба́тная башня
20. Ца́рская башня
21. Тро́ицкий мост
22. Сте́ны Кремля́

Кремль был резиденцией великих князей, а с середи́ны[11] XVI века царей. С марта 1918 г. до 1991 года Кремль был местопребыва́нием[12] советского правительства, в нём находились высшие органы госуда́рственной вла́сти[13], проходили съезды Верхо́вных Сове́тов[14] и коммунистической па́ртии. До 1956 года Кремль был **закры́т** для посети́телей[15].
Сегодня Кремль – местопребывание правительства России.

11 Mitte
12 Sitz
13 Staatsmacht
14 Tagungen des Obersten Sowjets
15 Besucher

2 Каким должен быть исторический центр Москвы?

В 1508 году в Кремле была построена колоко́льня[1] «Ива́н Вели́кий» (высота 81 метр), откуда открывался вид на весь город. Несколько веков эта колокольня была самым высоким зданием города, потому что в Москве не разрешали строить здания выше этой колокольни. Новые здания не должны были закрывать вид на Кремль.
Москва построена на семи́ холма́х[2] так, чтобы с каждого холма можно было видеть силуэт Кремля – духо́вного[3] центра города.
К сожалению, строительство высотных зданий во второй половине нашего века нару́шило[4] эту историческую традицию.
Некоторые современные архитекторы считают, что надо более рационально использовать площадь центра города: строить там новые высотные дома и даже надстраивать старые, потому что многомиллионному растущему городу нужны помещения.
Другие архитекторы считают, что надо сохрани́ть исторический центр и использовать его прежде всего для туризма, а многоэтажные жилые дома и о́фисы строить в новых районах, далеко от центра.
Конечно, и в центре можно сносить старые дома, если они не представляют исторической це́нности и если они не нужны городу. Но новые дома, построенные на их месте, должны подходить к архитектурному ансамблю центра по высоте и стилю. И сейчас ещё идут споры вокруг Дворца съездов, который построен на территории Кремля в 1961 году. Это, как и гостиница «Россия», которая была построена в 1968 году рядом с Красной площадью (12 этажей, 6000 мест) – современное здание из стекла и бетона.
Многие москвичи считают, что эти здания не подходят к архитектурному ансамблю Кремля и Красной площади, а гостиница «Россия» закрывает вид на Кремль со стороны Москвы-реки.

1 Glockenturm
2 Hügel
3 geistig
4 zerstörte

Колокольня «Иван Великий».

3 Драмати́ческая история

Храм Христа́ Спаси́теля[1], самый большой собор Москвы, стоял на берегу Москвы-реки, недалеко от Кремля. Храм построили в 1883 году в честь победы над Наполео́ном. Он был построен по проекту известного архитектора Константи́на То́на, создателя Большого Кремлёвского дворца.
Внутри храма можно было увидеть работы знаменитых русских художников Крамско́го, Су́рикова, Мако́вского...
Этот прекрасный архитектурный памятник в 1931 году был взо́рван[2], потому что на этом месте было решено построить гигантский Дворе́ц Сове́тов[3]. Проект дворца был утверждён[4] лично Сталиным. Храм снесли. Но Дворец построен не был: помешали экономические трудности, война... Сейчас на этом месте открытый плавательный бассейн «Москва».

1 "Erlöserkirche" 2 wurde gesprengt 3 Rätepalast 4 wurde bestätigt

Вид на Красную площадь и Кремль.

7Г

Повторяем

1 Какие слова не подходят к остальным словам группы?

Литературное произведение

роман	комедия
рассказ	повесть
герой	творчество
драма	стихи
сказка	сценарий

Качества человека

честный	понятный
незабываемый	романтический
открытый	неожиданный
мужественный	талантливый
принципиальный	замечательный

2 Составьте словосочетания.

(М) словарный запас

- литература, произведение, содержание, поэт, писатель, мысль, польза, способности
- математический, литературный, интересный, большой, любимый, краткий, художественный

3 Назовите однокоренные глаголы.

(М) чувство – чувствовать

- вера, любовь, интерес, забота, защита, разговор, рассказ, перевод, опрос, чтение, посещение, решение, уважение, рост;
- безработный, усталый, незабываемый, непонятный, неожиданный

4 Какие слова справа относятся к глаголам слева? Составьте словосочетания, придумайте предложения.

сомневаться	от ситуации
приносить	разговор
верить	мысль
зависеть	пользу
влиять	в успехе
выразить	друзьям
поддерживать	на настроение
перейти	доклад
поставить	в университет
поступить	отметку
сделать	в девятый класс

5 Как правильно?

принципиальная или *принципиально*?
Героиня рассказа – … девушка. Она всегда поступает …

грустное или *грустно*?
Читать этот рассказ … Содержание рассказа очень …

смешные или *смешно*?
Володя хорошо умеет рассказывать … истории. Когда он рассказывает, все ребята смеются. Им …

6 Дополните предложения. Используйте местоимение «этот» в нужной форме. Отгадайте, о каких писателях или произведениях говорят Марк и Надя.

Надя: ... писательница живёт в Москве. Герои ... писательницы – наши современники. Вы все знаете ... писательницу, потому что недавно вы говорили на уроке об одном рассказе ... писательницы. В ... рассказе она описывает проблемы школьницы. Как зовут ... писательницу и как называется ... рассказ?

Марк: ... писателя зовут ... Мне особенно нравится роман ... писателя, в котором он пишет о трагедии молодой женщины в русском обществе конца прошлого века. Имя ... молодой женщины Анна Каренина. Конечно, многие из вас не читали ... роман, но, может быть, вы смотрели фильм по ... роману? В ... фильме главную роль замечательно играет артистка Татьяна Самойлова. Но есть и другие фильмы по ... роману, например, фильм, в котором ... роль играла Грета Гарбо.

Татьяна Самойлова.

7 Прочитайте и переведите. Скажите, кто из них уверен, что завтра пойдёт в кино, а кто не совсем уверен.

Таня: Оля, если ты завтра придёшь к нам, пойдём в кино.
Олег: Саша, когда ты завтра придёшь к нам, мы сразу пойдём в кино.

8 Скажите,

какие писатели или поэты вам особенно нравятся? Какой писатель или поэт вам нравится больше всех?
Чем вы часто занимаетесь в свободное время? А чем вы любите заниматься больше всего?

9 Скажите, кто это?

Юноша или девушка, которые учатся с вами в одном классе.
Человек, которого вы хорошо знаете.
Девушка, которая учится в университете.
Человек, который думает только о себе.
Человек, у которого нет близких друзей и знакомых.
Человек, который верит в Бога.
Девушка, которая участвует в олимпиаде.

10 Объясните эти слова по-русски.

Учёный – это человек, который ...
Переводчица – это ...
Домохозяйка – это ...
Сложный вопрос – это ...
Разговорчивый человек – это ...
Честный человек – это ...
Относиться к делу равнодушно – это значит, ...
Опоздать в школу – это значит, ...

УРОК 8 Внешность, мода, искусство

Как ты выглядишь?

1

Ирина: Алло? Слушаю вас.

Карстен: Это Ирина? Здравствуй, Ира. Говорит Карстен Шмидт. Я приехал в Москву с туристской группой из Ганновера и привёз тебе маленькую посылку от твоей немецкой подруги Катрин.

Ирина: Большое спасибо, Карстен. Я очень **ра́да**. Нам надо обязательно встретиться.

Карстен: Я тоже так думаю. У меня есть **предложе́ние**. Катрин говорила мне, что ты интересуешься **жи́вописью**. Ты не хочешь завтра во второй половине дня пойти со мной в Третьяковскую галерею?

Ирина: С удовольствием. Завтра у нас только четыре урока. И во второй половине дня я свободна. У меня тоже есть предложение. Сегодня вечером мы с подругой идём во Дворец молодёжи на конкурс **красоты́**. Хочешь пойти с нами? У нас есть **ли́шний** билет.

Карстен: С огромным удовольствием. Только у меня к тебе **про́сьба**. Я плохо знаю Москву, и мне трудно будет найти тебя. Ты не можешь **зае́хать** за мной в гостиницу «Спутник»?

Ирина: Карстен, не **серди́сь** на меня, но я, к сожалению, не могу. Сегодня я до шести часов вечера **занята́**. Давай встретимся в 18.30 у телефонов-автоматов на станции метро «Смоле́нская».

Карстен: Хорошо. Но я тебя совсем не знаю. Как ты **вы́глядишь**? Опиши свою **вне́шность**.

Ирина: Я **сре́днего** роста. У меня длинные **све́тлые** волосы.

Карстен: А как ты будешь **оде́та**?

Ирина: Я буду в коротком **у́зком** чёрном **пла́тье** и в чёрных **ту́флях**. А как я тебя узнаю?

Карстен: Я высокий, не очень **стро́йный**, у меня **се́рые** глаза и короткие **тёмные** волосы. Я буду в серых **брю́ках** и в синей **руба́шке** с **га́лстуком**.

Ирина: Всё ясно. До встречи!

Карстен: До встречи!

2 Правильно или неправильно?

Карстен **про́сит** Иру пойти с ним в
а) Большой театр
б) Третьяковскую галерею
в) Музей А. С. Пушкина

Ира предлагает Карстену пойти на
а) рок-концерт
б) дискотеку
в) конкурс красоты

3 Познакомьтесь с мнениями юношей и девушек о роли моды в их жизни.

Андрей, школьник, 15 лет:
Мода меня не интересует. Мне всё равно, **мо́дно** или не модно я одет. **Оде́жда** должна быть удобной, это главное. Я зимой и летом хожу в **джи́нсах**. Зимой ношу **пуло́веры**, тёплую **ку́ртку**, летом – **ма́йки**. Часто **надева́ю спорти́вный костю́м**. Другая одежда мне не нужна. По-моему, модой интересуются только девчонки. Это их **же́нское** дело…

Марина, школьница, 16 лет:
Мой друг Максим не понимает, почему я так интересуюсь модой. Но всё очень просто: когда я модно одета, я чувствую себя красивой и уверенной в себе, у меня хорошее настроение. Правда, сейчас всё стоит дорого, и **одева́ться** модно нелегко. Но я умею **шить**, поэтому мне легче одеваться со вкусом…

Антон, студент, 20 лет:
Для многих ребят в моём возрасте одежда играет очень большую роль. Например, многие считают обязательным иметь фирму́ – вещи известных западных фирм. Но такие вещи стоят очень дорого, и только немногие могут покупать их.
Мне кажется, главное в одежде человека – это знать, что тебе **идёт**, что к чему подходит, и иметь свой стиль. Есть люди, которые одеты немодно, но со вкусом, и наоборот…

Кира Кирилловна, учительница, 25 лет:
В обществе есть мнение, как должны одеваться люди разных профессий. Например, учитель, по мнению многих, должен одеваться **скро́мно**. Я не хочу идти против общественного мнения, поэтому на работу надеваю обычно светлую **блу́зку** и тёмную **ю́бку**. А в свободное время я люблю одеваться модно, экстравагантно. Люблю **я́ркие** цвета. Мне нравится, когда на меня **обраща́ют внима́ние**…

4 Проверьте, правильно ли вы поняли текст. Кто из участников разговора высказывает следующие мнения:

- Мода – это женское дело.
- Иметь фирменные вещи необязательно.
- Быть хорошо одетым важно, потому что это делает человека уверенным в себе.
- В выборе одежды не надо идти против общественного мнения.

5 Марина и Лена в магазине «Одежда».

Марина: У вас есть летние блузки?
Продавщица: Есть. Вам какого **размéра**?
Марина: Размер сорок второй.
Продавщица: У нас есть только **голубые** и жёлтые. Вот красивая блузка.
Лена: По-моему, она не очень модная. Как ты думаешь, Марина?
Марина: Сколько она стоит?
Продавщица: Она дорогая. **Цена** блузки …
Лена: Это слишком дорого. Не покупай её. **Примéрь** жёлтую.
Продавщица: Да, я вам тоже советую примерить эту жёлтую блузку.
Марина: Ну как? Нравится?
Лена: По-моему, она тебе идёт и подходит к твоей юбке.
Марина: Мне она тоже нравится, я возьму её.

Работаем над текстом

6 Переведите и повторите за диктором.

- У меня к тебе просьба.
  У меня есть предложение.

- Как я тебя узнáю?
  Опиши свою внешность.
  Как ты выглядишь?

- Как ты будешь одет?
  В чём ты пойдёшь на конкурс?
  Что ты наденешь?

- Можно дать тебе **совéт**?
  Советую тебе взять эту блузку.

- Молодёжь любит одеваться модно.
  У молодёжи есть своя мода.
  Какой цвет сейчас в моде?

- Какого цвета твой новый галстук?
  Какой цвет тебе нравится?
  Какого размера брюки ты носишь?

7 Что вы узнали из текста «Как ты выглядишь?»

- об Ире Ивановой?
  В каком городе она живёт? Она учится или работает? Чем она увлекается? Как выглядит? Куда она пригласила Карстена? Как она будет одета?
- о Карстене Шмидте?
  Откуда он приехал в Москву? Почему он позвонил Ире? Куда он пойдёт с ней вечером? Какая просьба у него к Ире? Почему он просит Иру заехать за ним в гостиницу? Почему Ира не может заехать за ним? Как он выглядит? Как он будет одет?

8 Скажите в нескольких предложениях, как относятся к моде Андрей, Марина, Антон и Кира Кирилловна (упр. 3).

Вы можете начать так:
Андрей (...) говорит, что ... Он(а) считает, что ...

9 Передайте содержание диалога «Марина и Лена в магазине ...» в форме монолога.

Вы можете начать так:
Марине нужна новая блузка. Она идёт с Леной в магазин «Одежда». В магазине она просит продавщицу показать ей ... Продавщица спрашивает Марину, ...

Работаем над языковым материалом

10 Произносите правильно.

[л]	[л']	[с]	[з], [з']
посылка	лишний	совет	заехать
предложение	выглядеть	средний	занят
светлый	туфли	светлый	размер
галстук	нелегко	стройный	просьба
блузка	к сожалению	узкий	с галстуком
пуловер	телефон	блузка	сделать

11 Назовите новые слова, которые имеют общий корень с этими словами:

красивый, мода, спорт, ехать, просить, предложить, советовать, писать, цветы, женщина.

12 Пригласите друг друга вместе провести свободное время. Договоритесь о встрече. Составьте и разыграйте похожие диалоги.

(М) А: Ты сегодня свободна? Зайди за мной, можем вместе пойти в кино.
Б: К сожалению, я сегодня занята. Пойдём завтра?
А: Хорошо. Я тебе позвоню.

8 A

13 Найдите в текстах и переведите все предложения со словами

одет(а), одеваться как?	носить что?	выглядеть как?
надеть/надевать что?	ходить, быть в чём?	

14 Скажите, кто как одет (одевается).

Моника ходила в кино …	модная короткая и узкая юбка; майка
Вера надела на концерт …	красивая белая блузка и юбка-брюки
Кристоф был в школе …	джинсы и пуловер
Катрин пришла в гости …	новое серое платье
Таня любит носить …	модные фирменные вещи
Даниэль одевается …	модно и со вкусом

Kurzformen der Adjektive ↗ G 83

15 Переведите без словаря.

Кроссо́вки Коле **велики́** (слишком большие), а куртка ему **мала́** (слишком маленькая).

Нине брюки коротки (слишком короткие), а Кате длинны (слишком длинные).

Юбка Рае **как раз**.

16 Так вы можете выразить просьбу, совет и предложение.
Переведите и измените предложения по образцу.

Ⓜ Ира посоветовала, чтобы Карстен не надевал джинсы.
Ира посоветовала Карстену не надевать джинсы.

В Ганновере Катрин посоветовала, чтобы Карстен пошёл с Ирой в Третьяковскую галерею.
В Москве Карстен попросил Иру, чтобы она пошла с ним в Третьяковскую галерею.
Ира предложила, чтобы Карстен пошёл с ней на конкурс красоты.

17 Переведите. Обратите внимание на употребление видов в инфинитиве после глаголов *просить, советовать, предлагать*.

1. Советую тебе не надевать эту юбку, лучше надеть новое узкое платье.
2. Прошу тебя рассказать бабушке, что мы были на дискотеке, но не рассказывать об этом родителям.
3. Предлагаю вечером не ходить на дискотеку, а лучше пойти в кино.

Imperativ ↗ G 43

18 Переведите и назовите инфинитив глаголов, от которых образован императив. Назовите множественное число.

дай/давай
прочитай/читай
посоветуй/советуй
занимайся
примерь/примеряй
ответь/отвечай
надень/надевай

возьми/бери
напиши/пиши
скажи/говори
позвони/звони
посмотри/смотри
попроси/проси
пойди/иди

помоги/помогай
спроси/спрашивай
расскажи/рассказывай
предложи/предлагай
обрати/обращай внимание
купи/покупай

19 Переведите. Определите вид глагола и объясните употребление видов в императиве.

– Не покупай синюю блузку, она тебе не идёт. Купи лучше красную.
– Володя, рубашка тебе очень идёт, надевай её чаще.
– Марина, расскажи, что ты видела интересного на показе мод.
– Говори, пожалуйста, **ме́дленнее**.

Дом моды на Арбате в Москве. Новые экстравагантные модели одежды.

20 Как правильно?

Возьми или *бери? Обрати* или *обращай внимание?*
– Катя, ... у Нины последний журнал мод. ..., какие интересные блузки будут в моде в следующем году.

Надень или *надевай?*
– Игорь, не ... эту куртку. Она тебе не идёт, а потом она тебе ещё и мала. ... **джинсо́вый** костюм.

Посоветуй или *советуй?*
– Антон, ..., что мне надеть?
– Надень, что хочешь. Я не люблю советовать.

Говорим, обсуждаем, спорим

Внешность
Внешний вид: человек (не)красивый, (не) симпатичный; у него (у неё) красивая оригинальная, необычная, приятная внешность.

- Рост: человек высокий, маленький; среднего, высокого, небольшого роста
- Фигура: человек спортивный, стройный, с хорошей фигурой, **то́лстый, худо́й**
- Волосы: тёмные, светлые, **ры́жие**, чёрные; длинные, короткие, прямые, **вьющиеся**
- Лицо: лоб, нос, глаза, **ресни́цы, бро́ви, гу́бы**, рот; (не)правильные черты лица; цвет лица хороший, плохой
- Глаза: серые, голубые, синие, зелёные, **ка́рие** (не: кори́чневые!); большие, красивые
- Нос: длинный, маленький, прямой, **курно́сый**
- Губы: **то́нкие**, толстые, красные

Одежда
- **мужска́я**: костюм (брюки, **пиджа́к**), рубашка, галстук
- женская: костюм (юбка или брюки, **жаке́т**), юбка-брюки, блузка, платье
- мужская и женская: **пальто́**, куртка, джинсы, джинсо́вая куртка, **шо́рты**, майка, пуловер, спортивный костюм
- обувь: туфли, **боти́нки, сапоги́,** кроссовки
- **чулки́, носки́, колго́тки, лоси́ны**
- **ша́пка, шарф**, платок, **перча́тки**, **ва́режки**

Цвета
белый, чёрный, коричневый, серый, голубой, синий, зелёный, жёлтый, красный, **ро́зовый, сире́невый, ора́нжевый, фиоле́товый, бе́жевый;**
светло-розовый, тёмно-красный; зелёного (красного, жёлтого) цвета

21 Опишите внешность и одежду одной из своих одноклассниц или одного из своих одноклассников и попросите других ребят отгадать, кто это. Они могут задавать вам дополнительные вопросы, например:
Это девушка или юноша? Какого цвета у неё (у него) глаза?

22 Разыграйте диалоги.

- Русский юноша привёз немецкой девушке письмо из … Он звонит и договаривается с ней о встрече. Предложите место встречи. Скажите, когда вы свободны (заняты). Опишите свою внешность и одежду.
- Вы в магазине одежды со своими знакомыми из России. Вы говорите с продавцом или продавщицей по-немецки и переводите ей желания ваших знакомых. Скажите им, что и почему вы им советуете купить.
- Вы идёте в театр со своими знакомыми. Посоветуйтесь, что надеть.

23 Вы познакомились с мнениями молодых людей о моде (упр. 3). С кем из них вы (не) согласны? Почему?

24 Расскажите о своём отношении к моде. Что вы носите зимой? Летом? В чём вы ходите на дискотеку? Что вы надеваете, когда идёте с родителями в гости? Как вам нравится одеваться?

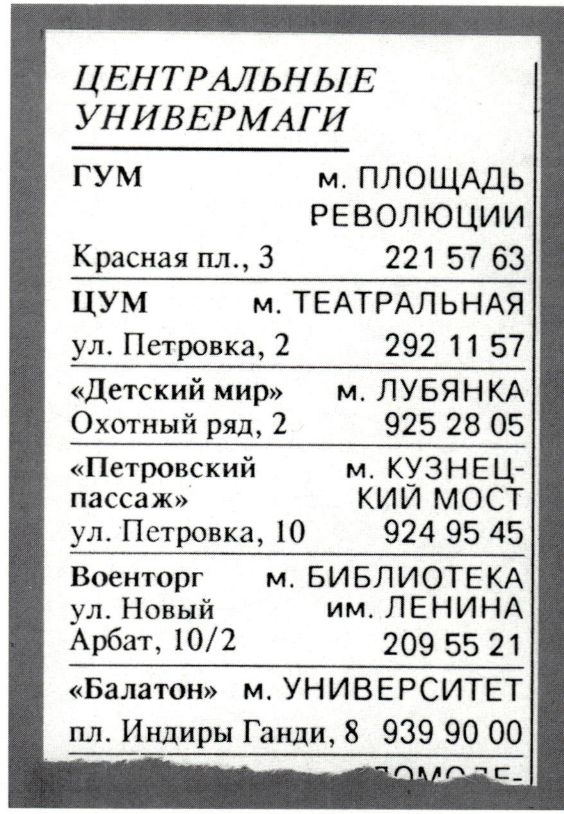

ЦЕНТРАЛЬНЫЕ УНИВЕРМАГИ

ГУМ Красная пл., 3	м. ПЛОЩАДЬ РЕВОЛЮЦИИ	221 57 63
ЦУМ ул. Петровка, 2	м. ТЕАТРАЛЬНАЯ	292 11 57
«Детский мир» Охотный ряд, 2	м. ЛУБЯНКА	925 28 05
«Петровский пассаж» ул. Петровка, 10	м. КУЗНЕЦКИЙ МОСТ	924 95 45
Военторг ул. Новый Арбат, 10/2	м. БИБЛИОТЕКА им. ЛЕНИНА	209 55 21
«Балатон» пл. Индиры Ганди, 8	м. УНИВЕРСИТЕТ	939 90 00

Самые большие универмаги в Москве.

Так вы можете выразить просьбу, совет, предложение:

просьба
Прошу тебя (вас) говорить медленнее.
У меня к тебе (вам) просьба. Объясни(те) мне, пожалуйста, ...
Будь(те) добр(-а, -ы), покажи(те) мне, пожалуйста, ...

совет
Советую тебе (вам) не ходить в (на) ..., а лучше пойти в (на) …
Можно дать тебе (вам) совет? Не надевай(те) ..., надень(те) лучше ...

предложение
У меня есть предложение: давай(те) пойдём в (на) …
Предлагаю не покупать …, а лучше купить …

совет или предложение
Тебе (вам) обязательно надо осмотреть …
Ты (вы) должен (-а, -ы) обязательно купить …
Неплохо было бы пойти в (на) …

8Б

Конкурс красоты

1 Нужны ли сегодня в такое трудное время в России конкурсы красоты? Об этом, как говорят, сколько людей, столько мнений. А как думаете вы?
Прочитайте текст о конкурсах красоты, которые проводятся в России. До чтения проработайте упр. 10 на стр. 168.

Желающие участвовать в конкурсе «Мисс Содружество» должны были послать в Москву свои фотографии. Некоторые из них получили приглашение.
Познакомимся с некоторыми из участниц:

Ирина В., 20 лет, приехала из Самары. Работает в **о́фисе**. Отец ушёл из семьи, когда ей было 15 лет. Ира, рано начавшая работать, **самостоя́тельна** и уверена в себе. Умеет шить, водить машину, делать ремонт в квартире. Одевается модно, экстравагантно. Ей нравится, когда на улице все обращают на неё внимание. Считает, что если у красивой девушки нет денег, она просто глупа. Уверена, что у неё есть **ша́нсы победи́ть** на конкурсе. С **по́мощью** конкурса хочет сделать большую карье́ру: сначала **фотомоде́ль**, а потом деловая женщина …

Варвара Ч., 21 год, приехала из Минска. Учительница младших классов, но работа ей не нравится. Рост 184 сантиметра. Когда она училась в школе, над её ростом часто смеялись. И сейчас ещё на улице часто обращают на неё внимание и иногда смеются. Варя, выросшая в бедной семье без отца, не уверена в себе, чувствует себя одинокой, неполноце́нной[1]. Когда она узнала, что в конкурсе могут участвовать только высокие девушки, послала в Москву свою фотографию и получила вызов. Варя считает, что у неё нет ша́нсов на победу. **Возмо́жность** участвовать в конкурсе – для неё уже победа, победа над собой …

Юлия Э., 17 лет. Юлия, окончившая школу с сере́бряной[2] медалью, поступила в Петербургский университет. **Спосо́бная**, открытая, трудолюбивая, из **дру́жной** семьи. О возможности с помощью конкурса сделать карьеру **пока́** не думает. Ей просто интересно участвовать в конкурсе. Во время **подгото́вки** к конкурсу хотела уехать домой, потому что другие участницы конкурса говорили ей, что у неё нет шансов на успех: рост только 172 см, выглядит как девчонка…

[1] minderwertig [2] Silber-

Вице-мисс конкурса Ирина Воскобо́йникова.

Юлия Э́тина из Санкт-Петербурга – победительница конкурса.

Победи́тельницей конкурса стала Юлия. На пресс-конференции она сказала журналистам: «... Победа на конкурсе – это значит, быть нестанда́ртной во время конкурса станда́ртов... И если на меня обращают внимание, значит, у меня есть свой стиль, значит, моя личность интересна людям».

2

Проверьте, правильно ли вы поняли текст. Кто это? Ира, Варя или Юля?

- Считает, что у неё нет шансов на победу.
- Хотела уехать домой, потому что ей говорили, что у неё нет шансов на успех.
- Уверена, что она может победить.
- Пока не думает о возможности с помощью конкурса сделать карьеру.
- Хочет сделать большую карьеру.
- Для неё возможность участвовать в конкурсе – победа над собой.
- Считает, что конкурс красоты – это конкурс стандартов.

Работаем над текстом

3

Расскажите с помощью текста

о девушках, принимавших участие в конкурсе (имя, возраст, характер, семья, работа);
о том, почему они решили участвовать в конкурсе;
о том, как они сами и другие участники конкурса относились к их шансам на победу.

Работаем над языковым материалом

4

Произносите правильно.

weiche Konsonanten		[ц̄ə]	[j + é]
победить	модель	**подгото́виться**	карьера
выглядеть	живопись	смея́ться	
око́нчить	внешность	появля́ться	[j + ə]
шить	пальто	занима́ться	платье
предло́жить	костюм	называться	
посоветовать	ботинки		
попросить			

8Б

5 Переведите слова.

победа	общий	труд любить	сам стоять
победить/побеждать	общество	трудолюбивый	самостоятельный
победитель	общественный		

6 Назовите несколько других слов с этим корнем (в скобках указано, сколько слов минимум вы могли бы назвать).

делать (2 слова), верить (2), окончить (1), дружба (4), можно (2), личный (2)

7 Найдите в тексте предложения со словосочетаниями *на конкурсе, в конкурсе, к конкурсу, с помощью конкурса* и переведите их.

8 Составьте словосочетания. Там, где нужно, употребите предлоги. Придумайте предложения.

(с)делать	карьера	участвовать	конкурс красоты
(не) уверен(а)	успех	(под)готовиться	конкурс
смеяться	рост	обращать внимание	модно одетые девушки
стать	победительница	иметь шансы	победа
победить	другие участницы		

9 Переведите на русский язык.

Warja ist sehr groß. Sie fühlt sich unsicher. Sie glaubt, daß sie keine Erfolgschancen hat. Sie kann die anderen Teilnehmerinnen nicht besiegen. Für sie bedeutet die Möglichkeit, am Wettbewerb teilzunehmen, einen Sieg über sich selbst. Wahrscheinlich wird sie sich in Zukunft sicherer fühlen.

Partizipien des Präsens und Präteritums Aktiv ↗ G 50 - 52

10 Сравните и переведите.

Девушки, желающие …	(которые желают) участвовать в конкурсе,	приехали в Москву.
Девушки, получившие …	(которые получили) приглашение,	приехали в Москву.
Варя, выросшая …	(которая выросла) без отца,	не уверена в себе.

11 Переведите, а потом скажите по-другому.

(M) Познакомимся с некоторыми девушками, приехавшими на конкурс красоты.
Познакомимся с некоторыми девушками, которые приехали на конкурс красоты.

1. Ире Ф., умеющей хорошо шить, нравится одеваться модно.
2. Для Вари, чувствующей себя неуверенно, возможность участвовать в конкурсе уже победа.
3. На конкурсе победила Юлия, интересующаяся математикой и поступившая в Петербургский университет.
4. Юлии, хорошо говорящей и пишущей по-английски, нетрудно выступать перед иностранными журналистами.

Говорим, обсуждаем, спорим

12 Прочитайте некоторые мнения о конкурсах красоты. Согласны ли вы с ними? Выскажите своё мнение о том, нужны ли конкурсы красоты?

- Конкурсы красоты нужны, потому что они развивают вкус.
- Победители конкурсов красоты, фотомодели получают большие деньги только за то, что родились красивыми. Деньги надо зарабатывать работой.
- В России конкурсы красоты не нужны. В стране трудная ситуация. Многие женщины не имеют возможности покупать модную одежду. Зачем им такие конкурсы?

13 Немецкая молодёжная газета хочет напечатать статью о модельерах Зайцевых. Вас попросили перевести отрывок текста из журнала «Спутник». Сделайте письменный перевод текста.

Семейная династия модельеров

Слава и Егор Зайцев – отец и сын. Оба модельеры.

Отца, директора Дома моды в Москве, считают классиком. Слава всегда может положиться на сына, а для Егора, тоже работающего в Доме моды, отец – учитель и пример отношения к делу. Их отношение друг к другу на работе – это отношения шефа и подчинённого[1].

[1] Untergebener, hier: Angestellter

Егор Зайцев.

8Б

Модели Егора Зайцева.

Вот что говорит о моде и о себе Слава Зайцев:
« ... Пара́ды мод, приносящие успех, для модельеров – праздники. Призна́ние[2], внимание прессы – приятные вещи. Но ... костюмы и платья, которые созданы мной, я хочу видеть не только на манекенщицах. Я хочу, чтобы их носили люди, которых я встречаю на улице, на работе, на стадионе».

Направле́ние[3], в котором работает Егор, при́нято[4] называть аванга́рдом, хотя он сам с этим не совсем согласен. Егор, занимающийся в осно́вном молодёжной мо́дой, считает, что молодёжной моды как тако́вой не существу́ет[5]. Так, у «белых воротничко́в»[6] другое отношение к моде, чем у металли́стов, а «студенты отрицательно относятся к моде па́нков». Но в одежде для молодых, любящих яркие цвета, любящих шоки́ровать, много общего. Их фантазии неожиданны. «Молодёжные модели ... должны быть обворожи́тельными и вызыва́ющими[7], они должны облада́ть той ме́рой легкомы́слия[8], которая делает молодость молодостью», – говорит Егор Зайцев.

2 Anerkennung

3 Richtung
4 ist üblich

5 existiert als solche nicht
6 здесь: интеллигенты

7 charmant und herausfordernd
8 Maß an Leichtsinn besitzen

В Третьяковской галерее

1 📖

В Третьяковской галерее Ирина показала Карстену свою любимую картину «Неизвестная». Ира интересуется живописью и особенно творчеством прекрасного русского художника Ива́на Никола́евича Крамско́го. Она часто бывает в Третьяковской галерее.

Сейчас она рассказывает Карстену о картине Крамского «Неизвестная».

Чтобы вам было легче понять текст, советуем сначала проработать упр. 2 и 3.

«... Картина, перед которой мы стоим, называется «Неизвестная». Её нарисовал в 1883 году русский художник Иван Николаевич Крамской.

На картине ты видишь красивую молодую женщину на фо́не А́ничкова дворца́ в Петербурге. Женщина сидит в коля́ске[1]. Она одета богато и со вкусом. Женщина смотрит на нас спокойно, с большим чувством собственного досто́инства[2], но немного грустно.

Кто эта женщина, **изображённая** художником? На этот вопрос современники Крамского ответить не могли. Поэтому об этой картине было много разговоров, слу́хов[3], спо́ров... Рассказывают, что эту женщину встретил писатель Л. Н. Толстой, когда шёл в мастерскую художника, и что именно так он представлял себе А́нну Каре́нину. Правда это или фанта́зия? Документов не сохрани́лось.

Некоторые современники считали, что это собира́тельный о́браз[4] женщины, не принятой высшим обществом.

Почему? Может быть, потому, что в коляске рядом с ней свободное место? У этой женщины вид аристокра́тки, а аристократки без сопровожде́ния[5] не ездили.

П. М. Третьяков, купивший лучшие картины Крамского, эту картину не купил. Он считал, что в его галерее нет места женщинам лёгкого поведе́ния[6]. Картина, купленная предпринимателем Харито́ненко, только в 1917 году попала в Третьяковскую галерею. Крамского и Третьякова уже давно не было в живы́х...

Я всегда долго стою перед этой картиной. Герои́ня Крамского для меня не просто красавица. Для меня это интересная ли́чность...».

[1] Kutsche

[2] Würde

[3] Gerüchte

[4] hier: typische Gestalt

[5] ohne Begleitung

[6] etwa: Frauen mit freiem Lebenswandel

2 Переведите без словаря.

- Слова со знакомым корнем:
  высшее общество – самое высокое;
  красавица, красота, красивая девушка
- Слова, которые можно объяснить:
  мастерская – комната, где работает мастер;
  документов не сохранилось – документов нет;
  давно не было в живых – давно умерли.

Partizip des Präteritums Passiv – Langform ↗ G 53

3 Сравните и переведите.

Кто эта женщина, изображённая (кем?) художником?
которую изобразил художник?

Это женщина, не принятая обществом.
которую не приняло общество.

Ире нравится картина, купленная богатым предпринимателем.
которую купил богатый предприниматель.

Infinitiv	Partizip des Präteritums Passiv	
	Langform (als Attribut)	Kurzform (als Prädikat)
сделать *v.*	сделанный	сде́лан
рассказа́ть *v.*	расска́занный	расска́зан
созда́ть *v.*	со́зданный	со́здан
нарисова́ть *v.*	нарисо́ванный	нарисо́ван
купи́ть *v.*	ку́пленный	ку́плен
изобразить *v.*	изображённый	изображён, изображена́, -о́; -ы
победить *v.*	побеждённый	побеждён, -а́, -о́; -ы́
приня́ть *v.*	при́нятый	при́нят, -а́, -о; -ы

4 Объясните.

Ⓜ Художник, изобразивший неизвестную женщину – это художник, который изобразил неизвестную женщину.
Неизвестная женщина, изображённая художником – это неизвестная женщина, которую изобразил художник.

1. Богатый предприниматель, купивший картину – это …
2. Картина, купленная богатым предпринимателем – это …
3. История, рассказанная Ирой – это …
4. Юноша, принятый в университет – это …
5. Девушка, победившая на конкурсе красоты – это …
6. Девушки, побеждённые на конкурсе красоты – это …
7. Девушка, сшившая новое платье – это …
8. Новое платье, сшитое девушкой – это …

5 Ответьте на вопросы к тексту «В Третьяковской галерее».

1. Когда и кем была нарисована картина «Неизвестная»?
2. Кто эта женщина, нарисованная на картине?
3. Почему современники считали, что на картине изображена женщина, не принятая высшим обществом?
4. Кем была куплена картина?
5. Почему она не была куплена Третьяковым?
6. Где находится сейчас эта картина, не купленная Третьяковым?
7. Вам нравится эта картина, созданная художником Крамским?

Художник И. Н. Крамской

6 Крамской Ива́н Никола́евич (1837–1887) – известный русский художник, который создал произведения, замечательные по своей социальной и психологи́ческой глубине.

В 1863 году он был одним из 14 прогрессивных молодых художников, оканчивающих Акаде́мию Худо́жеств, которые выступили за свободу выбора темы. Они демонстрати́вно вышли из академии и этим выразили своё несогласие с консервати́змом Академии Художеств.

Крамской был одним из ли́деров знаменитого Това́рищества передвижны́х выставок, крупнейшего объедине́ния русских прогрессивных художников, выступавших за демократи́ческое и реалисти́ческое искусство.

Крамской помогал П. М. Третьякову советами в создании Третьяковской галереи. Художник оставил после себя много известных портретов, например, портрет Л. Н. Толстого (1873), портрет П. М. Третьякова (1876) и знаменитый «Автопортрет».

Самые известные картины: «Христо́с в пусты́не» (1872), «Лу́нная ночь» (1880), «Неизвестная» (1883), «Неуте́шное горе» (1884), «Хо́хот» (осталась незаконченной).

И. Н. Крамской.

8 Г

Повторяем

1 Скажите, какие из этих глаголов спрягаются одинаково?

сомневаться	иметь	водить	спросить
поступить	заботиться	пользоваться	ответить
поставить	защитить	выразить	посетить
носить	садиться	представить	уметь
потерять	возить	купить	чувствовать
установить	заметить		

2 Переведите и скажите, какие слова не подходят к остальным словам группы.

где?	*куда?*
здесь	сюда
там	туда
дома	домой
слева	налево
направо	справа
на левой стороне улицы	на правой стороне улицы
обратно	назад
напротив	прямо

3 Составьте словосочетания и придумайте предложения.

пользоваться	городской общественный транспорт
сесть	автобус
проехать	три остановки
выйти	четвёртая остановка
пойти	Тверская улица
дойти	Красная площадь
подойти	Кремль
войти	Исторический музей

4 Дополните предложения. Используйте глаголы *войти, дойти, перейти, подойти, пойти, пройти*.

Вчера немецкие туристы были на Тверской улице. Сначала они … по правой стороне улицы. Они … в кафе-мороженое и выпили кофе. Потом они … дальше. Туристы … до Пушкинской площади. Они … к памятнику Пушкину и осмотрели его. Потом они … через Тверскую улицу и … дальше по левой стороне улицы. Так они … до Триумфальной площади.

5 Как правильно?

вести или *водить*?
Экскурсовод любит … туристов по центру Москвы.

нести или *носить*?
– Ира, какая у тебя тяжёлая сумка. Куда ты её …?

везти или *возить*?
Михаил – шофёр автобуса. Он … туристов по Москве. Сейчас он … их на Красную площадь.

6 *Принести*, *привести* или *привезти*?

А: Я скоро поеду в Москву. Из Москвы я ... большую красивую матрёшку.
Б: Мама, вчера я познакомился с девушкой из Германии. Можно ... её к нам в гости?
В: В этом году мы были в Санкт-Петербурге. Хотите посмотреть фотографии?
Подождите минутку, я ... из другой комнаты альбом с фотографиями.

М. Ломоносов.

7 Ответьте на вопросы.

Москва была основана Юрием Долгоруким?
Московский университет был основан Михаилом Ломоносовым?
Кем основан Петербург?
Кем написан рассказ «Самый счастливый день»?
Кем создан роман «Анна Каренина»?

8 Переведите на немецкий язык. Придумайте предложения.

по	*за*	*на*
экскурсия по Москве	плата за проезд	деньги на мороженое
марки по десять рублей	отметка за сочинение	время на дорогу
отметка по русскому языку		гостиница на сто мест

9 Объясните туристам, которые первый раз в Москве, где находятся

гостиница «Интурист»
здание МХАТа
памятник Юрию Долгорукому
Столешников переулок
памятник Ломоносову
могила Неизвестного солдата
Тверская улица
русско-немецкое кафе «Космос»
здание мэрии
главное здание университета
Кремль

10 Переведите на русский язык.

Die Touristen sind lange Zeit durch Moskau gelaufen. Sie haben sich viele Sehenswürdigkeiten angesehen, sind mit dem Schiff auf der Moskwa gefahren, waren auf dem Roten Platz und im Kreml. Sie haben nicht bemerkt, wie die Zeit verging. Die Exkursion durch Moskau hat allen gefallen. Zurück zum Hotel fuhren sie mit der U-Bahn. Die Fahrt hat zu lange gedauert. Sie haben für die Fahrt eine halbe Stunde gebraucht. Deswegen sind sie zu spät zum Abendbrot gekommen.

УРОК 9 Кем стать?

Поговорим о профессиях

1 Прочитайте отрывок из разговора русских десятиклассников о том, что они собираются делать после окончания школы.

Наташа:
… Я ещё не решила, но, наверно, буду поступать в **педагоги́ческий**. Я знаю, что профессия учителя очень трудная. Работать надо не только в школе, но и дома после уроков. Заниматься с ребятами интересно, но нелегко: у каждого свой характер, свои интересы. Надо научить их любить предмет, стараться понять каждого, быть всегда справедливой …

Виктор:
А по-моему, профессия учителя скучная, каждый год одна программа, похожие друг на друга уроки, и так каждый учебный год до **пе́нсии**.

Вадим:
Ну, что ты, Виктор! Это смешно! Не только учебный год, даже урок не повторяется, потому что в каждом классе другие ребята. А потом в наше время нужно думать и о том, чтобы не стать безработным. А учителя будут нужны всегда. Но я всё равно не хотел бы быть учителем, потому что учителя очень мало зарабатывают. А я хочу хорошо зарабатывать, **ни от кого** не зависеть ... Я хотел бы стать предпринимателем, открыть **со́бственное** дело ... Быть предпринимателем интересно. Он должен самостоятельно принимать решения, не **боя́ться ри́ска**, никогда не терять головы ...

Рита:
А где ты возьмёшь деньги на собственное дело?

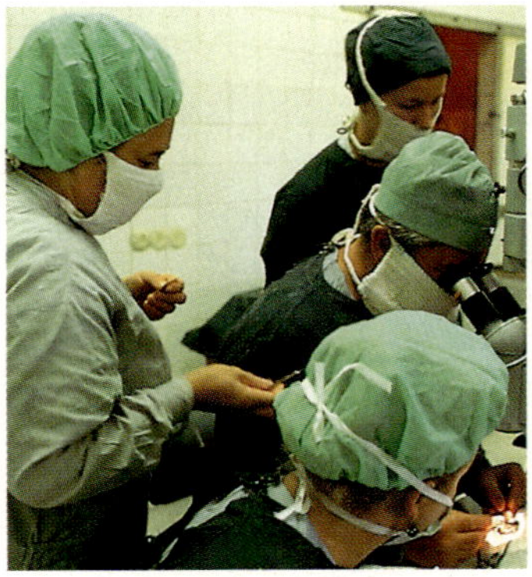

Вадим:
Ну, сначала надо получить **образова́ние**. Я хочу поступить в экономический институт… А для того, чтобы открыть собственное дело, можно взять **креди́т** в банке или создать СП – **совме́стное** предприятие с зарубежной **фи́рмой**.

Катя:
Но поступить в экономический институт очень трудно. Сегодня все хотят стать **ме́неджерами**, предпринимателями. В экономические вузы огромный конкурс … А если ты и **попадёшь** в институт, то после окончания у тебя будет много **конкуре́нтов** …

Максим:
Я думаю, если Вадим решил стать предпринимателем, то он не должен уже сейчас **остана́вливаться** перед трудностями. Нужно попробовать свои силы. Но только, по-моему, деньги – это не главное. Конечно, я знаю, что поступить в университет очень трудно, но я хотел бы стать журналистом. Об этой профессии я **мечта́ю** уже давно. Хороший журналист должен всегда быть в центре событий, **объекти́вно оце́нивать** ситуацию ... Ну и, конечно, он должен уметь писать, хорошо выражать свои мысли, знать иностранные языки, уметь работать с компьютером ...

Нина:
... По-моему, работать с компьютером и знать иностранные языки должен каждый современный **специали́ст**. Я, например, хочу стать **секретарём** в офисе. Раньше эта работа была **малопрести́жной**. «Секрета́рша» ничего не решала сама. Она только писала на машинке и приносила чай **ше́фу**. Сегодня секретарь – это совсем другое. Её задача – не только писать и говорить по телефону. **Хотя́** правильно говорить по телефону тоже надо уметь. Она должна самостоятельно вести дела, принимать **посети́телей**, **компете́нтно** отвечать на их вопросы, **обраба́тывать информа́цию** на компьютере. И, конечно, она должна знать иностранные языки, уметь работать с **оргте́хникой** ...

Вячеслав:
А мне не нужна **никака́я** оргтехника, я хочу поступить в профессиональное училище и получить профессию **по́вара**. Я люблю готовить, а повара́ нужны всегда. Многие знаменитые люди были прекрасными повара́ми, например, автор романа «Три мушкетёра» Александр Дюма, потому что профессия повара – это всегда творчество. Может быть, я тоже стану знаменитым ... А ты, Раиса, почему ты ничего не говоришь?

Раиса:
Я ещё не знаю, буду ли **продолжа́ть** учиться, у меня не очень хорошие отметки. Если я **никуда́** не попаду, пойду работать. Моя **мечта́** – **вы́йти за́муж** за хорошего человека, заниматься **дома́шним хозя́йством**, заботиться о семье, **воспи́тывать дете́й**.

Николай:
Правильно, Рая. Я тоже никуда не буду поступать. Мои родители мало зарабатывают, поэтому об институте я даже и не

мечтаю. Моя мечта – после окончания школы уехать из России в другую страну, например, в Кана́ду. Зарабатывать на жизнь **случа́йной** работой, всё равно, какой. Я считаю, что сначала надо увидеть мир, другие страны, посмотреть, как там живут люди… А потом, через несколько лет всегда можно поступить в профессиональное училище или в институт …

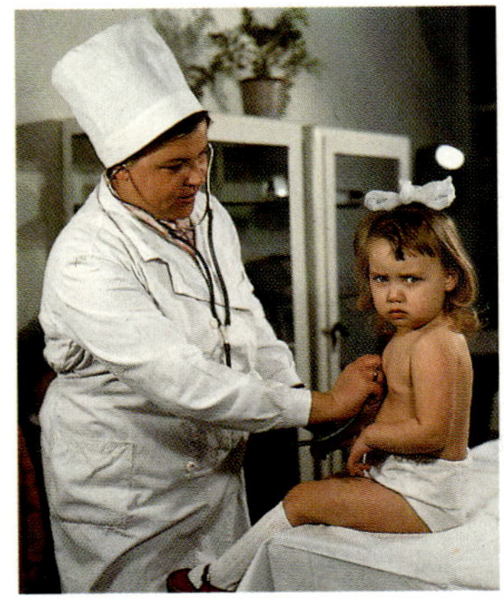

Валя:

А я считаю, что надо получить настоящую профессию сразу после школы … Позже учиться будет труднее. Моя мечта – поступить в **медици́нский** институт. **Врач** – это прекрасная профессия. Я читала недавно, что **медици́на** – это наука и искусство. Врач должен иметь доброе **се́рдце**, большую культуру, ясный **ум** и хорошие **не́рвы** … Я знаю, что у нас в России профессия врача непрестижная: врачи мало зарабатывают, в стране не **хвата́ет лека́рств**, медицинской **аппарату́ры** … Но люди у нас тоже **боле́ют**, и **больны́м** нужна помощь. Я хочу помогать людям …

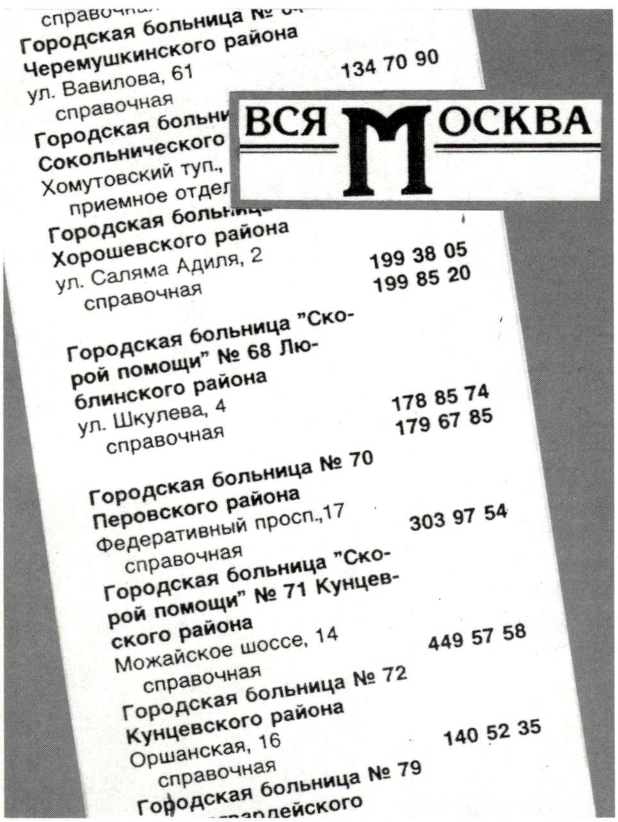

2 Умеете ли вы говорить по телефону?

– Алло. Это квартира Ивановых?
– Нет. Это офис.
– Не понимаю. Это телефон 495-97-24?
– Нет, вы не туда попали. Это 495-97-23.
– Извините, пожалуйста.

– Алло. Это **поликли́ника**?
– Да, слушаю вас.
– **Сла́ва Бо́гу**. Я вам вчера весь день звонил, у вас всё время было занято.
– Да, у нас вчера телефон не работал.
– Будьте добры, попросите, пожалуйста, к телефону врача Ко́лосову Ни́ну Ива́новну.
– Её ещё нет. А кто её спрашивает?
– Моя фамилия Петров. Скажите, пожалуйста, когда она принимает больных?
– Нина Ивановна принимает каждый день, кроме субботы и воскресенья, с девяти до пятнадцати часов. Что ей **переда́ть**?
– Передайте, пожалуйста, что звонил Сергей Петров. Я позвоню после девяти.
– Хорошо, передам.

3 Прочитайте диалог у врача.

Больной:	Здравствуйте. Я очень плохо себя чувствую: всё **боли́т**: голова, руки, ноги, температура высокая.
Врач:	Какая?
Больной:	38 и 5.
Врач:	Сейчас я вас осмотрю … У вас **грипп**. Вот рецепт. Купите в аптеке это лекарство и принимайте три раза в день. Если через два дня вам не станет лучше, позвоните, я приду к вам домой.

4 Проверьте, правильно ли вы поняли тексты.

• Правильно или неправильно? (упр. 1)

1. Все ребята, о которых говорится в тексте, хотят после школы поступить в университет.
2. Вячеслав хочет стать поваром, потому что он любит готовить.
3. Николай хочет уехать из России и открыть совместное предприятие с зарубежной фирмой.
4. Раиса мечтает выйти замуж, стать домохозяйкой, воспитывать детей и заботиться о семье.
5. Нина хочет стать врачом, чтобы помогать больным.
6. Для Максима важно, чтобы его будущая профессия была интересной. Он считает, что зарабатывать много денег – не главное.

• Кто с кем говорит по телефону? (упр. 2)

Работаем над текстом

5 Переведите словосочетания из текстов и повторите их за диктором.

получить (v.) образование
поступить (v.) в институт
попасть (v.) в институт
открыть (v.) собственное дело
основать (v.) совместное предприятие
вести дела
принять (v.) решение

(по)пробовать свои силы
не бояться риска
не терять головы
не останавливаться перед трудностями
заниматься домашним хозяйством
зарабатывать на жизнь
случайная работа

6 Переведите, что ребята говорят о профессиях

• врача • секретаря • учителя

7 В тексте «Поговорим о профессиях» девушки и юноши говорят о том, что они хотят делать после школы и почему.
Расскажите с помощью текста,

- почему Вячеслав выбрал профессию повара;
- почему Максим хочет стать журналистом;
- почему Валя решила стать врачом.

8 Вы прочитали, что Вадим хочет создать СП. Что значит это сокращение? Что, по мнению Вадима, нужно сделать для того, чтобы стать предпринимателем и открыть собственное дело?
Кто из ребят решил не поступать после школы в профессиональное училище или в институт? О чём мечтают эти ребята?

9 Ребята говорят о том, что для некоторых профессий особенно важно

- быть справедливым (справедливой)
- правильно оценивать события
- знать иностранные языки
- уметь работать с оргтехникой
- уметь работать самостоятельно
- уметь хорошо выражать свои мысли
- никогда не терять головы
- уметь хорошо готовить
- иметь ясный ум и хорошие нервы
- иметь большую культуру.

Как вы думаете, к каким профессиям это относится? Есть ли профессии, для которых эти качества не нужны? Почему вы так считаете?

Вы можете начать так:
... говорит, что ... должен (должна)... По-моему, это (не)правильно. Я думаю, что эти качества ... Например, ... должен (должна) уметь ... Я думаю, что ему (ей) не обязательно надо ..., потому что ...

Оргтехника

Оргтехника – это техника, которая помогает рационально организовать работу в офисе. С какой техникой вы уже работали?

факс

автоотве́тчик

при́нтер

ксе́рокс

дисплей (экран)

дискеты

клавиату́ра

мышь

10 Разыграйте разговоры по телефону.

- Вы секретарь офиса (врач в поликлинике, домохозяйка). Ваш номер телефона 495-47-24.

– Алло? С вами говорят из педагогического института. Моя фамилия Петров.
– …
– Это школа?
– …
– А кто у телефона?
– …
– Ваш номер …?
– …
– Извините, пожалуйста, я не туда попал.
– …

- Вы звоните русскому знакомому (русской знакомой), с которым (которой) договорились вместе пойти в кино (в картинную галерею, на дискотеку …).
  Вы хотите предложить ему (ей) место встречи.

– …
– Здравствуйте.
– …
– Её нет дома.
– …?
– Она придёт вечером, часов в шесть. Что ей передать?
– …
– Хорошо, передам. До свидания.
– …

Работаем над языковым материалом

11 Скажите, какие слова из упр. 1–3 имеют общий корень со следующими словами:

профессия, вместе, остановка, цена, сам, посещать, работать, случай, экономика, создать, дом, мечта, медицина, муж, умный, больной

12 Назовите русское слово.

Kredit, Konkurrent, Manager, Sekretär(in), Nerven, Medizin, Computer, Spezialist, objektiv, kompetent, Chef, Risiko

13 Найдите в словаре Duden – Die deutsche Rechtschreibung, из какого языка заи́мствовано (stammt) слово Prestige «**прести́ж**». Объясните, как вы понимаете словосочетания «иметь престиж», «малопрестижная профессия», «престижный институт».

14 Переведите на немецкий язык следующие словосочетания. Обратите внимание на различные значения глаголов. Придумайте предложения.

принять/принимать	*передать/передавать*	*получить/получать*	*открыть/открывать*
детей в школу	посылку	письмо	окно
посетителей	привет	образование	книгу
больных	концерт по радио	профессию	магазин
лекарство	информацию		собственное дело
решение			

15 Запомните.

• Человек болеет. У него болит голова. Он **бо́лен** (она больна́).
Врач принимает больных (больного, больную).

• Нина вышла замуж за Вадима. Вадим **жени́лся** на Нине.

Нина и Вадим **пожени́лись**. Теперь они муж и жена.

• (не) хватить/(не) хватать кому? чего?
Врачам часто не хватает (не хватало) лекарств и медицинской аппаратуры.

16 Скажите,

- Кто из них женился? На ком? Кто из них вышел замуж? За кого? Кто поженился?
  Римма и Борис, Сергей и Катя, Николай и Раиса, Игорь и Светлана.
- Кому чего не хватает?
  студент – деньги, предприниматель – время, специалист – оргтехника, шеф – компетентный секретарь

Berufsbezeichnungen

17 Обратите внимание. (Смотрите урок 4А, упр. 14 на стр. 76.)

Он хороший учитель (писатель, художник, ...).
Она хорошая учительница (писательница, художница, ...).

Но:
Она компетентный секретарь (инженер, архитектор, врач, повар, менеджер).
Сегодня новый врач Нина Ивановна Колосова принимала больных целый день.

Negativpronomen, Negativadverbien ↗ G 91, 114, 115

18 Обратите внимание. Переведите.

Negativpronomen		
кто?	никто	niemand, keiner
(с кем?)	(ни с кем)	
что?	ничто (ничего)	nichts
(о чём?)	(ни о чём)	
какой?	никакой	kein
(о каком?)	(ни о каком)	

Negativadverbien		
где?	нигде	nirgends
куда?	никуда	nirgendwohin
когда?	никогда	nie, niemals

Вадим никого не боится.
Он ни с кем не дружит.
Здесь ничего не растёт.
Она ни о чём не говорила.
Вячеславу не нужна никакая оргтехника.
Николай ни о какой профессии не мечтает.

Раиса нигде не хочет учиться.
Она никуда не будет поступать.
У него никогда не хватает времени.

19 Найдите в тексте «Поговорим о профессиях» предложения с *никто, ничто, никакой, никуда* и переведите их на немецкий язык.

20 Ответьте на вопросы отрицательно.

Ⓜ Кто уже поступил в институт? Никто не поступил.

1. Кто получил двойку по математике?
2. Что вы потеряли?
3. У кого в классе есть личная автомашина?
4. О чём вы разговаривали?
5. Кто из вас работает в офисе?
6. С кем вы болтали на уроке?
7. Где Раиса хочет учиться?
8. Какая оргтехника у вас есть?
9. Куда вы поедете летом?
10. Кто в классе болеет?
11. Перед какими трудностями вы останавливаетесь?
12. Когда он был в Сибири?

Deklination der Kardinalia

↗ G 96, 97

21 Сравните.

> В институт принимают с восемнадцати до тридцати пяти лет.
> Поезд до Хабаровска идёт около ста сорока часов.
> Сейчас уже три часа. С трёх до четырёх часов магазин не работает.

22 Найдите во втором диалоге упр. 2 предложения с количественными числительными и переведите их на немецкий язык.

23 Переведите. Прочитайте вслух предложения с количественными числительными.

Знаете ли вы, что ...?

- После окончания 10 классов юноши и девушки в России могут получить специальность в профессиональном училище или те́хникуме[1].
- После окончания 11 классов и получения аттеста́та зре́лости[2] они могут поступить в университет или в институт.
- Чтобы поступить в университет или институт, надо сдать вступи́тельные экза́мены[3].
- Вступительные экзамены сдают обычно по 3–4 предметам.
- Обычно абитуриенты сдают экзамены по билету. Билет – это ка́рточка[4] с 2–3 вопросами, на которые должен ответить тот, кто сдаёт экзамен.

[1] eine Bildungseinrichtung, die mittleres technisches Personal ausbildet
[2] Erhalt des Reifezeugnisses
[3] Aufnahmeprüfungen bestehen
[4] Karte (Zettel)

24 Сколько сейчас времени?
Ответьте по образцу.

– без пяти десять
– без …

– двадцать минут четвёртого
– … минут …

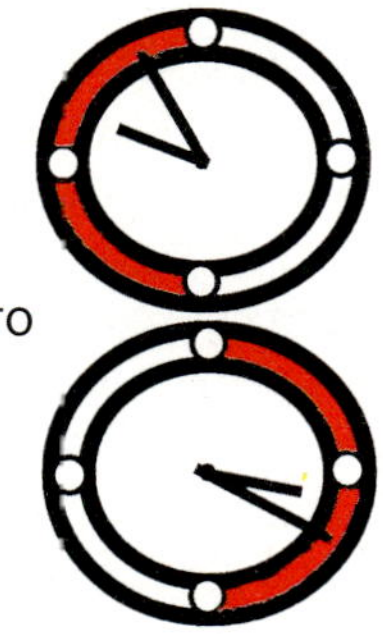

25 Назовите расстояние от Москвы
до следующих городов (автодороги):

- До Санкт-Петербурга около 670 (шестисот семидесяти) км.
- До Мурманска около 2100 км.
- До Ростова-на-Дону около 1060 км.
- До Уфы около 1348 км.

26 Прочитайте объявление в газете.

СП приглашает на работу

секретаря – *возраст до 30 лет, стаж работы не менее 2-х лет, отлично владеющего английским языком (знание немецкого желательно),* имеющего следующие профессиональные навыки:

- работа с компьютером, факсом, ксероксом;
- ведение коммерческой корреспонденции;
- приём посетителей, переговоры по телефону

Адрес: 129041 Москва, Садовая 257, тел. 252-38-06

Говорим, обсуждаем, спорим

27 Русские юноши и девушки из текста «Поговорим о профессиях» говорят о своём будущем. У каждого из них свои представления (ср. представлять).

- Сравните, чего ждут от будущей профессии Вадим и Максим. Кто из них вам ближе?
- Не все юноши и девушки хотят сразу после школы пойти учиться дальше. Раиса хочет выйти замуж и стать домохозяйкой. А Николай хочет сначала поездить по другим странам и зарабатывать на жизнь случайной работой.

Как вы относитесь к мечтам этих ребят?

- О какой профессии вы сами мечтаете? Почему эта профессия вам нравится?

28 Опрос, проведённый Институтом немецкой экономики среди юношей и девушек Германии, показал, что каждый седьмой юноша и каждая четвёртая девушка мечтают о профессии писателя, художника, дизайнера, журналиста, фото́графа, артиста, опера́тора[1], сценари́ста или режиссёра. А тысячи девушек хотели бы сделать карьеру фотомоде́ли.
Специалисты говорят, что в этих профессиях труднее всего добиться успеха, но относятся к таким мечтам с пониманием: «Каждый человек мечтает о том, чтобы заниматься чем-нибудь осо́бенным[2], стать знаменитым».

Мечтаете ли вы или ваши одноклассники об одной из этих профессий? О какой?
Как вы думаете, ждёт ли вас (их) успех? Почему вы так думаете?

[1] Kameramann [2] etwas Besonderes

Эти слова и словосочетания помогут вам вести телефонные разговоры:

Вы звоните
Алло.
С вами говорит …
Будьте добры, попросите, к телефону …
Скажите, пожалуйста, … дома?
Когда он(а) будет?
Передайте ему (ей), что звонил(а) …
(что звонили из Берлина).
Передайте ему (ей) привет от …
Я позвоню ещё раз позже.
К сожалению, я не могу ждать. Я звоню из автомата.

Телефон занят. Там всё время занято.
Телефон не работает.

Вам звонят
Кто это говорит?
Слушаю. (Слушаю вас.)
Кто её (его) спрашивает?
Повторите, пожалуйста, вас плохо слышно.
Анна Ивановна, вас к телефону.
Его (её) ещё нет дома.
Он(а) ещё не пришёл (пришла).
Он(а) вышел (вышла).
Позвоните, пожалуйста, ещё раз через полчаса.
Что ему (ей) передать?
Вы не туда попали. Это квартира (музей, поликлиника, офис, …).

Святосла́в Фёдоров – врач, учёный, предприниматель

1 Прочитайте текст о жизни С. Фёдорова.

«Святослав Фёдоров из тех людей, которых в России знает каждый. И не только в России. Это один из интереснейших и известнейших людей. Врач, учёный с мировы́м[1] именем, предприниматель, политик. Он умеет работать и руководить. Он ведёт – и ему верят люди. Он делает реальное дело. И что самое главное – он делает его для людей ...»

Так писали газеты о хирурге Фёдорове в день его юбилея. Ему уже 65, но в это трудное для России время он и не думает уходить на пенсию, он продолжает работать.

Основное направле́ние[2] работы Святослава Николаевича Фёдорова – микрохирурги́я глаза. Он начал свою де́ятельность[3] с **опера́ции** глаз, которая помогает близкору́ким[4]. После этой операции людям, у которых была сильная близорукость, не нужно носить **очки́**.

Теперь Фёдоров – **дире́ктор** знаменитого Московского института «Микрохирургия глаза» – института международного уровня с филиалами в России и **за рубежо́м**. Мирову́ю **изве́стность** принёс Фёдорову созданный им знаменитый хирурги́ческий конве́йер[5], на котором операции больным делают **одновре́менно** несколько врачей. В Институте, который все называют «Институтом Фёдорова», и его филиалах работает восемь тысяч человек. Каждый год здесь делают около 200 тысяч операций. А недавно Фёдоров арендова́л кора́бль[6] и на корабле́ организовал ещё один филиал. Врачи в Институте Фёдорова зарабатывают в несколько раз больше, чем врачи в других **больни́цах** России.

Но Фёдоров не только прекрасный врач и учёный, но и преуспева́ющий[7] предприниматель. У Института есть своё фе́рмерское хозя́йство[8] в деревне. **Заво́д**, основанный Фёдоровым, производит медицинские инструменты и медицинскую аппаратуру. Институт продаёт свои инструменты и патенты в другие страны за СКВ (свободно конверти́руемую валюту). Врачи института делают операции иностранным **гра́жданам**. Так Институт зарабатывает каждый год несколько миллионов долларов. Эти деньги нужны Фёдорову, чтобы покупать медицинскую аппаратуру за рубежом и ещё лучше **лечи́ть** своих больных.

Многие зави́дуют[9] Фёдорову, думают, что всё даётся ему слишком легко. Но это не так. Он про́жил нелёгкую жизнь. В тридцатые годы в сталинских лагерях погиб его отец – коман-

[1] ср. мир
[2] Hauptrichtung
[3] начал работать
[4] Kurzsichtigen
[5] chirurgisches Fließband
[6] ein Schiff gechartert
[7] erfolgreicher
[8] Farmwirtschaft
[9] beneiden

дир Красной Армии. Много лет позже, уже юношей, он попал под трамвай и потерял ногу… Но он не сдава́лся[10], всегда упо́рно[11] шёл к своей **це́ли**. В этом ему помогало воспитанное в себе обязательное чувство **отве́тственности** …
Вот что этот необыкновенный человек говорит о своей работе:
Я делаю всё, чтобы лучше вы́лечить больного. Но я не смогу этого делать, если у меня не будет хорошей аппаратуры. Её я могу купить за рубежом: в Америке, в Япо́нии, в Германии… Но для этого нужна валюта. В министе́рстве фина́нсов[12] мне говорят, что валюты нет. Поэтому я стал предпринимателем: я должен зарабатывать на фермерском хозяйстве, на патентах, на операциях иностранным гражданам …

Журналист:
Вы дости́гли[13] успеха, создали Институт, больницу, конвейер … У вас есть всё. Что даёт эта работа лично вам?
Фёдоров:
… Я получаю удовольствие, потому что могу вылечить тысячу человек, два миллиона … Я хочу видеть, как **ра́дуются** восемь тысяч человек, которые работают в Институте, на фермах, на корабле …

[10] gab nicht auf
[11] beharrlich
[12] Finanzministerium
[13] haben erreicht

Святослав Фёдоров.

2 Проверьте, хорошо ли вы поняли текст упр. 1.

Какие части текста можно озаглавить так?

- Святослав Фёдоров – предприниматель
- Фёдоров о себе
- Пресса о Фёдорове
- Святослав Фёдоров – врач
- Святослав Фёдоров – директор Института

Работаем над текстом

3 Переведите следующие словосочетания на немецкий язык и повторите их за диктором.

уйти на пенсию
основать завод
производить инструменты
делать операцию
попасть (v.) под трамвай
идти к цели
иметь чувство ответственности
лечить больных
зарабатывать на операциях
получать удовольствие
радоваться успехам
продолжать работать

4 Переведите на немецкий язык,

- что Фёдоров говорит о себе как о предпринимателе;
- как он оценивает цели и мотивы своей работы.

5 Расскажите, что вы узнали из текста о Святославе Фёдорове.
- его возраст
- его профессия
- Институт Фёдорова (филиалы, сколько человек работает; количество операций в год; как Институт зарабатывает валюту, для какой цели)

Работаем над языковым материалом

6 Назовите слова одного корня.

известный (1 слово), за рубежом (1), жена (4), ум (1), ответственность (2), хозяин (2), больница (3), одновременно (4), радоваться (1)

7 Обратите внимание на многозначность глаголов.

попасть/попадать
Спортсмен выстрелил (hat geschossen) и попал в цель.

Девушка два раза поступала в институт и не попала.
Юноша попал под трамвай.

уйти/уходить
Школьники ушли из школы после обеда.

В прошлом году мой дедушка ушёл на пенсию.
Мой отец учил меня никогда не уходить от ответственности.

произвести/производить
Завод, основанный Фёдоровым, производит медицинские инструменты.

Поездка в Сибирь произвела на меня большое впечатление.

8 Объясните по-русски следующие слова и словосочетания.

Домохозяйка – это женщина, которая …
Предприниматель – это человек, который …
Пожениться – это значит, стать …
Одновременно – это значит, …

Зарабатывать деньги – это значит, …
Быть директором института – это значит, …
Радоваться успехам – это значит, получать удовольствие …

Говорим, обсуждаем, спорим

9 Как вы оцениваете Святослава Фёдорова – врача и предпринимателя?

10 Подготовьте доклад об известном враче, учёном, политике, спортсмене или другом известном человеке, которого вы уважаете.

9В

Вы любите готовить?

1 Раиса любит заниматься домашним хозяйством. Особенно она любит готовить. Раиса покупает кулинарные книги, книги для домашних хозяек и даже книги для профессиональных поваров, собирает рецепты из газет и журналов.
Правда, сейчас в стране очень дорогие **проду́кты**, поэтому она чаще всего готовит простые **блю́да**: **суп**, жа́реную **карто́шку**[1], макароны. Но Раиса уверена, что скоро ситуация в стране станет лучше. И когда она выйдёт замуж и будет иметь семью, она будет готовить для мужа и детей все те вкусные блюда, которые есть в её книгах.

[1] Bratkartoffeln

Продукты

хлеб	Brot
мясо	Fleisch
ма́сло	Butter, Öl
колбаса	Wurst
сыр	Käse
смета́на	saure Sahne
яйцо́ (**я́йца**)	Ei
мука́	Mehl
карто́фель	Kartoffeln
соль	Salz
пе́рец	Pfeffer
лук (голо́вка)	Zwiebel
укро́п	Dill
петру́шка	Petersilie

Готовить на ***ку́хне***

вари́ть	kochen
влить (v.)	zugießen
доба́вить (v.)	hinzufügen
жа́рить	braten
замеси́ть (v.) **те́сто**	einen Teig kneten
(на)ре́зать	(klein)schneiden
перемеша́ть (v.)	umrühren
пода́ть(v.)	servieren
положи́ть (v.)	(hinein)legen
посы́пать (v.)	bestreuen
пригото́вить (v.)	(см. готовить)
обжа́рить (v.)	anschwitzen
туши́ть	schmoren, dünsten

Посу́да

таре́лка	Teller
глубо́кая	tiefer
ме́лкая	flacher
стакан	Glas
ча́шка	Tasse

Столо́вые прибо́ры

нож	Messer
ви́лка	Gabel
ло́жка	Löffel
столо́вая	Eß-
ча́йная	Tee-

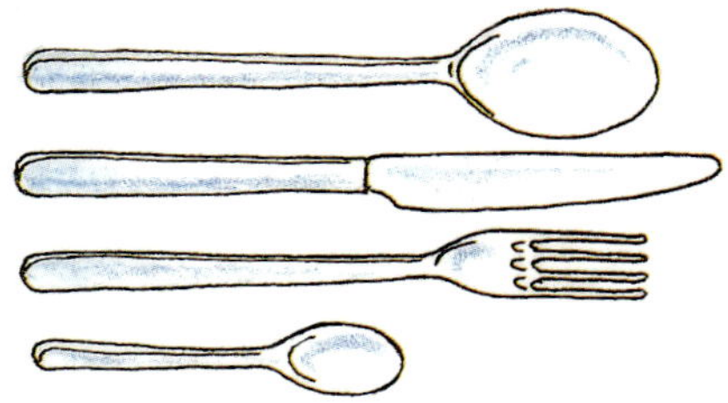

Работаем над языковым материалом

Genitiv bei Maßangaben ↗ G 142

2 Обратите внимание.

Принесите мне, пожалуйста, стакан чая (чаю).
Положите в чай ложку сахара (сахару).
Добавьте в суп немного молока.
Купи, пожалуйста, **килогра́мм** мяса.

3 Найдите в упр. 4 существительные в родительном падеже и переведите их.

4 Прочитайте несколько рецептов из русских кулинарных книг.

Сбо́рная мясна́я соля́нка

500 г мяса для бульо́на[1], 300 г мясны́х продуктов: варёной ветчины́[2], мяса, соси́сок[3], 4 солёных огурца́[4], 2 голо́вки лука, 2 ст. ложки томата-пюре, 3 ст. ложки масла, 1 ст. ложку ка́персов[5], 1 ст. ложку масли́н[6], 100 г сметаны и 1/4 лимо́на[7].

Лук мелко нарезать, обжарить, добавить немного бульона и тушить с маслом и томатом. Огурцы очи́стить[8] и нарезать ло́мтиками[9]. Мясные продукты также нарезать ломтиками и вместе с огурцами положить в кастрю́лю[10] с приготовленным луком, добавить каперсы, соль, лавро́вый лист[11], бульон и варить 5–10 минут.
При пода́че на стол[12] в солянку положить сметану, маслины, ломтик лимона, мелко нарезанные петрушку и укроп.

[1] Brühe
[2] Schinken, [3] Würstchen, [4] Salzgurken
[5] Kapern, [6] Oliven
[7] Zitrone
[8] schälen
[9] in Würfel
[10] Kochtopf
[11] Lorbeerblatt
[12] beim Servieren

9В

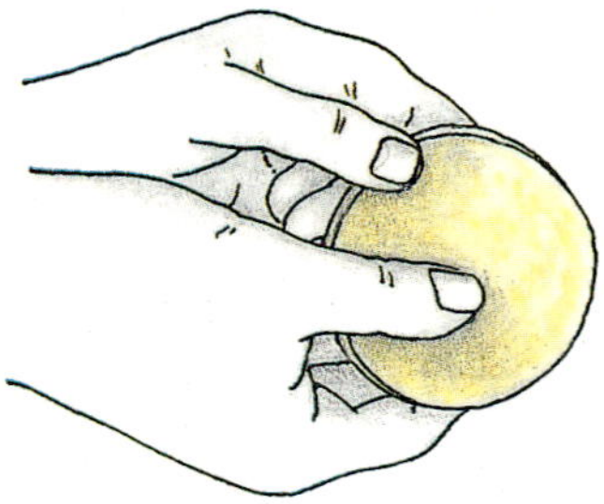

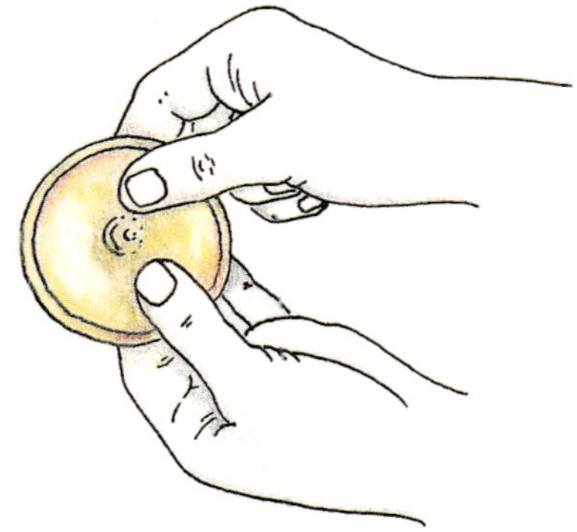

Пельме́ни

300–400 г мяса, 1–2 луковицы, 300 г муки, 1 яйцо

Мясо (говя́дину попола́м со свини́ной)[1] два раза пропусти́ть через мясору́бку[2], добавить немного воды, соль, перец, хорошо перемешать.

1 je zur Hälfte Rind- und Schwein-
2 durch den Fleischwolf drehen

Приготовить тесто. Для этого добавить в муку яйцо, 1/4 стакана воды, соль, хорошо перемешать и замесить тесто. Тонко раската́ть[3] тесто, вы́резать фо́рмой кружо́чки[4] и положить на каждый кружочек ша́рик[5] пригото́вленного фа́рша[6], края́ кружочков защипа́ть[7]. Пельмени положить в кипя́щую[8] воду и варить 5–8 минут. К пельменям подать на выбор масло, у́ксус[9], майонез, сметану, можно тёртый[10] сыр.

3 dünn ausrollen 4 kleine runde Plätzchen ausstechen 5 kleine Kugel
6 Fleischmasse, 7 die Ränder zusammendrücken 8 kochend
9 Essig 10 gerieben

Беф-строганов

500 г мяса, 1 кг картофеля, 3/4 стакана сметаны,
1 ст. ложку со́евого со́уса[1], 2 головки лука,
1 ст. ложку муки и 3 ст. ложки масла

1 Sojasauce

Мясо (филе) очистить от сухожи́лий[2], отби́ть[3] и мелко нарезать соло́мкой[4]. Лук мелко нарезать и обжарить на масле. Когда лук обжарится, добавить нарезанное мясо, соль и перец и жарить 5–6 минут, поме́шивая[5]. Потом мясо посыпать мукой, перемешать и продолжать жарить 2–3 минуты. После этого добавить сметану и варить 2–3 минуты. Добавить соус по вкусу. Перед подачей на стол посыпать мелко нарезанной петрушкой и укропом.

2 von Sehnen befreien 3 klopfen
4 in dünne Scheiben
5 unter Rühren

5 Названия продуктов и посуды часто употребляются в русских фразеологи́змах. Попробуйте найти немецкие обороты, которые соответствуют им.

ХЛЕБ
зарабатывать на хлеб
Хлеб да соль! = Приятного аппетита!

МАСЛО
Дела идут как по маслу. = Дела идут хорошо.
как сыр в масле кататься = очень хорошо жить

МЯСО
ни рыба ни мясо

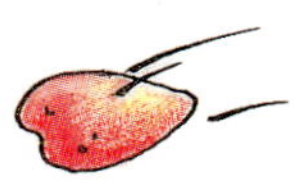

КАРТОШКА
любовь не картошка = любовь не простая вещь

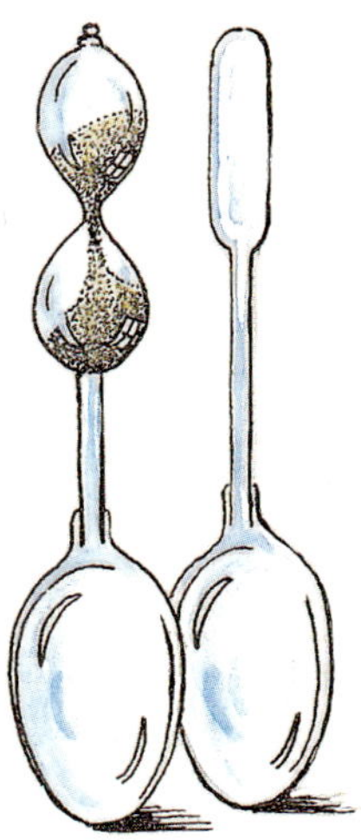

ТАРЕЛКА
чувствовать себя не в своей тарелке = чувствовать себя неуверенно

ЛОЖКА
через час по чайной ложке = очень медленно, мало

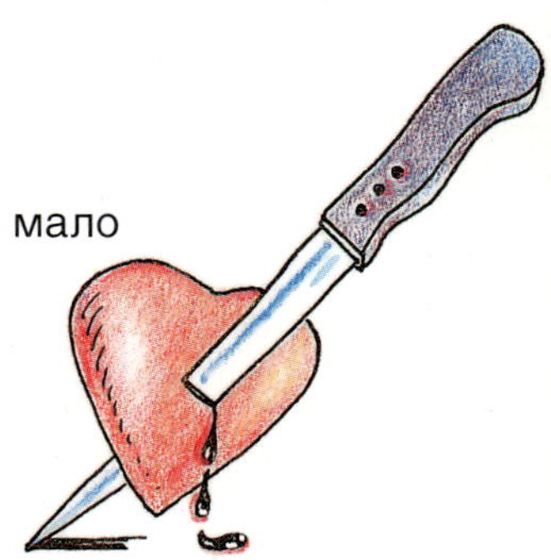

НОЖ
как нож в сердце = очень неприятно

6 Придумайте ситуации, в которых можно было бы употребить фразеологи́ческие оборо́ты упр. 5.

9г

Повторяем

1 Какие слова не подходят к остальным словам группы?

Одежда		Внешность		Качества человека	
блузка	майка	волосы	ноги	одетый	скромный
брюки	просьба	выгода	руки	оригинальный	способный
вкус	платье	голова	рот	открытый	дружный
джинсы	пуловер	глаза	рад	самостоятельный	красивый
костюм	рубашка	нос	совет	совместный	неуверенный
куртка	туфли	лицо	губы	робкий	честный

2 Составьте словосочетания.

- гость, молодёжь, день, внешность, секретарь, предприниматель, житель
- деловой, компетентный, счастливый, русский, деревенский, приятный

3 Назовите однокоренные глаголы.

- начало, окончание, отношение, передача, победа, польза, предложение, просьба, посылка, совет
- верующий, гостеприимный, знакомый, одетый, занятый, спальный, усталый

4 Разделите глаголы на группы.

и-Konjugation e-Konjugation

ждать, опоздать, лежать, стоять, смеяться, бояться, смотреть, уметь, умереть, строить, шить, жить

5 Какие глаголы спрягаются как ...?

сидеть, -жу,-дишь сказать, -жу,-жешь
писать, -шу,-шешь открыть, -ою,-оешь

рассказать, выглядеть, иметь, описать, надеть, показать, дать, связать, видеть, закрыть, мыть

6 С какими глаголами употребляются следующие существительные? Составьте словосочетания.

... внимание, ... впечатление, ... значение, ... роль, ... мысль, ... совет, ... пользу, ... ошибку, ... карьеру, ... право, ... известность

7 Какое управление имеют глаголы?

(М) (по)спорить –
с кем? о ком? о чём?

позвонить	поблагодарить
поверить	победить
помочь	интересоваться
помешать	заниматься
поздравить	руководить

8 Ребята купили билеты. Скажите, куда они купили билеты.

(М) Нина купила билеты в кино.

Используйте: театр, концерт, цирк, дискотека, стадион, музей, картинная галерея, экскурсия по городу, поезд

9 Скажите по-другому.

Ⓜ Кто нарисовал портрет П. М. Третьякова?
Кем был нарисован портрет
П. М. Третьякова?

Кто основал Петербург?
Кто написал роман «Война и мир»?
Кто создал Третьяковскую галерею?
Кто купил картину «Неизвестная»?

Ⓜ Кого описал Л. Н. Толстой в романе «Анна Каренина»?
Кто был описан Л. Н. Толстым в романе «Анна Каренина»?

Кого изобразил Крамской на картине «Неизвестная»?
Кого описала Виктория Токарева в рассказе «Самый счастливый день»?
Кого приняли в школу фотомоделей?

10 Как правильно?

посмотреть/смотреть? купить/покупать?
Маша часто ходит в кино. Она любит ... кинокомедии. Ей нравится ... билеты в первый ряд. Вчера её друг Саша забыл ... билеты, поэтому они не смогли ... новую кинокомедию.

дать/давать ?
Катя попросила Сергея ... ей новый журнал. Она сказала: «Ты хочешь сначала ... этот журнал Нине. Ей не надо ... журналы, она слишком долго их читает».

11 Как правильно: *никто? ничто? никогда? никуда? нигде?*

1. Где ты был в воскресенье? – Я ... не был.
2. Кого ты видела вчера? – Я ... не видела.
3. С кем ты разговаривала после школы? – Я ... не разговаривала.
4. Я не понимаю Андрея. Он ... не любит, ... не ходит, ... не разговаривает. Целый день сидит дома и ..., кроме компьютера, не занимается.
5. Куда вы ездили летом? – Мы ... не ездили.

12 Переведите на русский язык.

1. Tanja und Stefan haben sich früher nicht gekannt. Sie haben sich per Telefon kennengelernt. Tanja war sehr froh, daß Stefan ihr einen Brief aus Rußland mitgebracht hat.
2. – Ist dieser Platz frei?
– Nein, dort ist besetzt.
3. – Guten Tag, Boris. Wie geht´s dir? Ich wollte euch gestern anrufen. Es war immer besetzt.
– Ja, unser Telefon hat nicht funktioniert.
– Kann ich deine Schwester sprechen?
– Sie ist weggegangen. Soll ich etwas ausrichten?
– Nein, danke. Ich rufe noch einmal an. Schönen Gruß.

УРОК 10 Мы и спорт

Как вы относитесь к спорту?

1 Спортивный журнал задал своим молодым читателям вопрос об их отношении к спорту. Вот что ответили русские юноши и девушки – читатели журнала:

Миша В.:

Я люблю спорт. Раньше я занимался **лёгкой атле́тикой** и **пла́ванием**, а теперь вот уже пять лет занимаюсь **бо́ксом**. Я регулярно хожу на тренировки, участвую в соревнованиях. Два раза в неделю сам тренирую начинающих.

Я люблю спорт, но он для меня не главное в жизни, а только интересное хобби. Среди спортсменов у меня много друзей, со своей спортивной командой я уже побывал во многих городах России. Кроме того, спорт **развива́ет физи́чески** и помогает мне с пользой для себя проводить свободное время.

Катя Д.:

Я занимаюсь плаванием. Для меня спорт – это очень важная часть моей жизни. Я живу с мамой. Отец от нас ушёл. У меня нет **ни** братьев, **ни** сестёр. По-моему, спорт воспитывает характер человека. Раньше я была робкая, замкнутая, никогда ни с кем не спорила. Друзей у меня не было. В школе училась плохо, а после школы часто не знала, чем заняться. Спорт помог мне найти себя, развить у себя чувство собственного **досто́инства** и силу **во́ли**. Я научилась **боро́ться** с трудностями, стала лучше учиться, у меня появились друзья, с которыми мне интересно и весело. Сегодня я не представляю себе своей жизни без спорта.

Рита П.:

В моей жизни спорт не играет никакой роли. К спортивным занятиям я отношусь совершенно равнодушно. Мне кажется, что нельзя интересоваться только спортом. Это **односторо́нне** развивает человека. Многие ребята в нашем классе ничем другим не интересуются и могут говорить только о спорте. Мне с ними неинтересно. Дома я часто **ссо́рюсь** с братом, когда он часами смотрит по телевизору спортивные передачи. Я его не могу понять. В жизни так много прекрасного и интересного, я хочу так много узнать! Я люблю литературу, живопись. Занимаюсь в музыкальной школе. Мне жаль терять время на спорт.

Роман Т.:

Я считаю, что **заня́тия** спортом важны для здоровья и для воспитания характера человека. Спорт помогает человеку стать **здоро́вым**, сильным, смелым, активным. Я каждое утро занимаюсь гимнастикой, немного играю в волейбол, в настольный теннис, летом с родителями или с друзьями часто хожу в походы. Но это не **регуля́рные** занятия.
Просто спорт – одно из моих хобби.

Виктор Р.:

Можно любить спорт и не быть спортсменом. Например, я люблю спорт, но сам спортом не занимаюсь. Я **стра́стный боле́льщик** или, как мы говорим, **фана́т**, болею за футбольную команду «Спартак», стараюсь не **пропуска́ть** ни одной важной спортивной передачи, читаю спортивные газеты, знаю о многих спортивных событиях и о европейских и мировых **реко́рдах**. Часто хожу на футбольные **ма́тчи**.

2

Правильно ли вы поняли текст?

Скажите, кто из ребят за занятия спортом?
Кто из них относится к спорту равнодушно?
Кто любит спорт, но не занимается им?
Какими видами спорта занимаются Миша, Катя и Роман?
Кто из ребят считает,
- что спорт развивает человека физически;
- что спорт помогает воспитывать характер человека;
- что занятия спортом важны для здоровья;
- что спорт односторонне развивает человека?

Работаем над текстом

3

Переведите,
что говорят о значении спорта для человека Катя и Роман;
как относится к спорту Рита.

Расскажите, как ребята из текста относятся к спорту.

Начните, например, так:
Миша любит спорт. Раньше он занимался …
Теперь он занимается …
В жизни Риты спорт не играет никакой роли. Она относится к спортивным занятиям …

4

Некоторые виды спорта	*Спортсмены*	*Спортивные события*
Спортивные игры:		**Олимпи́йские и́гры**
футбол	футболи́ст, -ка	**Пе́рвенство**
баскетбол	баскетболи́ст, -ка	страны
волейбол	волейболи́ст, -ка	Европы
гандбол	гандболи́ст, -ка	мира по …
хоккей	хоккеи́ст, -ка	соревнования по
теннис	теннисист, -ка	плаванию, лёгкой атлетике
во́дное по́ло	ватерполи́ст	матч
		игра
плавание	плове́ц, пловчи́ха	**го́нка**
гре́бля	гребе́ц, гребчи́ха	**велого́нка**
гимнастика	гимна́ст, -ка	**чемпиона́т**
лёгкая атлетика	легкоатле́т, -ка	турнир
тяжёлая атлетика	тяжелоатле́т	
фигу́рное ката́ние	фигури́ст, -ка	
конькобе́жный спорт	конькобе́жец, -жка	
лыжный спорт	лы́жник, -ница	
велосипедный спорт	велосипеди́ст, -ка	
бокс	боксёр	
фехтова́ние	фехтова́льщик, -щица	

заниматься спортом, боксом, плаванием, лёгкой атлетикой; играть в …, **пла́вать**, **бе́гать на диста́нцию** … метров; **пры́гать** в высоту, в длину; участвовать в соревнованиях; **вы́играть** первенство, выиграть **со счётом** два – один, **проигра́ть**, сыграть **вничью́**; стать **чемпио́ном**, -кой; занять первое, второе, … место; получить **золоту́ю**, **сере́бряную**, **бро́нзовую** меда́ль

Билет во Дворец спорта в Москве.

Работаем над языковым материалом

5 Произносите правильно.

[р]	[р']	[ч]
пе́рвенство	реко́рд	матч
развива́ть	регуля́рный	уча́ствовать
здоро́вье	ссо́риться	чемпио́н
боро́ться	гре́бля	чемпиона́т
пры́гать		физи́ческий
прои́грывать		вничью́
вы́игрывать		

Verben der Fortbewegung ↗ G 22–25

6 Обратите внимание.

идти *uv.* – ходить *uv.*	пройти/проходить	*что? (какое расстояние?),*
бежа́ть – бе́гать	пробежа́ть/пробега́ть	*за сколько времени?*
плыть – пла́вать	проплыть/проплыва́ть	

7 Переведите и объясните употребление глаголов движения.

1. – Посмотри, Оля <u>бежит</u> к остановке автобуса. Наверно, она опаздывает.
   – Ничего. Она не опоздает. Оля очень быстро <u>бегает</u>.
   Она чемпионка нашей школы по лёгкой атлетике.
2. – Ты уже полчаса <u>плаваешь</u>. Хватит <u>плавать</u>. Сегодня вода холодная.
   <u>Плыви</u> к берегу.

8 Переведите вопросы и ответьте на них.

1. Вы любите плавать?
   Вы хорошо плаваете?
   За сколько времени вы проплываете сто метров?
   Когда вы в последний раз плавали?
   Сколько метров вы проплыли?

2. Вы бегаете на короткие или
   длинные дистанции?
   За сколько времени вы пробе-
   гаете 100 (500, 1500) метров?

Говорим, обсуждаем, спорим

9 Скажите, любите ли вы спорт. Занимаетесь ли вы сами спортом или только болеете за какую-нибудь[1] команду (за каких-нибудь спортсменов)? Каким видом спорта занимаетесь? Часто ли тренируетесь? Участвовали ли вы уже в спортивных соревнованиях? За какую команду вы выступали? Какое место вы заняли (заняла ваша команда)?

[1] irgendeine

10 Расскажите о каком-нибудь спортивном событии.

Какое это событие (соревнование, первенство, турнир, ...)?
Откуда вы знаете о нём (из газет, из передачи по радио или по телевидению, сами были на соревнованиях, на первенстве, ...)?
Кто выиграл (проиграл, занял первое, ... место)?
С каким счётом кончилась игра?

11 Расскажите о вашей любимой спортсменке (любимом спортсмене) или о вашей любимой спортивной команде.

12 Выскажите своё отношение к мнениям ребят из текста «Как вы относитесь к спорту?». Какое из них вам ближе?

Я люблю спорт, но он для меня не главное в жизни, а только интересное хобби.
Спорт развивает физически и помогает мне с пользой для себя проводить свободное время.
Для меня спорт – это очень важная часть моей жизни.
По-моему, спорт воспитывает человека.
Я не представляю себе жизни без спорта.
В моей жизни спорт не играет никакой роли.
Нельзя интересоваться только спортом. Это односторонне развивает человека.
Занятия спортом важны для здоровья и для воспитания характера человека. Они помогают стать здоровым, сильным, смелым.
Можно любить спорт, но самому не заниматься спортом.
Мне жаль терять время на спорт.

13 Расскажите, как вы сами относитесь к спорту.

Так можно выразить своё отношение к **чему́-нибудь**:

Я (не) люблю … Мне (не) нравится … Меня (не) интересует …
Я считаю … нужным (нужной) для …
Для меня это очень важно (важная часть моей жизни, не важно).
Для меня … много значит (ничего не значит).
… играет (важную) роль (не играет совершенно никакой роли) в моей жизни.
Я не представляю себе своей жизни без …
Мне жаль терять время на …
Я отношусь к … положительно (отрицательно, равнодушно, без особенного интереса, …)
На меня … производит большое впечатление (не производит никакого впечатления).
Я (не) верю, что это так.
По-моему, так не бывает.
Это зависит от того, как …

Мать Майки сказала, что она у подруги, в доме четырнадцать. В квартире подруги играла музыка, и несколько молодых людей танцевали. Майка вышла к Алёше с каким-то ***па́рнем*** [1].

5

– Передай, что я не приду.

– Как это – не придёшь? ... Он сказал: очень нужно.

– Я не приду. Он знает почему.

– Она не придёт, – сказал парень, ... взяв Майку за ло́коть[25] ...

И она придви́нулась[26] к нему ..., как будто она никогда не ездила с Дугановым в такси, ... не **целова́лась** с ним в темноте, в холодном подъезде, когда Алёша бегал в аптеку.

Алёша всё понял. Он стоял и молчал.

– И **будь здоро́в**! [4]– сказал парень ...

Алёша сказал тихо:

– Завтра игра со шведами ...

– Прочитаем в газетах, – сказал парень и увёл Майку в комнату.

25 Ellbogen
26 hier: schmiegte sich an

6

Алёша вышел на **ле́стницу**. Он был бы рад не встречаться с Дугановым ... Он думал о завтрашней игре, и о несчастном великом Эдике, который завтра будет не в фо́рме[27], и о женщинах, непонятных и капри́зных[28], которые ... сами не знают, чего хотят.

– Ну что? – спросил Дуганов ... – Она придёт?

– Придёт, – ответил Алёша ...

– Спасибо ... Ну, пока. – Дуганов побежал к воро́там[29].

Алёша смотрел, как бежит счастливый **обма́нутый** человек. Ещё никогда в жизни и никому он не говорил неправды.

27 in schlechter Form
28 unbeständig
29 Tor, hier: Ausgang

Великий Эдик играл прекрасно. Он был всё время в движении, и всем казалось, что он куда-то ***спеши́т****. И только Алёша знал, куда он спешит. Со страхом думал Алёша о той минуте, когда игра кончится. Он понимал, что должен сказать Дуганову правду. И вот игра кончилась. Команда Дуганова победила.*

7

Алёша ... подходил к газетному киоску... Издали он заметил Дуганова ... Желание убежать, и **жа́лость** к Дуганову, и **восхище́ние** им боролись в его душе́[30] ...

– Здравствуйте ...

– Что тебе? – спросил Дуганов ...

– Вы меня не узнаёте?

– Узна́ю. Я устал, брат ,[5]ты уж извини ...

30 Seele

Алёша понял, что у него не хватит смелости призна́ться[31] Дуганову... Но и домой уйти он не мог. И так они стояли … и молчали. А потом Алёша увидел, как в воротах стадиона появилась Майка. Она шла прямо к киоску ... Дуганов пошёл ей **навстре́чу**. Он шёл не торопя́сь[32], как будто в Майкином появлении не было ничего **удиви́тельного**. … Алёша … побрёл[33] к выходу ... Он вдруг почувствовал себя таким усталым …, как будто это он играл со шведами.

31 сказать правду
32 не спеша
33 медленно пошёл

Комментарий

1 *парень* (разговорная форма) – молодой человек, юноша
паренёк Verkleinerungsform von парень
2 *Ма́йка, Алёшка* sind freundschaftlich-vertrauliche Ableitungen von den Namen *Ма́йя, Алёша* durch das Suffix -ка; diese werden besonders oft zwischen gleichaltrigen Kindern und Jugendlichen genutzt.
3 *Чтобы Дуганов так просто пришёл …!* Daß Duganow einfach so … kommt (kann doch nicht sein).
4 *Будь здоров!* = Пока!
5 Я устал, *брат* – vertrauliche Anrede, hier etwa: mein Freund

2 Проверьте, правильно ли вы поняли текст. Что неправильно? Как правильно?

- Однажды Алёша встретил в своём дворе знаменитого хоккеиста Дуганова. Дуганов был стройным молодым человеком высокого роста.
- Дуганов влюблён в соседку Алёши – Майку. Она небольшого роста, волосы у неё светлые, а глаза карие.
- Перед игрой со шведами Дуганов попросил Алёшу передать Майке, чтобы она подошла после игры к газетному киоску.
- Майка сказала, что не придёт, и Алёша передал это Дуганову.
- Со шведами Дуганов играл плохо.

Работаем над текстом

3 В тексте «Победитель шведов» семь частей. Какие из них можно озаглавить так?

Просьба. Всё хорошо, что хорошо кончается. Другой парень. Неожиданная встреча. Неправда. Удивительная новость. Алёша ревнует.

4 Что вы узнали о главных героях текста? Ответьте с помощью текста на вопросы.

1. Где живёт, чем занимается и увлекается Алёша?
2. Что вы узнали о Эдуарде Дуганове? Как он выглядит? Как его называют болельщики? Какую роль он играет в жизни Алёши? Почему он однажды появился во дворе дома, где живёт Алёша?
3. Кто это Майка? Где она живёт? Чем занимается? Как выглядит?

5 Найдите и переведите те места текста, где описывается,

– почему Алёше нравится, как Дуганов играет в хоккей;
– как Дуганов играл во время матча со шведами;
– как Дуганов и Майка встретились на стадионе;
– как чувствовал себя Алёша, когда шёл со стадиона домой.

6 Найдите в тексте ответы на следующие вопросы.

1. Почему Алёша называл свою соседку Майка, а не Майя?
2. Почему Дуганов однажды пришёл к Алёше?
3. Почему после разговора с Майкой Алёша был бы рад не встречаться с Дугановым? Что он сказал Дуганову, и часто ли он говорит неправду?
4. Почему Алёша со страхом думал о той минуте, когда игра со шведами кончится?
5. Что чувствовал Алёша, когда смотрел на Дуганова, который одиноко стоял у киоска?
6. Почему Алёша не мог сказать Дуганову правду?

7 Прочитайте и переведите диалоги в частях 4 и 5 текста. Передайте их основное содержание. Используйте *что, чтобы, ли.*
Например:
Дуганов попросил Алёшу, чтобы он вышел на минуту. Алёша подумал о том, что Дуганов забыл, как его зовут. Дуганов попросил Алёшу, чтобы он …

8 Опишите одну из ситуаций, о которой идёт речь в следующих предложениях из текста.
Например:
Разинув рот, Алёша смотрел в лицо, знакомое по сотням фотографий.
Ситуация:
Хоккеист Эдуард Дуганов пришёл в дом Алёши. Он спросил его, где находится квартира тридцать два. Алёша в первый раз увидел своего кумира не на фотографии, а в жизни. Он заметил, что Дуганов не огромный, а обыкновенного роста, очень молодой и стройный. Он не мог себе представить, что перед ним стоит Великий Эдик.

1. Дуганов был какой-то неспокойный и непохож на себя.
2. И она (Майка) придвинулась к нему, как будто она никогда … не целовалась с Дугановым.
3. Ещё никогда в жизни и никому Алёша не говорил неправды.
4. Алёша понял, что у него не хватит смелости признаться Дуганову.

9 Коротко расскажите, о чём идёт речь в рассказе «Победитель шведов». Выберите для этого высказывания, которые вы считаете правильными.

- Время действия рассказа
  - а) наши дни
  - б) начало века
  - в) конец пятидесятых годов
- Место действия рассказа
  - а) город в Сибири
  - б) деревня
  - в) Москва
- Тема рассказа
  - а) настоящая мужская дружба
  - б) отношения в семье
  - в) увлечение мальчишек спортом
- Главная мысль рассказа
  - а) Честный человек должен всегда говорить правду.
  - б) Есть ситуации, когда можно говорить неправду.
  - в) Нужно говорить, что выгоднее для себя.

Работаем над языковым материалом

10 Произносите правильно.

[а]	[ә]	[л']	[л]	[цә]
хоккéй	ми́мо	мальчи́шка	площáдка	возвращáться
подъéзд	чтó-то	удиви́тельный	жáлость	целовáться
ревновáть	как бýдто	лéстница [сн]	мóлча	ссóриться
обмáнывать	нóвость	болéльщик	ревновáл	борóться
	жáлость	взгляд	бéгал	

11 Какие слова, имеющие один корень с этими новыми словами, вы знаете?

обыкновенный, болельщик, площадка, новость, звонок, жалость, навстречу, будь здоров, взгляд

12 Определите корень и переведите однокоренные слова.

устать/уставать	жаль	обманутый	понять
усталый	жалость	**обману́ть/**	понятный
усталость	**пожалéть/**	**обмáнывать**	
	жалéть	**обмáн**	

13 Найдите в тексте «Победитель шведов» и переведите предложения

- с глаголами *войти* и *выйти* (часть 1);
- с глаголами *пройти/проходить, подойти/подходить* (части 2, 3, 4, 7), объясните употребление видов;
- с глаголами *бежать* (части 4, 6) и *бегать* (часть 5), объясните их употребление.

10Б

14 Найдите в тексте (части 3 – 7) предложения со следующими словами и переведите их. Перескажите содержание одной из частей.

встречаться	*с кем?*	думать со страхом	*о чём?*
целоваться	*с кем?*	(чувствовать) жалость	*к кому?*
проходить	*мимо кого?*	(чувствовать) восхищение	*кем?*
ревновать	*кого к кому?*	молчать	
перестать *v.*	*что делать?*	появиться *v.*	*где?*
поссориться *v.*	*с кем?*	пойти навстречу *v.*	*кому?*
		чувствовать себя	*каким?*

Adverbialpartizipien ↗ G 55 - 57

15 Запомните.

uv.			*v.*		
обедать	–	обедая	пообедать	–	пообедав(ши)
спешить	–	спеша	поспешить	–	поспешив(ши)
возвращаться	–	возвращаясь	возвратиться	–	возвратившись
ссориться	–	ссорясь	поссориться	–	поссорившись

16 Переведите на немецкий язык. Скажите по-другому.

<u>Обедая</u>, Алёша рассказывал бабушке школьные новости. | Когда Алёша обедал, он …
<u>Пообедав</u>, Алёша пошёл во двор. | Когда Алёша пообедал, он …
<u>Вбежав</u> во двор, Алёша увидел Дуганова.
<u>Рассказывая</u> ребятам удивительную новость, Алёша заметил, что они ему не верят.

<u>Поссорившись</u> с Майкой, Дуганов перестал приходить. | Дуганов перестал приходить, потому что …
<u>Ревнуя</u> Дуганова к Майке, Алёша старался обязательно проходить мимо них в подъезде.
<u>Обманув</u> Дуганова, Алёша чувствовал себя очень плохо.

Не <u>пообедав</u>, Алёша вышел на лестницу. | Хотя он не пообедал, он …
Сам того не <u>понимая</u>, Алёша ревновал Дуганова к Майке.

Дуганов и Майка шли по двору (*как*?), <u>смеясь</u> и <u>разговаривая</u>. | Дуганов и Майка шли по двору, смеялись и разговаривали.
Алёша стоял на площадке, <u>делая</u> вид, что занят своими лыжами.
Дуганов и Майка прошли мимо Алёши, не <u>посмотрев</u> на него.

Indefinitpronomen und -adverbien: -нибудь, -то

↗ G 90, 111, 112

17 Переведите.

1. Расскажи мне что-нибудь. Напиши мне когда-нибудь. Пойдём вечером куда-нибудь.
2. Кто-нибудь из вас читал какие-нибудь произведения Юрия Трифонова? У кого-нибудь есть вопросы?
3. – Мне кто-нибудь звонил?
   – Да, кто-то звонил, какая-то девочка. Она не сказала, как её зовут.
4. – Тебя кто-то ждёт на лестнице.
   – Кто это? Кто-нибудь из мальчишек?
   – Нет, какой-то парень.

18 Сравните и объясните.

-то	*-нибудь*
1. Ребята часто видели Наташу с каким-то парнем. Никто его не знает.	Ребята каждый день видят Наташу с каким-нибудь другим парнем.
2. Ира ревнует Серёжу к какой-то девушке. Мы не знаем, к какой.	Ира всегда ревнует Серёжу к кому-нибудь.
3. Рита похожа на какую-то артистку, я не могу вспомнить, на какую.	Ира хочет познакомиться с какой-нибудь известной артисткой.

19 Как правильно, *-то* или *-нибудь*?

1. Соседка Володи Таня учится в каком… институте, но Володя не знает, в каком. Когда Володя окончит школу, он тоже поступит в какой… институт, но он ещё не знает, в какой.
2. Таня шла со своим другом по двору. Они о чём… разговаривали. Володя смотрел на них, и ему тоже хотелось когда… погулять с Таней и о чём… поговорить с ней.
3. Володя мечтает о том, что он когда… подойдёт к Тане и пригласит её куда…

Говорим, обсуждаем, спорим

20 Расскажите, что вы узнали из рассказа «Победитель шведов» о чувствах Алёши.

Какую роль в его жизни играет хоккеист Дуганов? Как Алёша относится к встречам Дуганова с Майкой? Объективно ли он относится к Майке? Почему на Алёшу произвели такое впечатление слова Майки, что она не придёт на встречу с Дугановым? Почему он сказал Дуганову неправду? Почему он не сказал Дуганову правду и после игры со шведами?

21 Каким вы представляете себе характер Алёши? Какие из следующих качеств, по вашему мнению, у него есть?

Он робкий, (не)смелый, (не)уверенный в себе, (не)честный, добрый, у него сильная (слабая) воля; он (не) умеет любить (понимать, жалеть) других людей; он (не) эгоист; у него есть чувство (нет чувства) ответственности, чувство собственного достоинства.

22 Как вы считаете, правильно ли поступил Алёша, обманув Дуганова? Как вы поступили бы на его месте?

23 Рассказ кончается предложением: «Он (Алёша) чувствовал себя таким усталым, как будто это он играл со шведами». Как вы считаете, Алёша или Дуганов – главный герой рассказа? К кому относится название рассказа «Победитель шведов»?

24 Выразите своё мнение.

Это письмо написала в молодёжную газету школьная учительница:
«... Одна моя ученица любит повторять, что правда – Бог свободного человека. Она всегда и всем говорит только правду. Некрасивым говорит, что они не красивы, глупым, что они глупы. В классе её не любят и не понимают. Я попробовала объяснить ей, что правда не всегда абсолютна, что есть такие чувства, как жалость и такт. Она была не согласна. Девочка считает себя героиней, а по-моему, подрастáет (растёт) страшный человек...»

Скажите, вы всегда говорите только правду? Как вы считаете, есть ли такие ситуации, когда можно говорить неправду?

25 Напишите краткое резюме рассказа «Победитель шведов». Дайте ему оценку. Используйте слова и выражения, данные в уроке 6, стр. 130.

Так вы можете говорить о чувствах человека:

Как ты (вы) себя чувствуешь (-ете)? Что с тобой (с вами)?
Ты сердишься (рассердился, рассердилась)? Вы сердитесь?
Тебе (вам) что-нибудь не нравится?
Почему ты (вы) сегодня такой (такая) весёлый (-ая), грустный (-ая), скучный (-ая)?

Мне весело, смешно, грустно, скучно, интересно, приятно, всё равно, трудно, легко.
Я рад(а), радуюсь, счастлив(а), **довóлен** (-льна).
Я устал(а), плохо спал(а). У меня плохое настроение.
Я чувствую себя обманутым (-ой), несчастным (-ой).
Я сержусь, рассердился (-дилась) на тебя (на вас).
Мне жаль, что ... Мне его (её) жаль.
Он(а) ревнует (его) её к кому-нибудь.
Я думаю о ... с радостью, со страхом, с жалостью, с восхищением.
Он(а) чувствует страх перед чем-нибудь, жалость к кому-нибудь, восхищение кем-нибудь.

26 Писатель Юрий Трифонов

Юрий Трифонов (1925–1981).

Начал печататься в 1947 году. Свой первый роман «Студенты» написал в 1950 году, когда он сам был студентом Литературного института. Это была его дипломная работа. Роман имел успех и принёс молодому писателю известность.
Писатель создал несколько сборников рассказов, повестей и романов. Широкую известность получили рассказы и повести «О́тблеск костра́» (1965), «Обме́н» (1969), «Другая жизнь» (1975), «Стари́к» (1978), и романы «Утоле́ние жа́жды» (1963) и «Нетерпе́ние» (1973).
По его произведениям созданы театральные спектакли и фильмы. Трифонова интересует быт: обыкновенная жизнь обыкновенных людей. Он считает, что быт – это испытание жизнью, что в быту проявляется и проверяется современная нравственность. Писателя интересует проблема «Человек и спорт». Многие произведения писателя посвящены спорту и спортсменам. «Победитель шведов» (1958) – один из его ранних рассказов на эту тему.

27

Прочитайте стихотворение Евге́ния Евтуше́нко.

За́висть

Зави́дую я.
Этого секре́та
не раскрыва́л я раньше никому.
Я знаю, что живёт мальчишка где-то,
и очень я завидую ему.
Завидую тому,
как он дерётся,
Я не́ был так бесхи́тростен и смел.
Завидую тому,
как он смеётся, -
Я так смеяться в детстве не умел.
Он ве́чно ходит в сса́динах и ши́шках –
Я был всегда причёсанней,
целе́й.

Все те места,
что пропуска́л я в книжках,
он не пропустит.
Он и тут сильней.
Он будет честен жёсткой прямото́ю,
злу не проща́я за его добро,
и там, где я перо́ броса́л:
«Не сто́ит ...»
Он скажет:
«Стоит!»
и возьмёт перо.
...

1955 г.

ПРИЛОЖЕНИЕ

Повторяем

Материал уроков 1 – 5

1 Повторите слова по смысловым группам[1]. Проверьте, какие из этих слов вы (не) знаете? Составьте словосочетания с глаголами.

Биография
родиться (где?), родина, родной язык; жить (где?), жизнь, умереть, погибнуть;
семья: родители, мать, отец, брат, сестра (старший, младший), муж, жена, сын, дочь, дедушка, бабушка;
возраст: (ему, ей) … лет, (не) молодой, (не) старый;
учиться (где?), работать (где? кем?)

Учёба
школьник (-ница), ученик (-ница), студент (-ка), учитель (-ница); учёный; наука, научный; профессиональное училище, институт, университет;
пойти – ходить в школу, поступить/поступать (куда?), попасть/попадать (куда?) в университет, начать/начинать учиться (где?), окончить/оканчивать (что?), окончание; на/учиться (что делать?), вы/учить (что?), изучить/изучать (что?), заниматься (чем?), получать отметки;
урок, расписание, учебник; предмет: интересный, скучный, любимый, лёгкий, трудный, … даётся (кому?) (не)легко.

Изучение языка
язык: родной, иностранный, немецкий, русский, …; выбрать/выбирать язык, заниматься языком, вы/учить язык, говорить на русском языке (по-русски);
сказать/говорить слово, предложение; рассказ, рассказывать (что?); разговор, разговаривать, болтать (с кем? о чём?);
перевести/переводить (что? с какого языка? на какой язык?), перевод, переводчик (-чица); на/писать (что? кому?), письмо, прочитать (что?), книга, текст, учебник, газета, журнал, отрывок;
значение, иметь значение, не иметь значения, что значит …, по/смотреть в словаре…

Интересы
проводить свободное время (где? как?), интересоваться (чем?), интерес, интересный, увлекаться (чем?), увлечение, иметь хобби;
ходить в кино, в театр, на дискотеку; смотреть телевизор; слушать музыку, записывать музыку на кассеты;
пригласить/приглашать (кого?) в кино, на дискотеку, по/благодарить (кого?) за приглашение;
заниматься спортом: заниматься гимнастикой, играть в футбол, волейбол, баскетбол, теннис, настольный теннис; кататься на коньках, на лыжах, ходить в походы;
по/смотреть (что?), у/видеть (что?); зритель (-ница),телезритель, радио(теле)передача, у/слышать (что?), по/слушать (что?), слушатель (-ница), радиослушатель (-ница);
играть (на чём?), петь (что?), песня, певец, певица; танцевать; исполнить/исполнять (что?), исполнитель, выступить/выступать (с чем?);
искусство, музыка: лёгкая, классическая, рок-музыка;
музыкант, композитор, артист (-ка), солист (-ка), группа, ансамбль, кумир;
тихий, громкий; популярный, талантливый, известный, знаменитый

Человек и его характер
считать (кого? каким, какой?), дружить (с кем?), дружба, друг, подруга;
любить (кого?), быть влюблённым (-ой) (в кого?), любовь;

[1] Sinngruppen

относиться (к кому? как?), отношение (к чему?), отношения (с кем?); чувствовать себя счастливым (-ой), несчастным, одиноким, (не)уверенным; смеяться (над кем?), верить (кому? во что?), (не)верующий, вера; советоваться (с кем?);
качества характера – положительные, отрицательные: сильный, слабый, открытый, замкнутый, робкий, трудолюбивый, ленивый, мужественный, нежный, добрый, честный, активный, пассивный, разговорчивый, спокойный, гордый;
стараться помочь другим, быть справедливым (-ой); делать вид, что ...;
мне нравятся люди, которые ...; это зависит от настроения; на него (неё) можно – нельзя положиться, с ним (с ней) можно посоветоваться, он(а) для меня авторитет, он(а) (не) всегда говорит правду

2 Выберите одну из групп и составьте текст(-ы).

Темы:
Моя семья – Школа и планы на будущее – Изучение иностранных языков – Как я провожу свободное время – Мой друг – моя подруга

3 Расскажите о себе. Выберите для этого некоторые вопросы, данные ниже.

- Как вас зовут? Сколько вам лет? В каком классе (в какой школе) вы учитесь? Где вы родились? Где живёте? Какая у вас семья? Чем занимаются члены[1] вашей семьи?
- Какие иностранные языки вы учите? Почему вы выбрали русский язык? Сколько лет вы учите русский язык? Какие у вас отметки по иностранным языкам? Вам легко даётся русский язык? Читаете ли вы по-русски в оригинале? У вас есть русские знакомые? Вы пишете письма в Россию? Куда? Вы уже были в России? Где? Когда?
- Как вы проводите свободное время? Чем вы интересуетесь и увлекаетесь?
- Вы любите путешествовать? Где вы уже были в Германии? В каких других странах вы были?
- Как вы относитесь к музыке? Какие исполнители (композиторы) вам нравятся? У вас есть кумиры?
- Как вы относитесь к вере? К политике и политикам? К движению в защиту окружающей среды?
- Как вы относитесь к иностранцам, которые живут в Германии? Есть ли у вас среди них знакомые, друзья?
- У вас есть авторитеты? Кто это? С кем вы советуетесь?
- У вас есть друзья? Расскажите о них.
- Какие качества в людях вам особенно нравятся? Не нравятся? Каким (какой) вы представляете себе настоящего друга (настоящую подругу)? Каким должен быть человек (юноша или девушка), которого вы могли бы полюбить?

[1] Mitglieder

4 Что вы знаете о России?

Территория? Население? Большие реки? Моря? Горы? Большие города? Сколько часовых поясов на территории России?
Где в России самые низкие температуры? Где начинается и где кончается Транссибирская железная дорога? Через какие регионы проезжает поезд Москва – Владивосток? Какие города считают центрами Западной и Восточной Сибири? Какой город Сибири самый большой? Где находится Академгородок? Что вы знаете о нём?
Где находится озеро Байкал? Что вы узнали о нём?

ПРИЛОЖЕНИЕ

5 Что правильно?

Поезда из Германии приезжают в Москву на
а) Белорусский вокзал, б) Казанский вокзал, в) Ярославский вокзал.

Самолёты из Германии прилетают в Москву в аэропорт
а) Внуково, б) Домодедово, в) Шереметьево.

Транссибирскую железную дорогу построили в
а) 1901 году, б) 1916 году, в) 1927 году.

Длина Транссибирской железной дороги
а) 5820 км, б) 7065 км, в) 9297 км.

Самые низкие температуры в России зимой
а) в Оймяконе (Якутия), б) в Новосибирске, в) во Владивостоке.

6 Что вы скажете в следующих ситуациях?

- Sie sind einem russischen Jungen (Mädchen) begegnet und möchten ihn (es) kennenlernen.
- Sie möchten mehr von ihm (ihr) erfahren.
- Sie laden ihn (sie) zu einer Veranstaltung (Film, Konzert, Disko, …) ein.
- Im Zug bitten Sie den (die) Zugbegleiter(in), Ihnen Tee zu bringen.
- Sie fragen ihn (sie),
  - wieviel Kilometer der Zug schon gefahren ist,
  - ob der Zug Verspätung hat,
  - über welchen Fluß Sie gerade gefahren sind,
  - wann der Zug in der Stadt … sein wird.
- Sie fragen andere Reisende,
  - wohin sie fahren,
  - wann sie aussteigen müssen,
  - ob sie umsteigen müssen.

Материал уроков 6 – 10

1 Разделите лексику на следующие смысловые группы. Выберите одну из групп и составьте текст(-ы):

а) Учёба
б) В городе
в) Чувства, состояние[1], мысли
г) Оценка художественного произведения
д) Коммуникация
е) Занятия спортом

по/думать, мысль, главная мысль, выражать мысли; смысл; описать/описывать; бояться, испытывать чувство страха; мечтать, мечта; решить/решать, принимать решение; предложить/предлагать сделать что-нибудь вместе, по/спорить о чём-нибудь, спор, по/советовать пойти куда-нибудь; оценить/оценивать, давать объективную оценку; понять/понимать, (не)понятно, (не)ясно; проиграть/проигрывать, выиграть/выигрывать; передать/передавать краткое содержание; объявить о результатах первенства; пользоваться общественным транспортом; вести к экологическим проблемам, доехать до …; относиться к достопримечательностям, носить имя; основать, создать/создавать; обменивать валюту, послать телеграмму; открыть собственное дело; по/ставить вопрос; прыгнуть/прыгать, плавание; решить/решать проблему;
найти/находить главное; считать самым важным; плавать на длинную дистанцию; осмотреть/осматривать достопримечательности; произойти/происходить; по/ставить отметку, сомневаться, получить/получать образование, перейти/переходить в следующий класс…

[1] Zustand

2 Дополните смысловые группы.

- начало, начать(ся)/начинать(ся); продолжение, .../...; конец, .../..., окончание, .../...
- желание, .../...; просьба, .../...; совет, .../...; предложение, .../...
- идти – ходить, ехать – ..., ... – летать, вести – ..., ... – носить, вести – ...

3 Составьте тексты со словами одной группы.

- поздравить/поздравлять, послать/посылать открытку, пригласить/приглашать, по/желать, по/дарить, по/благодарить
- послать/посылать, посылка, принять/принимать, получить/получать, на/писать
- нужен (-жна, -о; -ы), пойти в магазин,по/просить, показать/показывать, узнать/узнавать цену, примерить/примерять, надеть/надевать, по/нравиться, взять/брать, купить

4 Расскажите о себе.

- Вы любите читать? Какой литературой вы интересуетесь? Какие писатели и литературные произведения вам нравятся? Каких русских писателей вы знаете? Какие произведения русских писателей вы читали и на каком языке?
- Как вы относитесь к живописи? В каких картинных галереях вы были? Какие художники и картины вам нравятся?
- Как вы относитесь к моде? Как вам нравится одеваться?
- Как вы представляете себе своего будущего мужа (свою будущую жену)? Какой у него (у неё) должен быть характер? Как он (она) должен (должна) выглядеть?
- Что вы хотите делать после окончания школы? Вы уже выбрали будущую профессию? Кем вы хотите стать и почему?

5 Что вы узнали о столице России – Москве?

Когда и кем был основан город? Сколько жителей в Москве? Как называются центральная площадь и главная улица русской столицы? Какие достопримечательности там можно осмотреть? Где работает правительство России? Какие места в Москве носят имя Пушкина? Какие виды транспорта есть в Москве? Какой вид транспорта самый популярный у москвичей и гостей столицы?

6 Что вы скажете в следующих ситуациях? Проведите диалоги.

- Sie möchten wissen, wie man zum Flughafen "Scheremetjewo" kommen kann.
  Fragen Sie, ob man zum Flughafen mit der U-Bahn fahren kann, welcher Bus dorthin fährt, wie Sie zur Haltestelle kommen, wieviel Haltestellen Sie fahren müssen, wann Sie aussteigen müssen.
- Auf der Post möchten Sie erfahren, wo Sie ein Paket aufgeben können, wie man nach Deutschland anrufen kann, wo Sie Geld wechseln können, wo Telegramme ins Ausland entgegengenommen werden.
- In einem deutschen Geschäft beraten Sie einen russischen Bekannten (eine Bekannte), der (die) eine Jacke kaufen möchte. Lassen Sie sich sagen, welche Farbe und Größe die Jacke haben soll, sagen Sie, was die Jacke kostet, wo man sie anprobieren kann. Fragen Sie, ob die Jacke gefällt und ob Ihr Bekannter (Ihre Bekannte) sie nehmen will.
- Sie rufen eine russische Bekannte an. Deren Mutter sagt Ihnen, daß Ihre Bekannte nicht zu Hause ist. Bitten Sie, ihr auszurichten, wer angerufen hat, wann Sie noch einmal anrufen, bitten Sie, ihr Grüße zu bestellen.

ПРИЛОЖЕНИЕ

Поурочный словарь

Dieses Wörterverzeichnis enthält nach Lektionen und Abschnitten gegliedert den gesamten Lernwortschatz des Lehrbuchs. Die Wörter sind in der Regel in der Reihenfolge ihres ersten Auftretens innerhalb eines Abschnitts aufgeführt. Wörter eines Abschnitts, die thematisch zusammengehören, werden jedoch, um ihre Aneignung zu erleichtern, nacheinander gegeben, auch wenn sie nicht streng in dieser Reihenfolge erstmalig auftreten.
Das Verzeichnis ist dreispaltig gegliedert. Grammatische Angaben zu den neuen Wörtern werden in der linken Spalte gegeben, dabei werden Rektionen der Verben grundsätzlich mit dem Kasus ausgewiesen, Konjugationsformen werden nach dem Verbpaar und nur bei unregelmäßigen Verben aufgeführt. Das betrifft in der Regel die Verben des vollendeten Aspekts. Der Verweis *см.* kennzeichnet ein Verb, das nach demselben Muster konjugiert wird.
Die mittlere Spalte enthält russischsprachige Erklärungen der neuen Lexik (durch • gekennzeichnet) sowie Anwendungsbeispiele. Einsprachige Erklärungen beziehen sich zuweilen nur auf *eine* Wortbedeutung. Adverbien, die regelmäßig von Qualitätsadjektiven gebildet werden, sind in den meisten Fällen in der linken Spalte nicht extra ausgewiesen, sondern sind unter dem entsprechenden Adjektiv in der mittleren Spalte zu finden.
In der rechten Spalte werden die deutschen Entsprechungen gegeben. Dabei werden u. U. über die in der Lektion vermittelte Bedeutung hinaus weitere Möglichkeiten angeboten.

УРОК 1

A

вы́брать/выбира́ть (*см.* брать) *A.*	~ книгу в библиотеке, ~ иностранный язык	(aus)wählen
по/знако́миться; -млюсь, -мишься, -мятся; *с + I.*	~ с русским юношей; ~ с городом	sich bekannt machen, kennenlernen
междунаро́дный, -ая, -ое; -ые	~ праздник, -ая олимпиада	international
олимпиа́да	~ по русскому языку и литературе	Olympiade
шко́льник, -ница	• Он(а) учится в школе.	Schüler(-in)
прилете́ть/прилета́ть (*см.* лететь, летать) *в, на + A., из, с + G.*	~ в Москву из Берлина	ankommen (fliegen)
моско́вский, -ая, -ое; -ие	• из Москвы: ~ участник, ~ школьник	Moskauer
аэропо́рт	прилететь в ~; быть в -у́	Flughafen
ра́зный, -ая, -ое; -ые	-ые страны, -ые языки; говорить на -ых языках	verschieden
друг дру́га	знать ~; помогать друг другу; встретиться друг с другом	einander, gegenseitig
лу́чший, -ая, -ее; -ие	(*ср.* лучше) ~ участник, -ая участница	bester
уча́стник, -ница	~ олимпиады, ~ соревнований	Teilnehmer(-in)
меда́ль, -и		Medaille
партнёр		Partner
экску́рсия, -и	ходить на -ю; ~ по городу; быть на -и	Exkursion, Ausflug
речно́й трамва́й	кататься по реке на -ом -е	(Flußpassagier-)Schiff
сам, -á, -ó; -и	Она -а выбрала русский язык.	selbst

ANHANG

Поурочный словарь

Б

журнали́ст, -ка	• Он(а) пишет для газет или журналов. иностранный ~, русский ~, немецкий ~	Journalist(-in)
перевести́/переводи́ть; -веду́, -ведёшь, веду́т; *Prät.* -вёл, -вела́, -вели́; -вожу́, -во́дишь, -во́дят; *A., с + G., на + A.*	Моя сестра перево́дит тексты с русского языка на немецкий. Мишу перевели в десятый класс.	übersetzen, dolmetschen; versetzen *(an einen anderen Ort)*
перево́дчик, -чица	• Он(а) переводит. Мы говорили с друзьями без -а.	Übersetzer(-in), Dolmetscher(-in)
конфере́нция, -и	идти на -ю; быть на -и	Konferenz
делово́е совеща́ние	переводить на русский язык на -ом -и	Geschäftsberatung
знако́мый, -ая, -ое; -ые *Adj., Subst.*	-ая песня; Нина – наша -ая из Москвы. Пётр – наш ~. Нина и Пётр – наши -ые.	bekannt; der Bekannte
научи́ться *v.* (*см.* учи́ться) *mit Inf. uv.*	Франка хочет ~ говорить по-русски.	(er)lernen
что́бы *Konj.*	Я учу русский, ~ писать письма друзьям.	damit; um … zu …
переда́ча	смотреть -у, слушать -у	Sendung, Übertragung
телеви́дение, -я	программа -я	Fernsehen
америка́нский, -ая, -ое; -ие	~ писатель, ~ рынок, -ое телевидение	amerikanisch
шпио́н	фильм о -ах	Spion
без + *G.*	~ друга; экскурсия ~ переводчика	ohne
жизнь, -и	(*ср.* жить) познакомиться с жи́знью в России	Leben
поня́ть/понима́ть; пойму́, -мёшь, -му́т; *A.*	~ русский язык; Я тебя не понимаю.	verstehen
пробле́ма		Problem
потому́ что *Konj.*	Хочу научиться говорить по-русски, ~ хочу говорить с русскими без переводчика.	weil, da
ре́дкий, -ая, -ое; -ие	-ая книга; редко ходить к знакомым, редко слушать радио; реже, чем раньше	selten
оригина́л	читать в -е	Original
бу́дущий, -ая, -ее; -ие		zukünftig
профе́ссия, -и	будущая ~	Beruf

В

мно́гие, -их *Adj., Subst.*	(*ср.* много) ~ ребята выбрали русский язык. ~ считают Бориса сильным.	viele
счита́ть *uv.*; *A., I.*	Маленькая девочка хорошо считает. Они считают, что он сильный. Все считают Мишу хорошим спортсменом.	zählen; *(jmdn.)* halten für; denken, meinen
сравни́ть/сра́внивать *A., с + I.*	~ два языка, ~ брата и сестру; ~ русский язык с немецким, ~ брата с сестрой	vergleichen
отнести́сь/относи́ться; -несу́сь, -сёшься, -су́тся; *Prät.* отнёсся, -несла́сь, -несли́сь; -ношу́сь, -но́сишься, -но́сятся; *к + D.*	Русский язык относится к славянским языкам. Как ты относишься к Наташе? Я отношусь к ней хорошо.	betreffen; (*zu etw.*) gehören; sich verhalten

ПРИЛОЖЕНИЕ

Поурочный словарь

герма́нский, -ая, -ое; -ие	• из Германии, относится к Германии: -ие языки, -ие города	germanisch; deutsch
славя́нский, -ая, -ое; -ие	-ие языки, -ие танцы	slawisch
гре́ческий, -ая, -ое; -ие	~ язык, ~ ресторан	griechisch
тру́дность, -и	(*ср.* трудный) -и иностранного языка; иметь -и	Schwierigkeit
изучи́ть/изуча́ть (*см.* учить) *A.*	(*ср.* учить) ~ иностранный язык	(er)lernen; studieren
изуче́ние, -я	~ иностранных языков, ~ истории	Erlernen; Studium
име́ть *uv.*; -е́ю, -е́ешь, -е́ют; *A.*	~ трудности, ~ значение, ~ друзей	haben
лингви́ст	• Он занимается наукой о языке.	Linguist
нау́ка	заниматься -ой; ~ о языке	Wissenschaft
сло́жный, -ая, -ое; -ые	• трудный: ~ вопрос, -ая проблема, ~ язык	schwierig, kompliziert
значе́ние, -я	Слово имеет много -ий. Это имеет для меня большое ~.	Bedeutung
шу́тка; *G. Pl.* -ток	русская ~	Witz
как пра́вило	• обычно: Я ~ обедаю дома.	in der Regel
почти́	Мы живём ~ в центре города. Ей ~ 16 лет.	fast
же *Partikel nach Pronomen und Adverbien такой, так, там, …*	говорить по-русски так ~ хорошо, как русские; жить там ~, где живут родители	eben- (z. B. ebenso, ebendort usw.)
оши́бка, *G. Pl.* -бок	делать -и; сделать -у; писать без -бок	Fehler
когда́ *Konj.*		wenn, als
ры́ночная эконо́мика	(*ср.* рынок)	Marktwirtschaft
а́втор	~ книги, ~ рассказа	Autor
ли *Fragepartikel; Konj.*	Трудно ~ выучить русский язык? Я спросила его, знает ~ он, где находится эта улица.	ob

УРОК 2

A

однокла́ссник, -ница	• ученики одного класса	Mitschüler(-in)
вы́расти *v.* (*см.* расти)	Я вырос в деревне. Девочка сильно выросла.	aufwachsen; wachsen
отры́вок, -вка	~ из текста	Ausschnitt
узна́ть/узнава́ть; узна́ю, узна́ешь, узна́ют; узнаю́, узнаёшь, узнаю́т; *A., Objekt*satz	(*ср.* знать) не ~ знакомого; Ира хочет узнать, где я выросла.	erkennen; erfahren; kennenlernen
ро́дина	• место, где человек родился: На -е Грит говорят по-немецки.	Heimat
во-пе́рвых	(*ср.* первый) во-первых, во-вторых, в-третьих, …	erstens
реши́ть/реша́ть *A., mit Inf.*	~ задачу, ~ вопрос; ~ переехать в другую страну; ~ изучить английский язык	lösen; beschließen (*etw. zu tun)*
уе́хать/уезжа́ть (*см.* ехать) *из, с + G., в, на + A.*	~ из города; ~ на восток; ~ в Берлин	wegfahren

Поурочный словарь

мно́гое, -ого *Subst.*	Раньше он многого не знал.	vieles
совсе́м *Adv.*	~ мало, ~ хорошо; Они ~ разные.	sehr; völlig, ganz
истори́ческий, -ая, -ое; -ие	(*ср.* история) ~ памятник, -ое здание	historisch
оте́ц, отца́	Сын вырос без -а. У его -а нет работы.	Vater
безрабо́тный, -ая; -ые *Subst.*	• У него (неё) нет работы. (*ср.* без, работа) Отец Владимира – ~.	Arbeitsloser
найти́/находи́ть (*см.* пойти, ходить) *A.*	~ друга, ~ подругу; ~ работу	finden
мла́дший, -ая, -ее; -ие	~ брат, -ая сестра; Он младше меня.	jünger
мла́дшие кла́ссы	учительница -их -ов	untere Klassen
иностра́нец, -нца, *G. Pl.* -нцев, **иностра́нка**, *G.Pl.* -нок	• человек из другой страны	Ausländer(-in)
грек, греча́нка, *G.Pl.* -нок		Grieche, Griechin
ту́рок, -рка, *G. Pl.* ту́рок, **турча́нка**, *G.Pl.* -нок		Türke, Türkin
италья́нец, -нца, *G. Pl.* -нцев, **италья́нка**, *G.Pl.* -нок		Italiener(-in)
большинство́	(*ср.* большой) ~ ребят, ~ школьников, ~ знакомых	Mehrheit
назва́ть/называ́ть; -зову́, -зовёшь, -зову́т; *A., N., I.*	(*ср.* называться) Брат называет меня Саня (Саней).	nennen
смея́ться *uv.*; -ю́сь, -ёшься, -ю́тся; *над + I.*	Наташа любит ~. Все весело -ются. Почему вы над ним -ётесь? Не смейтесь.	lachen
пра́вильный, -ая, -ое; -ые	(не)правильный ответ говорить правильно, писать правильно	richtig
де́лать вид	Она делает вид, что не знает меня.	so tun, als ob …
всё равно́	Мне ~, что он говорит. Не жди, она ~ не придёт.	egal; sowieso
но *Konj.*	Катя хорошо танцует, ~ плохо поёт.	aber
прия́тный, -ая, -ое; -ые	~ человек, -ое лицо; очень приятно; Мне приятно с вами познакомиться.	angenehm
кото́рый, -ая, -ое; -ые; *Konj.*	мальчик, ~ приехал из России; девушка, -ая учится вместе со мной	der, welcher
провести́/проводи́ть; -веду́, -ведёшь, -веду́т; *Prät.:* -вёл, -вела́, -вели́; -вожу́,-во́дишь, -во́дят; *A.*	~ лето на юге; ~ день вместе, ~ свободное время Где ты в этом году будешь проводить каникулы?	verbringen
пиццери́я, -и	работать в -и	Pizzeria
муж, *Pl.* мужья́, муже́й	~ сестры, ~ подруги; быть в кино с -ем	(Ehe-)Mann, Gatte
жена́, *Pl.* жёны	~ брата, ~ друга; быть в театре с -ой	(Ehe-)Frau, Gattin
сын, *Pl.* сыновья́, -ве́й	~ брата, ~ подруги; два -а	Sohn
дочь, *G., D.* до́чери, *A.* дочь, *I.* до́черью, *P.* о до́чери; *Pl.* до́чери, -е́й	~ знакомых; прийти с дочерью	Tochter
мать; *G., D.* ма́тери, *A.* мать, *I.* ма́терью, *P.* о ма́тери	Петя был с матерью в театре. Учитель позвонил моей матери.	Mutter
инжене́р	Мой отец ~, моя мать тоже ~.	Ingenieur

ПРИЛОЖЕНИЕ

Поурочный словарь

переéхать/переезжáть (*см.* ехать) *в, на + A., из, с + G.*	(*ср.* ехать) Куда переедет Наташа? Вы откуда переехали в Германию?	umziehen
шофёр	работать -ом; Его брат ~.	Chauffeur, Fahrer
заробóтать/зарабáтывать (*см.* работать)	• получать деньги за работу: Она хорошо (много) -вает.	verdienen
банк	работать в -е	Bank
домохозя́йка	• Эта женщина работает дома. (*ср.* дом, хозяйка) Моя мама – ~.	Hausfrau
национáльность, -и	По -и я немец (немка).	Nationalität
стáрший, -ая, -ее; -ие	~ брат, -ая сестра; Я старше брата.	älter
продáть/продавáть (*см.* дать/давать) *A.*	Мой отец продаёт компьютеры.	verkaufen
виндсёрфинг	заниматься -ом, интересоваться -ом	Surfen
бýлочная, -ой, *Subst.*	работать в -ой; идти в -ую	Bäckerei
студéнт, **-ка**, *G.Pl.* -ток	Мой брат ~, моя сестра тоже -ка.	Student(-in)
строительство	(*ср.* строить) работать на -е	Bau(stelle)
официáнт, **-ка**, *G.Pl.* -ток	работать -ом (-кой), быть -ом (-кой)	Kellner(-in)
мóда	интересоваться -ой	Mode
глýпый, -ая, -ое; -ые	~ человек, -ая шутка; Это глупо.	dumm
Ну и что же?	Он не говорит по-немецки. ~?	Na und?
по/мешáть *D., mit Inf.*	Не мешай маме. Не мешай мне читать.	stören
прав, -á, -о; -ы	Виктор прав, Нина тоже права.	recht haben
прóтив + *G.*	Ребята в классе ~ национализма.	gegen
национали́зм		Nationalismus
глáвный, -ая, -ое; -ые	~ вокзал, -ая улица; ~ вопрос	Haupt- (*in Zus.*)
глáвное, -ого; *Subst.*	Что сейчас ~?	Hauptsache
вáжный, -ая, -ое; -ые	-ое дело, -ые вопросы; Это сейчас неважно. Важно, какой он человек.	wichtig wichtig
роль, -и	играть важную ~	Rolle
дéло, *Pl.* делá	У Иры много дел. В чём ~? Это моё (не твоё) ~. У него своё ~.	Sache, Angelegenheit; Unternehmen
прáво, *Pl.* правá	получить ~, иметь ~; Это моё ~.	Recht
уважáть *uv.*; *A.*	~ друга, ~ права человека	achten
трaди́ция, -и		Tradition
рели́гия, -и		Religion
нáция, -и		Nation
увéренный, -ая, -ое; -ые *Kurzform* уверен, -а, -о; -ы; *в + P., Objektsatz*	Я в этом уверен. Нина -а, что она права.	sicher (sein), überzeugt (sein)
бýдущее, -его; *Subst.*	(*ср.* будущий) Мы уверены в -ем. Он считает, что у него нет -его.	Zukunft
ýровень, -вня	~ жизни; высокий ~ жизни ~ моря	Niveau; Standard Meeresspiegel
дóлжен, -жнá, -жнó; -жны́	Она -жна сказать правду.	müssen, sollen

Поурочный словарь

Б

населе́ние, -я	~ Германии – 80 миллионов человек.	Bevölkerung
переселе́нец, -нца, *G. Pl.* -нцев **переселе́нка**, *G. Pl.* -нок	Он ~ из России.	Umsiedler(-in)
пересели́ться/переселя́ться; -ю́сь, -и́шься, -я́тся		umsiedeln
село́, *Pl.* сёла, сёл	жить в -е	größeres Dorf
уваже́ние, -я	(*ср.* уважать)	Achtung
жела́ние, -я	(*ср.* желать)	Wunsch
поздравле́ние, -я	(*ср.* поздравить)	Gratulation
реше́ние, -я	(*ср.* решить)	Entschluß, Entscheidung

УРОК 3

А

университе́т	учиться в -е	Universität
сочине́ние, -я	писать ~; написать в -и о ...	Aufsatz
забы́ть/забыва́ть (*см.* быть) *A., mit Inf.*	~ книгу дома; ~ позвонить другу; Она всегда всё забывает.	vergessen
ваго́н	~ поезда, ехать в -е	(Eisenbahn-)Wagen
приро́да	любить -у, изучать -у; ~ Сибири	Natur
прое́хать/проезжа́ть (*см.* ехать) *A., через + A.*	~ 100 километров; ~ деревню; ~ через город	(durch)fahren, überqueren
проводни́к, -ни́ца	~ вагона; говорить с -о́м, спрашивать -ницу	Schaffner(-in)
пассажи́р, -ка, *G. Pl.* -рок	~ поезда	Passagier(-in), Fahrgast
произвести́/производи́ть; -веду́, -дёшь, -ду́т; *Prät.* -вёл, -вела́, -вели́; *A.*	~ машины	produzieren, erzeugen
впечатле́ние, -я	производить ~ на меня	Eindruck
расстоя́ние, -я	большое ~; ~ от Москвы до Берлина; Поезд проехал ~ 100 км.	Entfernung
часа́ми *Adv.*	• несколько часов: ~ смотреть в окно	stundenlang
жи́тель, -ница	• человек, который живёт в городе, в деревне и т.д.: В деревне – 1 000 -лей.	Einwohner(-in)
предста́вить/представля́ть; -влю, -вишь, -вят; *D., A.*	~ подругу родителям; представьте себе, что …; Дом представляет исторический памятник.	vorstellen; darstellen
промы́шленный, -ая, -ое; -ые	~ город, -ое предприятие, ~ центр	industriell, Industrie- *(in Zus.)*
нау́чный, -ая, -ое; -ые	(*ср.* наука) ~ центр, -ая работа	wissenschaftlich
культу́рный, -ая, -ое; -ые	~ человек, -ые традиции, ~ центр	kulturell, kulturvoll, Kultur- *(in Zus.)*
програ́мма	культурная ~; ~ концерта	Programm

ПРИЛОЖЕНИЕ

Поурочный словарь

посети́ть/посеща́ть; -щу́, -ти́шь, -тя́т; *A.*	~ друга, ~ знакомых; ~ музей	besuchen
посеще́ние, -я	~ друга; ~ музея, ~ города, ~ страны	Besuch
институ́т	научный ~; учиться в -е; окончание -а	Institut
предприя́тие, -я	работать на -и; промышленное ~	Betrieb, Unternehmen
глубо́кий, -ая, -ое; -ие	-ое озеро; Эта река глубже, чем …	tief
полови́на *Abkürzg.:* пол-	~ дня, ~ года; полчаса, полдня	Hälfte; halb
квадра́тный, -ая, -ое; -ые	-ая комната, -ое окно; ~ километр	quadratisch; Quadrat- *(in Zus.)*
вода́ *G.* воды́, *A.* во́ду; *Pl.:* во́ды, вод, во́дам	чистая ~, вкусная ~, холодная ~; стакан -ы, пить -у	Wasser
чи́стый, -ая, -ое; -ые	~ воздух; -ая страница	klar, sauber
вку́сный, -ая, -ое; -ые	~ обед, -ые пироги; Как вкусно!	schmackhaft
экологи́ческий, -ая, -ое; -ие	-ие проблемы	ökologisch
стра́шный, -ая, -ое; -ые	-ая история, ~ день; Мне страшно.	schrecklich
ста́линский ла́герь; *Pl.* лагеря́	погибнуть в -их -ях	Stalinsches Lager
поги́бнуть/погиба́ть; -ги́бну, -ги́бнешь, -ги́бнут; *Prät.* поги́б, -ла, -ли; *в, на + P.*	~ на войне, ~ в лагере	umkommen, fallen *(im Krieg)*
полете́ть *v.* (*см.* лететь)	~ в Москву, ~ в Берлин	losfliegen
перейти́/переходи́ть (*см.* пойти, ходить) *A., через + A.*	~ дорогу, ~ улицу; ~ через дорогу, ~ через улицу	überqueren, hinübergehen
перелете́ть/перелета́ть (*см.* лететь, летать) *A., через + A.*	~ горы, ~ море, ~ страну; ~ через горы, ~ через море, ~ через страну	überqueren, hinüberfliegen
пройти́/проходи́ть (*см.* пойти, ходить) *A., через + A.*	~ 10 километров; ~ через лес; Прошло 2 дня.	durchqueren, passieren; verstreichen, vergehen
пролете́ть/пролета́ть (*см.* лететь, летать) *A., над + I., через + A.*	~ 2 000 километров до Берлина; ~ над городом	durchfliegen, passieren; überfliegen
ме́стное вре́мя	по -ому времени	Ortszeit
мне́ние, -я	хорошее ~; ~ о друге; по моему -ю	Meinung
высота́	(*ср.* высокий) ~ горы, ~ дома, ~ здания	Höhe

Б

удо́бный, -ая, -ое; -ые	~ вагон, -ое место	bequem
купе́ *n., unveränderlich; sprich:* ку[пэ́]	ехать в удобном ~; выйти из ~	Coupé, Zugabteil
спать *uv.*; сплю, спишь, спят	~ в поезде; долго ~	schlafen
спа́льный, -ая, -ое; -ые	~ вагон, -ое место	Schlaf- *(in Zus.)*
туале́т	идти в ~; быть в -е	Toilette
принести́/приноси́ть; -несу́, -несёшь, -несу́т; *Prät.* -нёс, -несла́, -несли́; -ношу́, -но́сишь, -но́сят; *D., A.*	Проводник приносит пассажирам чай. Принесите мне, пожалуйста, кофе.	bringen
видеосало́н	смотреть фильм в -е	Videoraum (z. B. im Zug)
переса́дка	сделать -у; ехать с -ой; ехать без -и	Umsteigen
дли́нный, -ая, -ое; -ые	Волга – -ая река. У неё -ые волосы.	lang *(räumlich)*

Поурочный словарь

знако́м, -а, -о; -ы	(*ср.* знакомый) Я с ней -а. Мы не -ы.	bekannt sein *(mit jmdm.)*
вы́йти/выходи́ть (*см.* пойти, ходить) *из, с + G.*	~ из комнаты, ~ из купе; Пассажир вы́шел из вагона. Где вы выходите?	hinausgehen, aussteigen
будь добр, -а́; бу́дьте добры́	Будь добра, принеси мне кофе.	sei so gut ; seien Sie so gut
стака́н	~ чая (чаю); два -а колы; принести ~	Glas
са́хар	чай с -ом; кофе без -а	Zucker
ни́зкий, -ая, -ое; -ие	-ая температура; Этот дом ниже, чем …	niedrig
опозда́ть/опа́здывать; -да́ю, -да́ешь, -да́ют; *в, на + А.*	~ в школу, ~ на урок, ~ на поезд; Поезд опаздывает на два часа.	sich verspäten, zu spät kommen
по *+ D.*	приезжать ~ расписанию, работать ~ плану; ехать ~ дороге, ходить ~ комнате	nach; entlang, durch
ну́жно *mit Inf.*	Ей ~ поехать в Москву.	müssen, sollen

B

контра́ст	В этой стране большие -ы.	Kontrast
архитекту́ра	интересоваться -ой	Architektur
нача́ло	(*ср.* начать) ~ урока, ~ каникул	Beginn, Anfang
культу́ра	(*ср.* культурный) национальная ~; памятники -ы; ~ человека	Kultur
многоэта́жный, -ая, -ое; -ые	(*ср.* много, этаж) ~ дом, -ое здание	mehrgeschossig
жило́й, -а́я, -о́е; -ы́е	(*ср.* жить) -ые дома	Wohn- *(in Zus.)*
пусто́й, -а́я, -о́е; -ы́е	~ дом, -ая комната, ~ стакан	leer
витри́на	~ магазина; лежать в -е	Schaufenster; Vitrine
торго́вец, -вца; *G. Pl.* -вцев		Händler
бе́дный, -ая, -ое; -ые	~ человек, -ая деревня	arm
бе́дность, -и	жить в -и	Armut
бога́тый, -ая, -ое; -ые	~ человек, -ая страна	reich
бога́тство	~ языка	Reichtum
приве́тливый, -ая, -ое; -ые	(*ср.* привет) -ая женщина, -ое лицо	freundlich
приве́тливость, -и	Её все любят за ~ и гостеприимство.	Freundlichkeit
гостеприи́мный, -ая, -ое; -ые	(*ср.* гость) -ая семья, ~ человек	gastfreundlich
гостеприи́мство	Мне нравится ~ русских.	Gastfreundschaft
панора́ма		Panorama
Сталингра́дская би́тва		Schlacht um Stalingrad
война́	во время -ы, после -ы; быть на -е	Krieg
про́шлое, -ого *Subst.*	(*ср.* прошлый) думать о -ом; В -ом она была красивой.	Vergangenheit
угости́ть/угоща́ть; угощу́, -сти́шь, -стя́т; *A., I.*	(*ср.* гость) ~ знакомых, ~ друзей; ~ обедом, ~ ужином	bewirten
по/забо́титься; -чусь, -тишься, -тятся; *о + P.*	~ о матери, ~ о будущем	sich Sorgen machen; sich kümmern *(um jmdn.)*
озабо́ченный, -ая, -ое; -ые	~ человек, -ое лицо, -ые люди	besorgt
озабо́ченность, -и		Besorgtheit
уста́ть/устава́ть; уста́ну, -нешь, -нут; устаю́, -аёшь, -аю́т; *Inf. uv.*	Она устала. Я очень устаю. Он устал читать.	ermüden

ПРИЛОЖЕНИЕ

Поурочный словарь

уста́лый, -ая, -ое; -ые	-ая женщина, -ое лицо	müde
уста́лость, -и		Müdigkeit
по́здно *Adv.; sprich:* по́з[-]но	(*ср.* опоздать) приходить домой ~; Он пришёл позже меня.	spät
промы́шленность, -и	современная ~; ~ страны, ~ России	Industrie
госуда́рство	большое ~, сильное ~, богатое ~	Staat

УРОК 4

А

молодёжь, -и	• молодые люди, юноши и девушки: современная ~	Jugend
молодёжный, -ая, -ое; -ые	-ая музыка	Jugend- *(in Zus.)*
вкус	(*ср.* вкусный) хороший ~, плохой ~; У неё нет -а.	Geschmack
по/спо́рить; спо́рю, -ришь, -рят; *с + I., о + P.*	~ с одноклассниками; О вкусах не спорят. Давай поспорим, что я сделаю это быстрее, чем ты.	streiten; wetten
куми́р	Этот музыкант – ~ молодёжи.	Idol, Lieblingssänger
испо́лнить/исполня́ть *A.*	~ песню; хорошо ~ рок-музыку	darbieten; singen, spielen
исполни́тель, -ница	• человек, который исполняет музыку, роль и т.д.: ~ роли, ~ песни	Künstler(-in)
пев́ец, певи́ца	• человек, который поёт в театре, на концерте и т.д.: Она хорошая певица.	Sänger(-in)
соли́ст, -ка	~ хора	Solist(-in)
пиани́ст, -ка	Мой знакомый – ~. Его жена тоже -ка.	Pianist(-in)
стиль, -я	архитектурный ~	Stil
тала́нтливый, -ая, -ое; -ые	~ певец; -ая пианистка	talentiert
джаз	любить ~; исполнять ~	Jazz
рок	интересоваться -ом	Rock(musik)
вы́ступить/выступа́ть; -плю, -пишь, -пят; *с + I., в, на + P., за + A.*	~ с концертами; ~ на концертах; ~ за мир	auftreten; eintreten *(für etwas)*
изве́стный, -ая, -ое; -ые	~ писатель, ~ композитор, -ая пианистка	bekannt, berühmt
популя́рный, -ая, -ое; -ые	~ певец, ~ солист, -ая песня, -ая музыка	populär
арти́ст, -ка	• человек, который играет в театре, выступает в цирке и т.д.: ~ театра	Schauspieler(-in), Künstler(-in), Artist(-in)
записа́ть/запи́сывать (*см.* писать) *A.*	~ музыку на пластинку; ~ слова, ~ номер телефона	aufzeichnen; aufschreiben
за́пись	~ любимых певцов	Aufzeichnung
кла́ссик	композитор-~, писатель-~	Klassiker
кла́ссика	любить -у	Klassik
класси́ческий, -ая, -ое; -ие	-ая музыка, -ая литература	klassisch
ну́жен, -жна́, -жно; -жны́	Мне -жна музыка.	brauchen, benötigen

ANHANG

Поурочный словарь

бли́зко *Adv.*	• недалеко: Он живёт ~ от меня. Мне ближе джаз, чем …	nah
настрое́ние, -я	плохое ~, хорошее ~	Stimmung, Laune
похо́ж, -а, -е; -и; *на + А.*	Брат и сестра -и друг на друга. Он ~ на мать.	ähnlich
электро́нный, -ая, -ое; -ые	-ая музыка	elektronisch
гро́мкий, -ая, -ое; -ие	-ая музыка; говорить громко, петь громко, читать громко	laut
экстрава́гантный, -ая, -ое; -ые	~ вид, -ая девушка, -ая мода	extravagant
музыка́нт	• человек, который исполняет музыку	Musiker
иску́сство	русское ~; спорить об -е	Kunst
опере́тта	петь в -е, любить -у	Operette
ти́хий, -ая, -ое; -ие	• негромкий: Мне нравится -ая музыка. говорить тихо; разговаривать тише	leise, still
уча́ствовать *uv.*; -вую, -вуешь, -вуют; *в + Р.*	(*ср.* участник) ~ в концерте, ~ в работе, ~ в соревнованиях, ~ в дискуссии	teilnehmen *(an etwas)*
необы́чный, -ая, -ое; -ые	-ая история	ungewöhnlich
необы́чное, -ого *Subst.*	любить всё ~; Молодёжь интересуется всем -ым.	Ungewöhnliches
поколе́ние, -я	младшее ~, старшее ~, новое ~	Generation
афи́ша	Из -и мы узнали, что будет концерт.	Plakat, Ankündigung
биле́т	~ в театр; ~ на поезд; покупать ~	Karte
се́рия, -и	~ концертов, ~ книг; ~ упражнений	Serie
Ну, что за вопро́с!	Тебе понравился концерт? ~ Конечно, понравился.	Was für eine Frage!
автома́т	позвонить из телефона-автомата	Automat
по/благодари́ть *А., за + А.*	~ солиста за концерт, ~ подругу за билет на концерт	*(jmdm.)* danken
слу́шатель, -я; **-ница**	(*ср.* слушать) -и поблагодарили исполнителей за концерт.	Hörer(-in)
зри́тель, -я; **-ница**	отвечать на вопросы -ей; разговаривать со -ями	Zuschauer(-in)
джа́зовая му́зыка		Jazzmusik
поп-му́зыка		Popmusik
радиоприёмник		Radio(apparat)
кассе́тный магнитофо́н		Kassettenrecorder
пле́йер		Walkman
компа́кт-диск		Compact Disc (CD)
ви́део-клип		Videoclip
пиани́но		Pianino
скри́пка		Geige
труба́		Trompete
фле́йта		Flöte
саксофо́н		Saxophon
уда́рные инструме́нты		Schlagzeug
синтеза́тор		Synthesizer
ки́борд		Keyboard

ПРИЛОЖЕНИЕ

Поурочный словарь

дирижёр		Dirigent
анса́мбль, -я		Ensemble
руководи́тель, -я; **-ница**	~ ансамбля, ~ группы; хорошая -ница	Leiter(-in)
дуэ́т		Duett
три́о *n., unveränderlich*		Trio
кварте́т		Quartett
орке́стр		Orchester
хор		Chor
гитари́ст, -ка		Gitarrist(-in)
скрипа́ч, -ка		Geiger(-in)
уда́рник, -ница		Schlagzeuger(-in)
о́пера		Oper
мюзикл		Musical
бале́т		Ballett
равноду́шный, -ая, -ое; -ые	• человек, которому неинтересно то, что происходит: ~ зритель; равноду́шно относиться к музыке	gleichgültig

Б

сове́тский, -ая, -ое; -ие	-ие рокеры	sowjetisch
показа́ть/пока́зывать; покажу́, -а́жешь, -а́жут; *D., A.*	~ фильм, ~ открытку, ~ книгу; ~ проводнику билет, ~ зрителям новую программу	zeigen
появи́ться/появля́ться; -явлю́сь, -я́вишься, -я́вятся	В магазинах появились новые диски.	erscheinen
стать *v.*; ста́ну, -нешь, -нут; *I., Inf. uv.*	Я хочу ~ певцом. Мой друг, наверно, станет хорошим музыкантом. Певица стала исполнять песню.	werden; beginnen *(etwas zu tun)*
актуа́льный, -ая, -ое; -ые	• очень важный сейчас, в это время: -ая тема	aktuell
ху́дший, -ая, -ее; -ие	• самый плохой (*ср.* хуже): ~ певец	schlechtester
архите́ктор	• человек, который занимается архитектурой	Architekt
кафе́ *n., unveränderlich*	сидеть в ~, пить кофе в ~; пойти в ~	Café
подва́л	~ дома, ~ здания; жить в -е, выступать в -е	Keller

Поурочный словарь

УРОК 5

A

во́зраст	(*ср.* расти) школьники моего -а	Alter
поступи́ть/поступа́ть; -ступлю, -сту́пишь, -сту́пят; *в, на + A.*	~ в университет, ~ на работу; ~ хорошо; Она поступила неправильно.	(Ausbildung o. ä.) beginnen; handeln; auftreten
США *unveränderlich; sprich:* [сша]	• Соединённые Шта́ты Аме́рики	USA
ко́нкурс	• соревнование: участвовать в -е	Wettbewerb
уве́ренность, -и	(*ср.* уверен) Он смотрит в будущее с (не)уверенностью.	Überzeugung, Zuversicht
страх	(*ср.* страшный) относиться к будущему без -а	Angst
вре́менный, -ая, -ое; -ые	(*ср.* время) -ые трудности, -ая работа	zeitweilig
ситуа́ция, -и	трудная ~, нелёгкая ~, весёлая ~	Situation
по/чу́вствовать; -вую, -вуешь, -вуют; *A.; sprich:* чу́[-]ствовать	~ любовь, ~ страх, ~ усталость	fühlen
себя́	Как вы себя чувствуете?	sich
одино́кий, -ая, -ое; -ие	(*ср.* один) ~ человек, -ая девушка; Она чувствует себя -ой. Она очень одинока.	einsam
настоя́щий, -ая, -ее; -ие	~ чай; ~ музыкант, ~ друг	wahr, echt, wirklich
че́стный, -ая, -ое; -ые; *sprich:* чес[-]ный	~ человек; -ое слово; сказать честно	ehrlich, Ehren- *(in Zus.)*
по/ве́рить; ве́рю, ве́ришь, ве́рят; *D., в + A.*	~ другу, ~ жене, ~ мужу; ~ каждому слову; ~ в справедливость, ~ в Бога	glauben
ве́рующий, -ая; -ие *Subst.*	• тот, кто верит в Бога: В церкви было много -их. Она -ая. Он ~.	der Gläubige
ве́ра	(*ср.* верить) ~ в себя, ~ в людей; ~ в справедливость	Glaube
жизнера́достный, -ая, -ое; -ые	(*ср.* жизнь) ~ юноша; быть -ым (-ой)	lebensfroh
откры́тый, -ая, -ое; -ые	-ая дверь, -ое окно; ~ человек	offen
справедли́вый, -ая, -ое; -ые	~ учитель; быть -ым (-ой); поступить справедливо	gerecht
му́жественный, -ая, -ое; -ые	(*ср.* мужчина) ~ человек; быть -ым (-ой)	mutig
расчёт	(*ср.* считать)	Berechnung
вы́года	получать -у; Он всё делает с -ой для себя.	Vorteil, Gewinn, Nutzen
карьери́ст, -ка	Я не люблю -ов. Она не хочет быть -кой.	Karrierist(-in)
эгои́ст, -ка	Эта девушка большая -ка.	Egoist(-in)
нельзя́ *mit Inf.*	Здесь ~ громко разговаривать. Вам ~ много есть.	man darf (soll) nicht; es ist verboten
авторите́т	~ учителя, ~ родителей; иметь ~; Он для меня не ~.	Autorität
зави́сеть *uv.*; -ви́шу, -ви́сишь, -ви́сят; *от + G.*	Поступит ли он в университет, будет ~ от его отметок.	abhängen *(von etwas)*
любо́вь, -бви́	(*ср.* любить) настоящая ~, глубокая ~; чувствовать ~; жить без -бви	Liebe
счастли́вый, -ая, -ое; -ые; *sprich:* счас[-]ли́вый	~ человек, ~ день; ~ билет	glücklich; Glücks- *(in Zus.)*

ПРИЛОЖЕНИЕ

Поурочный словарь

Счастли́вого пути́!		Gute Reise!
полюби́ть *v.* (*см.* любить) *A.*	~ девушку	lieben, liebgewinnen
не́жный, -ая, -ое; -ые	~ человек; -ая любовь	zärtlich
ли́чный, -ая, -ое; -ые	(*ср.* лицо) -ые вещи, ~ телефон, -ая машина	persönlich, privat
отноше́ние, -я	(*ср.* относиться) -я с друзьями; ~ к людям, ~ к вере, ~ к любви	Beziehung, Verhältnis
хара́ктер	хороший ~, сильный ~, трудный ~	Charakter
положи́тельный, -ая, -ое; -ые	-ое впечатление; относиться положительно	positiv
отрица́тельный, -ая, -ое; -ые	-ое впечатление; относиться отрицательно	negativ
ка́чество	положительное ~, отрицательное ~; низкое ~, плохое ~	Eigenschaft; Qualität
за́мкнутый, -ая, -ое; -ые	~ человек, -ая девушка	verschlossen
ро́бкий, -ая, -ое, -ие	~ человек, -ая девушка	schüchtern
трудолюби́вый, -ая, -ое; -ые	~ юноша, -ая женщина	fleißig, arbeitsam
лени́вый, -ая, -ое, -ые	~ ученик, -ая ученица	faul
акти́вный, -ая, -ое; -ые	~ участник, -ая работа; активно участвовать	aktiv
пасси́вный, -ая, -ое; -ые	~ человек, -ое отношение к жизни	passiv
разгово́рчивый, -ая, -ое; -ые	(*ср.* говорить) -ая женщина; неразговорчивый человек	gesprächig, redselig
о́бщество	современное ~, будущее ~; история -а	Gesellschaft
споко́йный, -ая, -ое; -ые	~ человек; говорить спокойно	ruhig
Споко́йной но́чи!		Gute Nacht!
го́рдый, -ая, -ое; -ые	-ая девушка; ~ вид, -ое лицо	stolz
тот, та, то; те		jener, der
заче́м	~ ты это хочешь знать?	wozu, warum

Б

обще́ственный, -ая, -ое; -ые	(*ср.* общество) -ые дела, -ое мнение	gesellschaftlich
опро́с	(*ср.* спросить, вопрос) проводить ~	Befragung, Umfrage
среди́ + *G.*	~ молодёжи, ~ студентов	unter, inmitten von
результа́т	хороший ~, положительный ~; ~ работы	Resultat, Ergebnis
оптимисти́ческий, -ая, -ое; -ие	-ое отношение к жизни, -ие результаты	optimistisch
пессимисти́ческий, -ая, -ое; -ие	-ое отношение к жизни, -ие результаты	pessimistisch
по/влия́ть *на + A.*	~ на брата; ~ положительно; ~ на результаты, ~ на отношение к жизни	beeinflussen *(jmdn., etwas)*
справедли́вость, -и	(*ср.* справедливый) выступать за ~; несправедливость	Gerechtigkeit
преступле́ние, -я	рассказывать о -ях	Verbrechen
несча́стный, -ая, -ое; -ые; *sprich:* несча́с[-]ный	(*ср.* счастливый) ~ юноша, -ая любовь; быть -ым (-ой)	unglücklich
созда́ть/создава́ть (*см.* дать/давать) *A., I.*	~ картину, ~ роман; ~ государство; ~ своими руками, ~ своим трудом	schaffen; gründen
вели́кий, -ая, -ое; -ие	~ писатель, ~ художник; -ая сила	groß, gewaltig
си́ла	(*ср.* сильный) большая ~; показывать -у	Kraft, Stärke

Поурочный словарь

поли́тик	известный ~; стать -ом	Politiker
поли́тика	заниматься -ой; ~ государства	Politik
популя́рность, -и	(*ср.* популярный) иметь ~, получить ~	Popularität
о́браз	~ жизни; литературный ~	Art, Weise; Gestalt, Figur
патрио́т	быть -ом	Patriot
факт	известный ~, важный ~, исторический ~	Fakt
наси́лие, -я	(*ср.* сила) быть против -я; ~ над человеком	Gewalt
симпа́тия, -и	показывать свою -ю; относиться с -ей	Sympathie
движе́ние, -я	национальное ~, общественное ~, международное ~; ~ за мир	Bewegung
защити́ть/защища́ть; защищу́, -ти́шь, -тя́т; *А.*	~ слабых; ~ мир	verteidigen
защи́та	~ прав человека	Schutz
защи́тник, -ница	~ окружающей среды	Schützer(-in)
окружа́ющая среда́	защита -ей -ы	Umwelt
употреби́ть/употребля́ть *А.*	~ спиртные напитки; ~ слова в предложении	gebrauchen, verwenden
употребле́ние, -я		Gebrauch, Verwendung
нарко́тик	употребление -ов	Narkotikum, Droge
кури́ть *uv.*; курю́, ку́ришь, ку́рят; *А.*	Я не курю. Не надо ~.	rauchen
вы́/пить; вы́пью, вы́пьешь, вы́пьют; пью, пьёшь, пьют; *А.*	выпить стакан молока; пить молоко	(aus)trinken
напи́ток, -тка	(*ср.* пить) холодные -тки, горячие -тки	Getränk
спиртно́й, -а́я, -о́е; -ы́е	-ые напитки	alkoholisch
опа́сный, -ая, -ое; -ые	~ человек, -ая дорога, ~ случай	gefährlich

УРОК 6

А

интересова́ть *uv.* (*см.* интересоваться) *А.*	• быть интересным для других: Что тебя интересует?	interessieren
худо́жественный, -ая, -ое; -ые	(*ср.* художник) -ая литература	künstlerisch, Kunst- *(in Zus.)*
ви́дик	• видеофильм: смотреть -и	Video
техни́ческий, -ая, -ое; -ие		technisch
сцена́рий, -я	написать ~; ~ фильма	Szenarium
детекти́в	читать ~, любить -ы; работать -ом	Krimi; Detektiv
детекти́вный, -ая, -ое; -ые	(*ср.* детектив) ~ фильм	Kriminal- *(in Zus.)*
коро́ткий, -ая, -ое; -ие	• не длинный: -ое лето; На севере лето короче зимы.	kurz
кра́ткий, -ая ,-ое; -ие	• короткий: ~ отрывок из передачи; говорить кратко	kurz
содержа́ние, -я	краткое ~; рассказать ~ фильма	Inhalt
произведе́ние, -я	(*ср.* произвести) литературное ~; ~ искусства	Werk

ПРИЛОЖЕНИЕ

Поурочный словарь

рома́н	автор -а	Roman
поэ́т	• тот, кто пишет стихи: знаменитый ~	Poet, Lyriker
чте́ние, -я	(*ср.* читать) Моё хобби – ~.	Lesen
сра́зу	• в ту же минуту: ~ ответить, ~ прийти	sofort
слова́рный, -ая, -ое; -ые	(*ср.* словарь)	Wort- *(in Zus.)*
запа́с	большой ~, огромный ~;	Bestand; Vorrat
	~ слов, словарный ~	Wortschatz
вы́разить/выража́ть; -жу, -зишь, -зят; *А.*	~ желание, ~ любовь, ~ мнение, ~ настроение	ausdrücken, äußern
мысль, -и	умная ~, оригинальная ~; выразить ~	Gedanke
фантасти́ческий, -ая, -ое; -ие	~ роман	phantastisch, utopisch
фанта́стика	читать научную -у	Science-fiction
приключе́нческий, -ая, -ое; -ие	~ роман	Abenteuer- *(in Zus.)*
по́весть, -и		Erzählung, Novelle
расска́з		Erzählung
ба́сня, -и; *G. Pl.* -сен		Fabel
ска́зка; *G. Pl.* -зок		Märchen
пье́са	В театре идёт ~.	Schauspiel, Theaterstück
дра́ма		Drama
коме́дия, -и		Komödie
траге́дия, -и		Tragödie

Б

де́йствие, -я	-я человека; ~ романа	Handlung
произойти́/происходи́ть (*см.* пойти, ходить) *1., 2. Person ungebr.*	Что здесь происходит? Действие романа происходит в Москве.	sich ereignen; vor sich gehen; stattfinden
те́ма	интересная ~; ~ рассказа; выбрать -у	Thema
описа́ть/опи́сывать (*см.* писать) *А.*	(*ср.* писать) ~ человека; ~ город; ~ в романе, ~ в письме; ~ точно, ~ кратко	beschreiben
чу́вство *sprich:* чу́[-]ство	(*ср.* чувствовать) приятное ~; ~ любви	Gefühl
по/ста́вить; -ста́влю, -вишь, -вят; *А.*	~ цветы на стол, ~ стол в комнату; ~ фильм, ~ пьесу в театре; ~ отметку	(hin)stellen; inszenieren; (Zensur) geben
геро́й, -я, **герои́ня**, -и	• главное лицо литературного произведения: ~ книги; ~ войны	Held(-in)
наоборо́т	прочитать слово ~; делать всё ~	umgekehrt, umgedreht
по-настоя́щему *Adv.*	(*ср.* настоящий) ~ любить человека	wirklich, richtig
по́льза	иметь -у, приносить -у	Nutzen
е́сли	~ ты придёшь к нам, мы пойдём в кино.	wenn, falls
спосо́бность, -и	большие -и; иметь -и; ~ думать, ~ любить	Fähigkeit, Begabung
смысл, -а	(ср. мысль) иметь ~, не иметь -а; ~ рассказа	Sinn, Bedeutung
еди́нственный, -ая, -ое; -ые	• только один (одна): ~ сын, -ая дочь	einzig
докла́д	короткий ~; делать ~ о писателе	Vortrag
тво́рчество	~ писателя, ~ певца; литературное ~	Schaffen, Werk
объяви́ть/объявля́ть; -явлю́, -я́вишь, -я́вят; *А., о + P.*	~ программу концерта; ~ о своём решении	bekanntgeben, mitteilen; erklären; ansagen

ANHANG

Поурочный словарь

объявле́ние, -я	~ о концерте, ~ о соревновании; написать ~	Erklärung; Bekanntmachung
звуча́ть *uv.*; *1. und 2. Person ungebr.*	~ весело; ~ по радио; В её словах звучит счастье.	klingen; ertönen
убеди́тельный, -ая, -ое; -ые	~ ответ; говорить убедительно; Её слова звучат убедительно.	überzeugend
рост	(*ср.* расти) девушка высокого -а; быстрый ~ уровня жизни	Wuchs *(Größe)*; Wachstum
цвет; *Pl.* -а́	(*ср.* цветы, цветной) красивый ~; машина красного -а; Какого -а у неё глаза?	Farbe
вещь, -и	красивая ~; интересоваться -ю; Это мои -и.	Sache, Ding
поня́тный, -ая, -ое; -ые	(*ср.* понять) ~ текст; Вам всё понятно? Мне это непонятно.	verständlich
соверше́нный, -ая, -ое; -ые	Я это знаю совершенно точно.	völlig, vollkommen
вполне́ *Adv.*	~ понятно	völlig
поддержа́ть/подде́рживать; -держу́, -де́ржишь, -де́ржат; *A.*	~ друга; ~ мнение, ~ предложение; ~ разговор	unterstützen; unterhalten
замеча́тельный, -ая, -ое; -ые	~ писатель, ~ художник, ~ композитор; петь замечательно, замечательно играть	hervorragend, großartig
неожи́данный, -ая, -ое; -ые	~ дождь; прийти неожиданно	unerwartet
рома́нтика	жить без -и; ~ произведения	Romantik
романти́ческий	~ герой, -ая история	romantisch
сантиме́тр	(*ср.* километр) 20 -ов	Zentimeter
вокру́г + *G.*	стоять ~ учителя; сидеть ~ стола; смотреть ~ себя	um *(jmdn., etwas)* herum
посади́ть/сажа́ть; -сажу́, -са́дишь, -са́дят; *A.*	~ гостей за стол; ~ деревья в парке, ~ цветы в саду	*(jmdn.)* hinsetzen (plazieren); pflanzen, setzen
при́нцип		Prinzip
принципиа́льный, -ая, -ое; -ые	~ человек; поступить принципиально	prinzipiell
уйти́/уходи́ть (*см.* пойти, ходить) *в, на + A., из, с + G.*	Все ушли из школы. На уроки у неё уходит много времени.	(weg)gehen, verlassen; in Anspruch nehmen (kosten)
сомнева́ться *uv.*; *в + P.*	Я в этом не сомневаюсь.	zweifeln *(an etwas)*
так не быва́ет	• в жизни всё не так (, как в книге)	so etwas gibt es nicht
весь, вся, всё; все	~ год; вся семья	alle; ganz
смешно́й, -а́я, -о́е; -ы́е	~ рассказ; Мне смешно.	lustig, komisch
гру́стный, -ая, -ое; -ые	~ человек; Мне грустно.	traurig
совреме́нник, -ница	• человек, который живёт в одно время с другими людьми: Этот писатель – наш ~.	Zeitgenosse

ПРИЛОЖЕНИЕ

Поурочный словарь

УРОК 7

А

моги́ла		Grab
солда́т	быть -ом, стать -ом	Soldat
пешехо́дный, -ая, -ое; -ые	(*ср.* ходить пешком) -ая экскурсия	Fußgänger- *(in Zus.)*
честь, -и	(*ср.* честный) ~ человека; улицу назвали в ~ писателя …	Ehre
пе́ред *+ I.*	~ домом, передо мной; ~ войной	vor *(räumlich und zeitlich)*
стекло́	современное здание из -а и бетона	Glas
по/стро́ить *A.*	(*ср.* строительство) ~ дом, ~ мост; ~ жизнь; Когда построено это здание?	(auf)bauen, schaffen
подойти́/подходи́ть (*см.* пойти, ходить) *к + D.*	~ к прохожему, ~ к девушке; ~ к окну, ~ к столу; ~ к остановке; Дом подходит к архитектуре города.	herangehen, -treten; -fahren; passen *(zu etwas, jmdm.)*
сторона́	на -е; со -ы	Seite *(räumlich)*
пра́вый, -ая, -ое; -ые	(*ср.* направо) -ая сторона, -ая рука	rechter
ле́вый, -ая, -ое; -ые	(*ср.* налево) -ая сторона, -ая нога	linker
спра́ва *Adv.*	• с правой стороны: ~ находится магазин	rechts
сле́ва *Adv.*	• с левой стороны: ~ находится гостиница	links
центра́льный, -ая, -ое; -ые	• такой, который находится в центре, главный: -ая площадь	zentral; Haupt- *(in Zus.)*
телегра́ф	центральный ~	Telegraph(enamt)
телегра́мма	длинная ~, международная ~; дать -у	Telegramm
посла́ть/посыла́ть; -шлю́, -шлёшь, -шлют; *A., D., в + A.*	~ подруге письмо в Москву, ~ открытку, ~ телеграмму; ~ в Берлин	schicken, senden
посы́лка	послать -у друзьям	Päckchen
обменя́ть/обме́нивать *A.*	~ деньги; ~ квартиру	tauschen; wechseln
валю́та	обменять -у	Valuta, (ausländische) Währung
о́коло *+ G.*	• рядом с …: ~ кинотеатра, ~ парка; ~ девушки	bei, nahe, neben
привезти́/привози́ть; привезу́, -везёшь, -везу́т; *Prät.* -вёз, -везла́, -везли́; -вожу́, -во́зишь, -во́зят; *A., в, на + A., D*	~ сына, ~ знакомого; ~ в город, ~ на стадион; ~ отцу и матери подарки	(her)anfahren, bringen
побе́да	~ на олимпиаде	Sieg
основа́ть *v.*; осную́, оснуёшь, оснуют; *A.*	~ город, ~ музей, ~ театр; Картинная галерея основана Третьяковым.	gründen, schaffen
основа́тель, -ля	(*ср.* основать) ~ города, ~ театра	Gründer
режиссёр	быть -ом; работа -а	Regisseur
связа́ть/свя́зывать; свяжу́, свя́жешь, свя́жут; *A., с + I.*	Дорога связала деревню с городом. Его жизнь связана с театром.	verbinden
мэр	~ города	Bürgermeister
мэ́рия, -и		Bürgermeisteramt

Поурочный словарь

осмотре́ть/осма́тривать (*см.* смотреть)	Туристы осматривают достопримечательности города.	besichtigen, ansehen
установи́ть/устана́вливать; -овлю́, -о́вишь, -о́вят; *A.*	~ машину, ~ компьютер; ~ мир; ~ цену	aufstellen; herstellen; festsetzen
переу́лок, -лка	в переулке	Gasse
войти́/входи́ть (*см.* пойти, ходить) *в, на + A.*	~ в комнату, ~ в класс, ~ в дом; ~ на стадион	hineingehen
дворе́ц, -рца́	осматривать ~; красивый ~; ~ спорта	Palast
везде́ *Adv.*	В комнате ~ стоят цветы.	überall
откры́ть/открыва́ть; -о́ю, -о́ешь, -о́ют; *A.*	(*ср.* открытый) ~ окно; ~ сумку, ~ книгу; Окно открыто.	öffnen; aufschlagen
купе́ц, -пца́	(*ср.* купить)	Kaufmann
предпринима́тель, -ля	Он хочет стать -ем.	Unternehmer
гастроно́м	покупать продукты в -е	Delikatessengeschäft, Lebensmittelgeschäft
ску́льптор	Памятник создан -ом.	Bildhauer
на + *A.*	собрать деньги ~ памятник; время ~ дорогу	für
наро́д	(*ср.* международный) русский ~	Volk
нести́, носи́ть; несу́, несёшь, несу́т; *Prät.* нёс, несла́, несли́; ношу́, но́сишь, но́сят; *A.*	~ книги в сумке; носить красивые вещи	tragen
снести́/сноси́ть (*см.* нести, носить) *A.*	~ здание, ~ дом	abtragen, abreißen
и́мени (*G. von* имя)	(*ср.* имя) Университет ~ Ломоносова	namens, mit dem Namen
широ́кий, -ая, -ое; -ие	-ая улица, -ая река; Улица стала шире.	breit, weit
ширина́	~ улицы, ~ дороги, ~ моста, ~ реки	Breite, Weite
зарубе́жный, -ая, -ое; -ые	• из другой страны: -ое искусство	ausländisch
галере́я, -и	картинная ~	Galerie
конве́рт	купить ~ с маркой	Briefumschlag, Kuvert
приня́ть/принима́ть; приму́, при́мешь, при́мут; *A.*	~ подарок, ~ посылки, ~ телеграммы; ~ гостей; ~ школьников в университет	annehmen; aufnehmen; empfangen
код	знать ~; Какой у вас ~?	Vorwahl
подожда́ть *v.* (*см.* ждать) *A.*	~ несколько минут; ~ девушку	(ab)warten; etwas warten
мину́тка	• минута: одну -у; Подождите -у.	Minute *(Verkleinerung)*
учёный, -ого *Subst.*	(*ср.* учить) стать -ым; работа -ого	Wissenschaftler(-in)
собы́тие, -я	(*ср.* быть) важное ~, историческое ~	Ereignis

Б

тра́нспорт	городской ~, общественный ~	Verkehr(swesen)
заме́тить/замеча́ть; -ме́чу, -ме́тишь, -ме́тят; *A., Objektsatz*	Я его не заметил(а). Он заметил, что в комнату вошла женщина.	(be)merken
по́льзоваться *uv.* ; -зуюсь, -зуешься, -зуются; *I.*	(*ср.* польза) ~ автобусом; ~ уважением	benutzen; sich erfreuen
кли́мат	тёплый ~, холодный ~	Klima
автомаши́на	(*ср.* машина) ездить на -е	Auto

ПРИЛОЖЕНИЕ

Поурочный словарь

тогда́ *Adv.*	Летом я была в деревне, ~ часто шёл дождь.	damals
по/теря́ть *A.*	~ вещь, ~ книгу, ~ часы; ~ уважение, ~ авторитет, ~ время на дорогу	verlieren
чем ..., тем ...	чем скорее, тем лучше	je ..., desto ...
о́стрый, -ая, -ое; -ые	-ая проблема	scharf, spitz
коли́чество	• число: большое ~ машин	Anzahl, Menge
вести́, води́ть; веду́, ведёшь, веду́т; Prät. вёл, вела́, вели́; вожу́, во́дишь, во́дят; *A., по + D., в, на + A., к + D.*	вести туристов в Кремль; водить туристов по городу; вести к проблемам	führen
слу́чай, -я	интересный ~, необычный ~	Fall, Vorkommnis, Zwischenfall
несча́стный слу́чай	Здесь произошёл ~.	Unglücksfall, Unfall
безопа́сность, -и	(*ср.* без, опасный) выступать за ~	Sicherheit
пла́та *nur Sg.; за + A.*	высокая ~, низкая ~; ~ за проезд	Bezahlung
беспла́тный, -ая, -ое; -ые	(*ср.* без, плата) ~ билет, ~ проезд, ~ обед	kostenlos
прое́зд	(*ср.* ездить) ~ на метро, ~ на трамвае	Fahrt
вы́годно *als Prädikat*	(*ср.* выгода) Ему ~ ездить на машине.	vorteilhaft
оригина́льный, -ая, -ое; -ые	(*ср.* оригинал) -ая мысль, -ая вещь; сказать оригинально	originell; original, echt
предложи́ть/предлага́ть; -ложу́, -ло́жишь, -ло́жат; *D., A.*	~ гостям чай, ~ кофе; ~ открыть окно, ~ другу погулять	vorschlagen, anbieten
гекта́р	два -а, пять -ов	Hektar
электри́чка; *G. Pl.* -чек	ехать на -е	S-Bahn, Vorortbahn
при́город	(*ср.* при, город) жить в -е; ~ Москвы	Vorort
дое́хать/доезжа́ть (*см.* ехать) *до + G., на + P.*	~ до театра; ~ на трамвае, ~ до центра на автобусе, ~ на метро	(hin)fahren; ankommen, erreichen
разреши́ть/разреша́ть (*см.* решить/решать) *A., mit Inf.*	~ пользоваться словарём; Разрешите пройти!	gestatten, erlauben
ли́ния, -и	~ метро; железнодорожная ~	Linie
сесть/сади́ться; ся́ду, ся́дешь, ся́дут; *Prät.* сел, -а, -и; *в, на + A.*	~ на стул; ~ слева; ~ за работу; ~ в вагон, ~ на автобус, ~ на такси; Вам надо ~ на первый автобус.	sich setzen; einsteigen
везти́, вози́ть (*см.* привезти/привозить) *A., в, на + A., по + D.*	везти вещи на вокзал, везти туристов в аэропорт; возить туристов по Москве	fahren, bringen, führen

B

закры́ть/закрыва́ть (*см.* открыть/открывать) *A.*	~ окно; ~ вид на город; ~ книгу, ~ учебник; Окно закрыто.	(ver)schließen

ANHANG

Поурочный словарь

УРОК 8

A

рад, -а; -ы	Я ~ (-а), что ты пришёл.	froh sein
предложе́ние, -я	(*ср.* предложить) получить ~, принять ~, сделать ~	Vorschlag
жи́вопись, -и	интересоваться живописью	Malerei
красота́ *nur Sg.*	(*ср.* красивый) ~ человека, ~ девушки	Schönheit
ли́шний, -яя, -ее; -ие	• ненужный: -яя забота ~ час, ~ день, ~ урок; ~ билет	überflüssig, unnütz; zuviel
по/проси́ть; прошу́, про́сишь, про́сят; *A., у + G., mit Inf.*	~ друга встретиться; ~ у знакомой номер телефона; ~ к телефону, ~ к столу	bitten
про́сьба	большая ~; У меня к тебе ~.	Bitte
зае́хать/заезжа́ть (*см.* ехать) *в, на + A., к + D., за + I.*	• приехать ненадолго, посетить по пути: Я заеду к тебе на 10 минут. Она заехала за ним.	vorbeifahren, -kommen; abholen
рас/серди́ться; сержу́сь, се́рдишься, се́рдятся; *на + A.*	Ты на меня не сердишься? Он рассердился на свою подругу. Не серди́сь.	sich ärgern
за́нят, -а́, -о; -ы	• не свободен: Он очень ~. Телефон ~. Сегодня я -а.	beschäftigt sein; besetzt sein
вы́глядеть *uv.*; -гляжу, -глядишь, -глядят; *I.*	~ плохо, ~ хорошо; ~ молодой	aussehen
вне́шность, -и	• вид человека: Юноша описал ~ своей подруги.	Äußeres
сре́дний, -яя, -ее; -ие	-ее окно, -ее место; Она среднего роста. Она учится средне.	mittlerer; mittelmäßig
све́тлый, -ая, -ое; -ые	-ая комната, ~ класс; -ые волосы	hell
тёмный, -ая, -ое; -ые	• несветлый: -ая ночь, -ая улица, ~ лес; -ые волосы; На улице было темно́.	dunkel
оде́ть(ся)/одева́ть(ся); -ну(сь), -нешь(ся), -нут(ся)	Он(а) хорошо одевается. Он хорошо одет. Как ты одета?	(sich) anziehen
оде́жда	(*ср.* одеться) красивая ~, лёгкая ~	Kleidung
наде́ть/надева́ть (*см.* одеться/одеваться) *A.*	~ платье, ~ брюки, ~ куртку; ~ часы	aufsetzen, anziehen
у́зкий, -ая, -ое; -ие	• неширокий: ~ переулок, -ое платье; Платье ей узко́. Эта юбка у́же, чем та.	eng, schmal
пла́тье, -я	красивое ~, красное ~; Рая всегда носит чёрные платья.	Kleid
ту́фли, *Pl., G.* -фель	чёрные ~; У неё красивые ~. Где мои ~?	Schuhe
стро́йный, -ая, -ое; -ые	~ человек, ~ юноша, -ая девушка	schlank
се́рый, -ая, -ое; -ые	-ое платье, -ые туфли	grau
брю́ки *Pl., G.* брюк	светлые ~; носить ~, прийти в гости в серых брюках	Hosen
руба́шка, *G.Pl.* -шек	светлая ~, летняя ~, чистая ~; купить -у, носить -у	Hemd

ПРИЛОЖЕНИЕ

Поурочный словарь

га́лстук	новый ~, узкий ~; носить ~; быть в -е	Schlips
мо́дный, -ая, -ое; -ые	-ая одежда; одеваться модно	modisch
джи́нсы *Pl., G.* -сов	носить ~, ходить в школу в -ах	Jeans
джинсо́вый, -ая, -ое; -ые	-ая рубашка, -ое платье	Jeans- *(in Zus.)*
пуло́вер	носить ~	Pullover
ку́ртка, *G. Pl.* -ток	носить джинсовую -у, ходить в -е	Jacke, Anorak
ма́йка, *G. Pl.* ма́ек	белая ~, новая ~; ходить в -е, носить -у	T-Shirt
спорти́вный костю́м	надеть ~	Jogginganzug
же́нский, -ая, -ое; -ие	(*ср.* женщина) -ая одежда, -ое платье	weiblich, Frauen-, Damen- *(in Zus.)*
мужско́й, -а́я, -о́е; -и́е	(*ср.* мужчина) -ие брюки, -ая рубашка	männlich, Männer-, Herren- *(in Zus.)*
с/шить; шью, шьёшь; шьют	~ платье	nähen
идёт *D.*	Вам идёт это платье. Куртка тебе не идёт, не носи её.	*(etwas)* kleidet *(jmdn.)*, *(etwas)* steht *(jmdm.)*
скро́мный, -ая, -ое; -ые	~ человек; -ая одежда; одеваться скромно	bescheiden
блу́зка, *G. Pl.* -зок	женская ~, летняя ~; надеть -у	Bluse
ю́бка, *G. Pl.* ю́бок	тёмная ~, светлая ~; носить -у	Rock
я́ркий, -ая, -ое; -ие	~ галстук, -ая одежда; ~ цвет	grell
обрати́ть/обраща́ть внима́ние; -щу́, -ти́шь, -тя́т; *на + A.*	Она любит, когда на неё обращают внимание. Не обращай внимания.	Beachtung schenken, *(auf etwas, jmdn.)* achten
разме́р	носить вещи тридцать шестого -а; Какого размера это платье?	Größe
голубо́й, -а́я, -о́е; -ы́е	-ая блузка; блузка -ого цвета	hellblau
цена́, *A.* це́ну; *Pl.* це́ны	высокая ~, низкая ~; ~ колбасы; ~ на колбасу	Preis
приме́рить/примеря́ть *A.*	~ платье, ~ костюм, ~ туфли; Примерь эту блузку, она тебе понравится.	anprobieren
сове́т	дать ~	Rat
кроссо́вки *Pl., G.* -вок	новые ~, красивые ~; купить ~, надеть ~	Turnschuhe
вели́к, -а́, -о́; -и́; *D.*	• слишком большой: Туфли ей -и.	zu groß
мал, -а́, -о́; -ы; *D.*	• слишком маленький: Платье тебе -о.	zu klein
как раз *D.*	• не велик и не мал: Костюм тебе ~.	gerade richtig
ме́дленный, -ая, -ое; -ые	-ая музыка; работать медленно; Говорите, пожалуйста, медленнее.	langsam
то́лстый, -ая, -ое; -ые	~ человек, -ая женщина; -ая книга	dick
худо́й, -а́я, -о́е; -ы́е	~ человек, -ая девушка; -ые руки и ноги	dünn, dürr, mager
ры́жий, -ая, -ее; -ие	-ие волосы; ~ человек, -ая девочка	rot(haarig)
вью́щийся, -аяся, -ееся; -иеся	-иеся волосы	lockig
ресни́цы *Pl., G.* -ни́ц	длинные ~	Wimpern
бро́ви *Pl., G.* -ве́й	чёрные ~, широкие ~, узкие ~	Augenbrauen
гу́бы *Pl., G.* губ	толстые ~, красные ~	Lippen
ка́рий, -яя, -ее; -ие	У девушки светлые волосы и -ие глаза.	braun *(nur als Augenfarbe)*
курно́сый, -ая, -ое; -ые	(*ср.* нос) ~ юноша, -ая девушка	stupsnasig
то́нкий, -ая, -ое; -ие	-ие губы, -ие пальцы, -ая книга	dünn

Поурочный словарь

пиджа́к, -а́	носить ~; ходить в -е́	Jackett
жаке́т	Она пришла в -е и в юбке.	Kostümjacke, Jackett
пальто́ *n., unveränderlich*	серое ~, чёрное ~, зимнее ~; ходить в ~; надеть ~	Mantel
шо́рты *Pl.*	надеть ~; ходить в -ах	Shorts
боти́нки *Pl., G.* -нок	купить ~, примерить ~, надеть ~	(Schnür)Stiefel
сапоги́ *Pl., G.* -по́г	надеть ~; ходить в -ах	(Schaft)Stiefel
чулки́ *Pl., G.* -ло́к	тонкие ~, толстые ~; ходить без чулок	Strümpfe
носки́ *Pl.*	чёрные ~, яркие ~; носить ~, надеть ~	Socken
колго́тки *Pl.*, -ток	дешёвые ~, дорогие ~; носить ~	Strumpfhosen
лоси́ны *Pl.*, лоси́н	Девушка любит носить ~.	Leggings
ша́пка, *G. Pl.* -пок	ходить зимой в -е; надеть -у	Pelzmütze
шарф	красивый ~, голубой ~, красный ~	Schal
перча́тки *Pl.*, -ток	Надень ~, на улице холодно.	Handschuhe
ва́режки *Pl.*, -жек	ходить в -ах	Fausthandschuhe
ро́зовый, -ая, -ое; -ые	-ая блузка; блузка -ого цвета	rosa
сире́невый, -ая, -ое; -ые	-ые носки, -ое платье	fliederfarben
ора́нжевый, -ая, -ое; -ые	~ цвет	orange
фиоле́товый, -ая, -ое; -ые	~ костюм	violett
бе́жевый, -ая, -ое; -ые	-ое пальто,~ костюм	beige

Б

о́фис	работать в -е	Büro
самостоя́тельный, -ая, -ое; -ые	~ юноша, -ая девушка, -ая работа; быть -ым человеком; самостоятельно принимать решения	selbständig
шанс	иметь ~; у неё есть -ы на успех	Chance
победи́ть/побежда́ть; *1. Pers. Sg. ungebr.*, -дишь, -дя́т; *A.*	(*ср.* победа) ~ в соревновании, ~ на конкурсе; ~ других участников, ~ свой страх	(be)siegen
победи́тель, -ница	• тот, кто победил: ~ соревнования	Sieger(-in)
по́мощь, -и	(*ср.* помочь) делать всё без -и других	Hilfe
фотомоде́ль, -и	быть -ю, стать -ю	Fotomodell
возмо́жность, -и	(*ср.* можно) иметь ~, получить ~, дать ~; У неё есть ~ поехать в Россию.	Möglichkeit
спосо́бный, -ая, -ое; -ые	~ человек, ~ ученик	fähig, begabt
дру́жный, -ая, -ое; -ые	(*ср.* друг, дружить) ~ класс, -ая семья	einig, einhellig
пока́ *Adv., Konj.*	Она ~ не думает об институте. Об этом ~ ещё не надо говорить. ~ шёл дождь, мы не выходили из дома.	solange; bis
подгото́виться *v.* (*см.* готовить) *к + D.*	~ к докладу	sich vorbereiten
подгото́вка *к + D.*	~ к конкурсу	Vorbereitung

ПРИЛОЖЕНИЕ

Поурочный словарь

В

изобрази́ть/изобража́ть; -бражу́, -брази́шь, -бразя́т; *A.*	• описать, нарисовать в художественном образе: Художник (писатель) изобразил женщину.	darstellen

УРОК 9

А

педагоги́ческий, -ая, -ое; -ие	~ институт	pädagogisch
пе́нсия	получать -ю, уйти на -ю; Он уже на -и.	Pension, Rente
ни от кого́ (*G. von* никто)	~ не получать писем, ~ не зависеть	von niemandem
со́бственный, -ая, -ое; -ые	• свой: ~ дом, -ое дело	eigen
боя́ться *uv.*; -ю́сь, -и́шься, -я́тся; *G., mit Inf.*	~ трудностей; ~ опоздать на поезд; Не бойся, с тобой ничего не случится!	(sich) fürchten
риск	бояться -а; пойти на ~	Risiko
образова́ние, -я	получить ~, иметь ~; высшее ~, среднее ~	Bildung
креди́т	получить ~, взять ~	Kredit
совме́стный, -ая, -ое; -ые	(*ср.* вместе) -ая работа, -ое предприятие (СП); совместно создать фирму	gemeinsam
фи́рма	зарубежная ~	Firma
ме́неджер	~ фирмы	Manager
попа́сть/попада́ть; -ду́, -дёшь, -ду́т; *в, на + A.*	~ на концерт, ~ на конкурс, ~ в институт; Вы не туда попали.	(hin)geraten, gelangen, (hin)kommen
конкуре́нт		Konkurrent
останови́ться/остана́вливаться; -новлю́сь, -но́вишься, -но́вятся	(*ср.* остановка) Трамвай останавливается на остановке. Где здесь останавливается пятый автобус? Он остановится в гостинице. Она никогда не останавливается перед трудностями.	anhalten, stehenbleiben, haltmachen
мечта́ть *uv.*; *о + P., mit Inf.*	~ о счастье, ~ об успехе; ~ поехать в Россию	träumen *(von etwas)*
мечта́, *G. Pl.* мечта́ний	~ о будущем, ~ о встрече; ~ победить	Traum
объекти́вный, -ая, -ое; -ые	~ учитель; относиться объективно	objektiv
оцени́ть/оце́нивать; оценю́, оце́нишь, оце́нят; *A.*	(*ср.* цена) ~ свои отношения с человеком; правильно ~ ситуацию Дом оценён в двести тысяч.	beurteilen; schätzen, taxieren
специали́ст	быть -ом; мнение -а	Spezialist
секрета́рь, -я́; *m. und f.*	Он(а) – ~. ~ позвонил(а).	Sekretär(-in)
прести́ж	• авторитет: иметь ~	Prestige, Ansehen
прести́жный, -ая, -ое; -ые	• такой, который имеет престиж: -ая профессия; непрестижный, малопрестижный	Prestige- *(in Zus.)*
шеф		Chef
хотя́ *Konj.*	~ было холодно, мы пошли купаться.	obwohl

ANHANG

Поурочный словарь

посети́тель, -я	(*ср.* посетить) ~ музея, ~ выставки; принять -я	Besucher
компете́нтный, -ая, -ое; -ые	• знающий: ~ специалист	kompetent
обрабо́тать/обраба́тывать (*см.* работать) *А.*	~ огород; ~ информацию	bearbeiten
информа́ция	дать -ю	Information
оргте́хника	• организационная техника, например, компьютер	Kommunikationstechnik
никако́й, -а́я, -о́е; -и́е	У него нет никаких талантов.	keinerlei
по́вар, *m. und f.; Pl.* -а́	Он(а) работает -ом. Он выбрал профессию -а.	Koch (Köchin)
продо́лжить/продолжа́ть *А.*	Я хочу ~ своё образование в университете.	fortsetzen
никуда́	Он ~ не пошёл.	nirgendwohin
вы́йти/выходи́ть за́муж (*см.* пойти, ходить) *за + А.*	(*ср.* муж) Девушка вышла замуж. Она выходит замуж за предпринимателя.	heiraten *(eine Frau einen Mann)*
жени́ться *v., uv.*; женю́сь, же́нишься, же́нятся; *на + P.*	(*ср.* жена) Юноша женился. Мой брат летом же́нится на моей подруге.	heiraten *(ein Mann eine Frau)*
пожени́ться *v.*; -же́нимся, -же́нитесь, -же́нятся	Раиса и Пётр поженились год назад.	heiraten *(ein Paar)*
дома́шний, -яя, -ее; -ие	• связанный с домом: -ие туфли; -яя работа; -ее хозяйство; У вас есть ~ телефон?	Haus- *(in Zus.)*
хозя́йство	(*ср.* хозяин) вести ~; заниматься -ом	Wirtschaft
воспита́ть/воспи́тывать *А.*	~ детей, ~ школьников; ~ хорошо	erziehen
де́ти *Pl.*; детей, к де́тям, дете́й, с детьми́, о де́тях	У них двое (трое, четверо, пятеро) детей. У моей сестры нет детей.	Kinder
случа́йный, -ая, -ое; -ые	(*ср.* случай) ~ знакомый, -ая встреча, ~ успех; Они встретились случайно.	zufällig
медици́на	современная ~; учебник -ы; заниматься -ой	Medizin
медици́нский, -ая, -ое; -ие	• относящийся к медицине: -ая помощь, -ое образование, -ая сестра (медсестра)	medizinisch, Medizin- *(in Zus.)*
врач, -а́; *m. und f.*	Он(а) хороший ~. ~ осмотрел(а) больного.	Arzt (Ärztin)
се́рдце *sprich:* се́р[-]це	хорошее ~, плохое ~, честное ~, доброе ~	Herz
ум, -а́, *Pl.* умы́	большой ~, тонкий ~, острый ~	Verstand
не́рвы *Pl.*	хорошие ~, плохие ~	Nerven
хвата́ть *uv.*; хвата́ет; хвата́ло; *D., G.*	Ей не хватает времени. В стране не хватает врачей.	(aus)reichen
лека́рство	~ от гриппа; принимать ~; дорогое ~	Arznei(mittel)
аппарату́ра	современная медицинская ~	Apparatur
боле́ть^{1} *uv.*; *I.*	редко ~, часто ~; Он болеет гриппом.	krank sein
за + А.	~ за спортивную команду	Fan sein *(von etwas)*
боле́ть^{2} *uv.*; *1. und 2. Person Sg. ungebr.;* боли́т, боля́т	болит сердце, болит голова; У меня болят глаза.	weh tun
больно́й, -а́я, -о́е; -ы́е; *Adj., Subst. Kurzform:* бо́лен, больна́, больны́	• такой, который болеет: ~ человек; -ые дети; ~ лежит дома.	krank; der Kranke
поликли́ника	идти в -у; работать в -е	Poliklinik

ПРИЛОЖЕНИЕ

Поурочный словарь

сла́ва Бо́гу	~, она не больна.	Gott sei Dank
переда́ть/передава́ть (*см.* дать/ давать) *D., A.*	~ письмо, ~ посылку; ~ привет друзьям	übergeben, übermitteln
грипп	болеть -ом; У неё ~.	Grippe

Б

опера́ция, -и	простая ~, сложная ~; ~ сердца; сделать -ю	Operation
очки́ *Pl.*, -о́в	сильные ~, слабые ~; ~ от солнца; носить ~; ходить в -ах	Brille
дире́ктор; *Pl.* -а́	~ предприятия, ~ школы	Direktor
за рубежо́м	• в другой стране: работать ~	im Ausland
изве́стность, -и	(*ср.* известный) получить ~; пользоваться известностью	Bekanntheit, Berühmtheit
одновре́менно *Adv., auch:* одновре-ме́нно	• в то же время: работать и учиться ~	gleichzeitig
больни́ца	работать в -е, лежать в -е	Krankenhaus
заво́д	работать на -е	Werk, Betrieb
граждани́н, -да́нка; *Pl.* гра́ждане, гра́ждан	~ страны, ~ государства; уважать права граждан; Граждане пассажиры!	Bürger(-in)
лечи́ть *uv.*; лечу́, ле́чишь, ле́чат; *A., от + G.*	~ больного, ~ детей; ~ от гриппа	heilen
цель, -и	главная ~, важная ~; иметь ~; жить без -и; попасть в ~	Ziel
отве́тственность, -и	нести ~; бояться -и; чувство -и	Verantwortung
ра́доваться *uv.*; -дуюсь, -дуешься, -дуются; *D.*	(*ср.* рад) Он радуется успехам института. Я радуюсь весне.	sich freuen *(über etwas)*

В

проду́кты *Pl.*, -тов	покупать ~ в магазине; ходить в магазин за -ами	Lebensmittel
блю́до	вкусное ~, незнакомое ~; приготовить русское ~; обед из трёх блюд; На -е лежали пирожки.	Speise, Gericht; Gang; Schale, Schüssel
суп, *Pl.* супы́, супо́в	приготовить ~, есть ~	Suppe
карто́шка, карто́фель	блюдо из картошки (картофеля)	Kartoffel
хлеб	купить ~, есть ~; чёрный ~, белый ~	Brot
ма́сло	хлеб с -ом	Butter; Öl
смета́на	блины со -ой	saure Sahne
яйцо́, *Pl.* я́йца, яиц		Ei
мука́	блюда из -и; два килограмма -и	Mehl
соль, -и	с солью; без -и	Salz
пе́рец, -рца	с перцем; красный ~	Pfeffer; Paprika
лук	зелёный ~; голо́вка -а	Zwiebel

Поурочный словарь

укро́п		Dill
петру́шка		Petersilie
ку́хня, *G. Pl.* -хонь	готовить на -е; блюда русской -и	Küche
с/вари́ть; варю́, ва́ришь, ва́рят; *A.*	(*ср.* повар) ~ суп, ~ картошку, ~ русское блюдо	kochen
доба́вить/добавля́ть; -влю, -вишь, -вят; *A., в, на + A.*	~ соль, ~ перец; ~ в суп сметану, ~ в картошку соль; Отец добавил несколько слов к моему письму.	hinzufügen, ergänzen; dazugeben
жа́рить *uv.*; *A.*	~ мясо, ~ картошку, ~ яйца; ~ лук в масле	braten
те́сто		Teig
ре́зать *uv.*; ре́жу, -жешь, -жут; *A., I.*	~ колбасу, ~ сыр; ~ ножом	schneiden
перемеша́ть *v.* (*см.* мешать) *A., с + I.*	~ мясо с луком	vermengen, umrühren
пода́ть/подава́ть (*см.* дать/давать) *A., на + A., к + D.*	~ блюдо на стол; ~ сметану к супу; ~ гостям пирожки	geben, reichen
положи́ть/класть; -ложу́, -ло́жишь, -ло́жат; кладу́, -дёшь, -ду́т; *A., в, на + A.*	~ вещи на стул, ~ книги в сумку; ~ соль в суп; ~ в чай сахар	legen, (hinein)tun
таре́лка; *G. Pl.* -лок	мыть -и; ~ супа	Teller
ме́лкий, -ая, -ое; -ие	-ая тарелка; -ая река; -ие деньги; -ое предприятие	klein; seicht; flach
ча́шка, *G. Pl.* ча́шек	~ чая (чаю), ~ кофе	Tasse
пригото́вить *v.* (*см.* готовить) *A.*	~ ужин	vorbereiten, zubereiten
столо́вый прибо́р	• нож, вилка и ложка: положить около тарелки ~	Eßbesteck
нож, -а́; *Pl.* ножи́	острый ~; резать -о́м	Messer
ви́лка, *G. Pl.* -лок	есть -ой; положить на стол нож и -у	Gabel
ло́жка, *G. Pl.* -жек	положить в суп -у соли	Löffel
столо́вый, -ая, -ое; -ые	-ая ложка, ~ прибор	Eß-, Speise- *(in Zus.)*
ча́йный, -ая, -ое; -ые	-ая ложка, -ая чашка	Tee- *(in Zus.)*
килогра́мм; *Pl.* -ы, -ов	~ сыра	Kilogramm

УРОК 10

A

лёгкая атле́тика	соревнования по -ой -е; заниматься -ой -ой	Leichtathletik
плыть, пла́вать; плыву́, -вёшь, -ву́т	плавать по реке; плыть к другому берегу; Мой друг хорошо плавает.	schwimmen
пла́вание, -я	заниматься -ем; участвовать в соревнованиях по -ю	Schwimmen
бокс	заниматься -ом; тренировка по -у	Boxen

ПРИЛОЖЕНИЕ

Поурочный словарь

разви́ть/развива́ть; -зовью́, -вьёшь, -вью́т; *А.*	~ промышленность, ~ характер человека, ~ у школьников интерес к спорту	entwickeln
физи́ческий, -ая, -ое; -ие	-ая сила, -ая работа	physisch, körperlich
ни …, ни …	У него нет ни братьев, ни сестёр.	weder … noch …
досто́инство	-а характера; иметь чувство собственного -а	Würde
во́ля, -и	воспитывать -ю; У него нет силы -и. Он сделал это против -и.	Willen
боро́ться *uv.*; борю́сь, бо́решься, бо́рются; *за + А., с + I., против + G.*	~ за мир, ~ за защиту окружающей среды	kämpfen
односторо́нний, -яя, -ее; -ие	(*ср.* одна сторона) -ее отношение к вопросу; односторо́нне развивать человека	einseitig
по/ссо́риться *с + I.*	Они поссорились. Таня поссорилась с Николаем. Они всегда ссорятся.	sich streiten
заня́тие, -я	(*ср.* заняться/заниматься) интересное ~; -я спортом, -я музыкой; на -и	Beschäftigung; (Unterrichts-)Stunde
здоро́вый, -ая, -ое; -ые	~ человек, ~ образ жизни; Он чувствует себя -ым.	gesund; kräftig
регуля́рный, -ая, -ое; -ые	-ые занятия спортом; регулярно заниматься иностранным языком	regelmäßig
стра́стный, -ая, -ое; -ые	~ любитель музыки; страстно любить спорт	leidenschaftlich
боле́льщик	(*ср.* болеть) Мой друг ~. Он болеет за команду "Спартак".	Fan
фана́т (*разговорный стиль*)	• болельщик	Fan
пропусти́ть/пропуска́ть; -пущу́, -пу́стишь, -пу́стят; *А.*	~ уроки, ~ занятия; ~ строчку при чтении; ~ ошибку; не ~ ни одного концерта любимой группы; не ~ никого без билета	versäumen, verpassen; durchlassen
реко́рд	мировой ~; поставить ~	Rekord
матч	• соревнование между двумя командами: футбольный ~	Spiel
во́дное по́ло *Subst.: n., unveränderlich*	• спортивная игра в воде: чемпион по -ому поло	Wasserball
гре́бля, -и; *nur Sg.*	заниматься -ей; соревнования по -е	Rudern
фигу́рное ката́ние	заниматься -ым -ем; чемпионка мира по -ому -ю	Eiskunstlauf
конькобе́жный спорт	заниматься -ым -ом	Eislaufen, Eissport
фехтова́ние, -я; *nur Sg.*	соревнования по -ю	Fechten
Олимпи́йские и́гры	участие в -их -ах; В 1992 году ~ проходили в Барселоне.	Olympische Spiele
пе́рвенство	• соревнования за первое место: ~ по футболу	Meisterschaft
го́нка; *G. Pl.* -нок	лы́жная ~, велосипедная ~	Rennen, Wettkampf
велого́нка	• велосипедная гонка	Radrennen
чемпио́н, -ка	• спортсмен или команда, которые победили на соревнованиях: ~ мира; ~ Европы; ~ по теннису; -ка мира среди девушек	Champion, Meister(-in)
чемпиона́т	• соревнование на первенство: шахматный ~; ~ по футболу	Meisterschaft

Поурочный словарь

бежа́ть, бе́гать; бегу́, бежи́шь, бегу́т	бегать по комнате; Он быстро бегает. Куда они бегут?	laufen, rennen
диста́нция	• расстояние: бегать на короткую -ю	Distanz, Entfernung
пры́гнуть/пры́гать; -ну, -нешь, -нут	Спортсмен высоко прыгает. Он прыгнул дальше всех. Она прыгнула в воду.	springen
вы́играть/выи́грывать (*см.* играть) *A., у + G.*	• победить: ~ матч, ~ соревнование; Наша команда выиграла сегодня.	gewinnen
проигра́ть/прои́грывать; *A., D.*	~ матч; ~ партнёру, ~ команде	verlieren
вничью́ *Adv.*	Игра закончилась ~. Команды сыграли ~.	unentschieden
счёт	написать ~; иметь ~ в банке; сыграть со -ом два – ноль	Spielstand; Rechnung; Konto
золото́й, -а́я, -о́е; -ы́е	-ая медаль, -ые очки	golden, Gold- *(in Zus.)*
сере́бряный, -ая, -ое; -ые	-ая медаль, -ая посуда, -ые часы	silbern, Silber- *(in Zus.)*
бро́нзовый, -ая, -ое; -ые	-ая медаль	bronzen, Bronze- *(in Zus.)*
что́-нибудь		etwas

Б

обыкнове́нный, -ая, -ое; -ые	• обычный: ~ человек, -ая история; необыкновенный случай	gewöhnlich
двор, -а́; *Pl.* -ы́	~ дома; играть во -е́; выйти во ~	Hof
како́й-нибу́дь	Дай мне почитать какую-нибудь книгу, всё равно, какую.	irgendein
взгляд	приветливый ~, серьёзный ~; На первый ~, она была молодой.	Blick
вдруг *Adv.*	• неожиданно: ~ в комнату вошёл мой друг.	plötzlich, auf einmal
одна́жды *Adv.*	~ к нам в гости пришёл незнакомый человек.	einmal; eines Tages
возврати́ться/возвраща́ться; -щу́сь, -ти́шься, -тя́тся; *в, на + A., из, с + G.*	Мой друг возвратился вчера в Москву из поездки в Германию. Когда ты возвратишься домой?	zurückkehren, wiederkommen
вбежа́ть/вбе́гать (*см.* бежать, бегать) *в, на + A.*	Мальчик вбежал во двор.	hineinlaufen
подъе́зд	жить в -е номер 28; стоять в -е; войти в ~	Aufgang, Eingang
лифт	ехать на -е; войти в ~; Мы живём в доме с -ом.	Fahrstuhl
молча́ть *uv.*; молчу́, -чи́шь, -ча́т	• ничего не говорить: Почему ты молчишь?	schweigen
площа́дка	строительная ~; спортивная ~; ехать на -е вагона; выйти на -у	Platz; Plattform
сосе́д, -ка	• тот, кто живёт или находится рядом: ~ по дому; ~ по купе	Nachbar (-in)
ми́мо *+ G.*	пройти ~ дома; смотреть ~ кого-нибудь	vorbei, an … vorbei
что́-то	В сумке ~ лежит, но я не знаю, что.	etwas
но́вость, -и	(*ср.* новый) интересная ~, неожиданная ~; рассказать ~; узнать ~	Neuigkeit

ПРИЛОЖЕНИЕ

Поурочный словарь

сообщи́ть/сообща́ть *А., D., о + Р.*	~ результат, ~ телефон, ~ адрес; Дочь сообщила матери о своих планах. По радио сообщили последние новости.	mitteilen
как бу́дто	Она делала вид, ~ не понимает меня.	als ob
ревнова́ть *uv.*; -ну́ю, -ну́ешь, -ну́ют; *А., к + D.*	~ друга, ~ подругу, ~ мужа, ~ Алёшу к Марине	*(wegen jmdm.)* eifersüchtig sein *(auf jmdn.)*
переста́ть/перестава́ть (*см.* устать/уставать) *mit Inf. uv.*	Перестаньте, пожалуйста, так громко разговаривать, вы нам мешаете. Он не переставал думать о ней.	aufhören *(etwas zu tun)*
звоно́к, -нка́	~ телефона; ~ не работает; ~ друга, ~ знакомого	Klingel; Klingeln; Anruf
па́рень, -рня	• юноша: молодой ~, симпатичный ~	junger Mann
по/целова́ть; -у́ю, -у́ешь, -у́ют; *А.*	~ юношу, ~ девушку, ~ мать, ~ сестру	küssen
по/целова́ться *с + I.*	Молодые люди целовались в поезде.	sich küssen
Будь здоро́в(а)!	• Пока! ~ До встречи.	Tschüs! Mach's gut!
ле́стница *sprich:* ле́с[-]ница	стоять на -е; выйти на -у; поставить -у к окну	Treppe; Leiter
обману́ть/обма́нывать; обману́, -ма́нешь, -ма́нут; *А.*	~ друга, ~ подругу; Он никогда никого не обманывает. Вы меня не обманываете?	betrügen, *(jmdn.)* täuschen
обма́н	• неправда	Betrug
обма́нутый, -ая, -ое; -ые	• тот, кого обманули: ~ человек	betrogen
по/спеши́ть *в, на + А., к + D., mit Inf.*	~ на работу, ~ на занятия; ~ написать письмо; ~ к началу занятий; часы спешат	sich beeilen, es eilig haben
по/жале́ть *А., о + Р.*	~ мать, ~ сестру; ~ о прошлом, ~ о своих словах	bemitleiden; bedauern
жа́лость, -и	чувство -и; чувствовать ~ к нему	Mitleid
восхище́ние, -я	чувство -я; чувствовать ~ Дугановым	Begeisterung, Entzücken
навстре́чу *+ D.*	(*ср.* встретить) идти ~ кому-нибудь	entgegen
удиви́тельный, -ая, -ое; -ые	-ая девушка; -ое событие	erstaunlich, bewundernswert
дово́лен, -льна, -льно; -льны; *I.*	Она довольна собой.	zufrieden sein

ANHANG

Грамматический справочник

Inhalt

Schreibregeln
Пра́вила орфогра́фии

1 Substantive – außer Eigennamen – werden im Russischen klein geschrieben.

2 Nach г, к, х und Zischlauten (ж, ш, ч, щ) wird stets и (nicht ы) geschrieben, z. B.: У Ни́ны нет подру́г**и**. На столе́ ру́чк**и** и карандаш**и́**.

3 Nach Zischlauten (ж, ш, ч, щ) und ц wird in betonter Silbe ein о, in unbetonter Silbe ein е geschrieben, z. B.:
писа́ть карандаш**о́**м,говори́ть с учи́тельниц**е**й и с Ма́ш**е**й,

4 Je nachdem, ob der Stamm eines Wortes auf harten oder auf weichen Konsonanten auslautet, werden gleiche Flexionsendungen *unterschiedlich geschrieben:*

Stammauslaut	mögliche Vokalbuchstaben				
auf harten Konsonanten:	а	у	ы	о	
auf weichen Konsonanten:	я	ю	и	ё (betont)	е (unbetont)

ПРИЛОЖЕНИЕ

Грамматический справочник

Konsonanten
Согла́сные

Stimmhafte und stimmlose Konsonanten

5

stimmhaft:	б б' в в' г г' д д' ж з з'	л л' м м' н н' р р' j	———
stimmlos:	п п' ф ф' к к' т т' ш с с'	———	ц ч' щ' х х'

6 Innerhalb eines Wortes werden stimmhafte Konsonanten vor stimmlosen stimmlos, z. B.:
повтори́те – по[ф]тори́те, два́дцать – два́[т]цать.

Zum Unterschied vom Deutschen werden stimmlose Konsonanten vor stimmhaften (außer в) stimmhaft, z. B.:
футбо́л – фу[д]бо́л, сде́лать – [з']де́лать; aber: твой – [т]вой.

7 Beim Aufeinanderstoßen eines stimmlosen und eines stimmhaften Konsonanten innerhalb der Wortgruppe "Präposition + folgendes Wort" erfolgt ebenfalls Stimmangleichung, z. B.:
в су́мке – [ф]су́мке, из Фра́нкфурта – и[с]Фра́нкфурта;
от Бори́са – о[д]Бори́са, с бра́том – [з]бра́том.

Harte und weiche Konsonanten

8 Die meisten russischen Konsonanten können sowohl hart als auch weich (palatalisiert) gesprochen werden.

hart:	п б ф в т д с з м н л р к г х	ш ж ц	———
weich:	п' б' ф' в' т' д' с' з' м' н' л' р' к' г' х'	———	ч' щ' j

Die Weichheit eines Konsonanten wird schriftlich durch nachfolgende weiche Vokalbuchstaben я ё ю е и oder ein ь gekennzeichnet, z. B.:
меня́, пой**д**ём, гово**р**ю́, **т**е**б**е́, госпо**д**и́н, пя**ть**.

9 Die Konsonanten ж, ш, ц sind immer hart, z. B.: жить, говори́шь, цирк.
Die Konsonanten ч, щ sind immer weich, z. B.: час, учи́тель, ещё.

Vokale
Гла́сные

Betonte Vokale

10 Russische betonte Vokale werden deutlich ausgesprochen und haben mittlere Länge.
Die fünf betonten Vokale [а], [о], [у], [э] und [ы] werden in der Schrift durch zehn Buchstaben wiedergegeben.

sogenannte harte Vokalbuchstaben:	а о у э ы
sogenannte weiche Vokalbuchstaben:	я ё ю е и

ANHANG

Грамматический справочник

11 Weiche Vokalbuchstaben nach einem Konsonanten zeigen an, daß dieser weich ausgesprochen wird (↗ **4**), z. B.:
меня́ – ме[н'а], пойдём – пой[д'о]м, говорю́ – гово[р'у], тебе́ – те[б'э], господи́н – госпо[д'и]н, пять – [п'а]ть.

Nach Vokal und am Wortanfang geben die weichen Vokalbuchstaben (außer и) die Verbindung [j + Vokal] wieder, z. B.:
Ю́рий – [jу]рий, моя́ – мо[jа]; aber: И́на – [и]на.

Unbetonte Vokale

12 Aussprache der unbetonten а und о:
unmittelbar vor der betonten Silbe als kurzes [а̮], z. B.:
спаси́бо – сп[а̮]си́бо, Бори́с – Б[а̮]ри́с,
in allen anderen Silben als sehr kurzes [ә̮], z. B.:
ка́рта – ка́рт[ә̮], э́то – э́т[ә̮], говори́ть – г[ә̮]в[а̮]ри́ть.

13 Aussprache der unbetonten е und я:
unmittelbar vor der betonten Silbe als kurzes [и̮], sonst gewöhnlich als sehr kurzes [и̮], z. B.:
тебя́ – [т'и̮]бя́, пятна́дцать – [п'и̮]тна́дцать;
рестора́н – [р'и̮]стора́н, пятьдеся́т – [п'и̮]тьдеся́т.

In Endungen werden unbetonte е und я unterschieden, z. B.:
в су́мке – в су́м[к'и̮]; aber: неде́ля – неде́[л'ә̮].

Die Aussprache einiger Vokale nach Zischlauten

14 Nach ж, ш und ц wird anstelle von и ein [ы] gesprochen:
жить – ж[ы]ть, маши́на – маш[ы]на, цирк – ц[ы]рк.

15 Nach ч wird anstelle von unbetontem а ein kurzes [и̮] gesprochen: часы́ – ч[и̮]сы́.

Die Wortbindung
Слия́ние слов в произноше́нии

16 Im Russischen werden mehrere Wörter zusammenhängend, d. h. wie *ein* Wort, gesprochen. Das gilt vor allem für die Wortgruppen "Präposition + folgendes Wort", "не + folgendes Wort", "кто, что, это + folgendes Wort", z. B.:
на столе́, в су́мке, не моя́ кни́га, не уме́ет игра́ть в те́ннис;

Кто э́то? Что э́то? Э́то Ни́на?

Die Intonation
Интона́ция

17 Aussagesatz: | Fragesatz mit Fragewort: | Fragesatz ohne Fragewort:

Э́то Све́та. | Где Све́та? | Э́то Све́та?

Die Intonation im deutschen und im russischen Aussagesatz ist im wesentlichen gleich: Tonsenkung auf der Silbe, die den Hauptakzent im Satz trägt.
Die Intonation in der russischen Ergänzungsfrage (Fragesatz mit Fragewort) ist die gleiche wie im Aussagesatz.
Vom Deutschen erheblich unterscheidet sich die Intonation in der russischen Entscheidungsfrage: starke Tonsteigung auf der Silbe, die den Hauptakzent im Satz trägt, anschließend Tonsenkung.

ПРИЛОЖЕНИЕ

Грамматический справочник

18 Aussagesatz:

• •— •

Я иду́ домо́й.

Fortsetzungsfrage:

•

А ты?

Für die kontrastierende Fortsetzungsfrage ist charakteristisch: Tonsteigung auf dem Wort, das den Akzent im Satz trägt.

Das Verb
Глаго́л

Der Aspekt
Вид

19 Russische Verben werden nach dem Aspekt unterschieden, das heißt nach der unterschiedlichen Betrachtungsweise des Handlungsablaufs.

Einem deutschen Verb entsprechen im Russischen meist zwei Verben, die dieselbe Wortbedeutung haben, z. B.:
tun, machen – сде́лать und де́лать.
сде́лать ist ein Verb des vollendeten (perfektiven) Aspekts (*v.*), де́лать ein Verb des unvollendeten (imperfektiven) Aspekts (*uv.*). Die Verben сде́лать/де́лать bilden ein Aspektpaar.
Die Verben eines Aspektpaares werden in diesem Lehrbuch immer in der Abfolge vollendeter Aspekt/unvollendeter Aspekt aufgeführt.

Vergleiche z. B.:

deutsche Bedeutung		*v.* Verb/*uv.* Verb
schreiben	–	написа́ть/писа́ть
lesen	–	прочита́ть/чита́ть
anrufen	–	позвони́ть/звони́ть
lernen	–	вы́учить/учи́ть
tun, machen	–	сде́лать/де́лать
bekommen, erhalten	–	получи́ть/получа́ть
fragen	–	спроси́ть/спра́шивать
antworten	–	отве́тить/отвеча́ть
sagen	–	сказа́ть/говори́ть

20 Die Verben des vollendeten Aspekts heben die Ganzheitlichkeit der Handlung, häufig ihr *Ergebnis* und/oder ihre *Einmaligkeit*, hervor.
Die Verben des unvollendeten Aspekts bezeichnen häufig den *Verlauf einer Handlung* oder ihre *Mehrmaligkeit*.

21 Beispiele für den Gebrauch der Verbalaspekte (im Präteritum)

vollendete Verben

- *Abschluß, Ergebnis einer Handlung:*
  Вчера́ И́ра написа́ла два письма́.

– Ты уже́ все уро́ки сде́лала, Та́ня?
– Да, все.

unvollendete Verben

- *Verlauf einer Handlung:*
  Вчера́ И́ра смотре́ла телеви́зор и писа́ла пи́сьма.
  Мы с Ка́тей сего́дня два часа́ де́лали уро́ки.

Грамматический справочник

- *Eine Einzelhandlung:*
  Позавчера́ ве́чером Зо́я позвони́ла Та́не.

- *Eine sich wiederholende Handlung* (häufig mit Adverbialbestimmungen wie иногда́, ча́сто, всегда́, ка́ждый день):
  Ле́том Зо́я ка́ждый день звони́ла Та́не.

- *Zeitlich aufeinanderfolgende einmalige Handlungen:*
  Ребя́та вы́шли из по́езда, се́ли в авто́бус и пое́хали на о́зеро.

- *Zu gleicher Zeit ablaufende Handlungen:*
  Ребя́та сиде́ли в авто́бусе и смотре́ли в окно́.

- *Das Ausbleiben des Ergebnisses einer erwarteten Handlung:*
  – Ли́да получи́ла телегра́мму?
  – Нет, не получи́ла.

- *Die Tatsache, daß eine Handlung überhaupt stattgefunden hat:*
  – Ты чита́л э́ту статью́?
  – Да, чита́л. (Или: – Нет, не чита́л.)

Die Verben der Fortbewegung
Глаго́лы движе́ния

22 Es gibt im Russischen einige unvollendete Verbpaare, die eine Fortbewegung ausdrücken, z. B.:
gehen, kommen – идти́ und ходи́ть.
идти́ ist ein bestimmtes Verb, ходи́ть ein unbestimmtes Verb.

23 Die bestimmten Verben bezeichnen eine Fortbewegung *nur in einer → Richtung*, die unbestimmten Verben eine Fortbewegung *nicht nur in einer ⇄ Richtung.*

Zu den Verben der Fortbewegung gehören z. B.:

deutsche Bedeutung		bestimmtes Verb	unbestimmtes Verb
gehen, kommen	–	идти́	ходи́ть
laufen, rennen	–	бежа́ть	бе́гать
fahren, reisen	–	е́хать	е́здить
fliegen	–	лете́ть	лета́ть
schwimmen	–	плыть	пла́вать
führen, leiten	–	вести́	води́ть
fahren, bringen	–	везти́	вози́ть
tragen	–	нести́	носи́ть

24 Beispiele für den Gebrauch der Verben der Fortbewegung

bestimmte Verben	unbestimmte Verben
Куда́ ты идёшь? – На стадион.	Ма́льчик ча́сто хо́дит на стадио́н.
Мы е́хали в Новосиби́рск 4 часа́.	В про́шлом году́ мы е́здили в Но́вгород. (= … мы бы́ли в Но́вгороде.)

25 Die bestimmten Verben der Fortbewegung können sich mit *Präfixen räumlicher Bedeutung* (z. B. при- *herbei-*, у- *weg-*, пере- *über-*, про- *hindurch-*) verbinden; sie werden dadurch vollendete Verben und bilden mit unvollendeten Ableitungen echte Aspektpaare. Z. B.:

ПРИЛОЖЕНИЕ

Грамматический справочник

35 Regelmäßig werden die meisten Verben auf -ить konjugiert.
Beachte den Konsonantenwechsel (д : ж, з : ж, т : ч, т : щ, с : ш, - : л) nur in der 1. Person Singular:

хо**д**и́ть	– хо**ж**у́, хо́дишь	е́з**д**ить	– е́з**ж**у, е́здишь
прово**д**и́ть	– прово**ж**у́, прово́дишь	поса**д**и́ть *v.*	– поса**ж**у́, поса́дишь
во**з**и́ть	– во**ж**у́, во́зишь	изобра**з**и́ть *v.*	– изобра**ж**у́, изобрази́шь
пла**т**и́ть	– пла**ч**у́, пла́тишь	отве́**т**ить *v.*	– отве́**ч**у, отве́тишь
посе**т**и́ть *v.*	– посе**щ**у́, посети́шь	возвра**т**и́ться *v.*	– возвра**щ**у́сь, возврати́шься
пригла**с**и́ть *v.*	– пригла**ш**у́, пригласи́шь		
лю**б**и́ть	– лю**бл**ю́, лю́бишь	гото́**в**ить	– гото́**вл**ю, гото́вишь

Das Futur
Бу́дущее вре́мя

36 Die Formen des Futurs *vollendeter* Verben werden wie die Präsensformen unvollendeter Verben gebildet (einfaches Futur ↗ **30 – 35**).

37 Die Formen des Futurs *unvollendeter* Verben werden aus dem Futur von быть und dem Infinitiv der unvollendeten Verben gebildet (zusammengesetztes Futur).

Infinitiv: прочита́ть/чита́ть

Numerus	Person	*v.*	*uv.*	
Sg.	1. я	прочита́ ю	бу́ду	чита́ ть
	2. ты	прочита́ ешь	бу́дешь	чита́ ть
	3. он, она́	прочита́ ет	бу́дет	чита́ ть
Pl.	1. мы	прочита́ ем	бу́дем	чита́ ть
	2. вы	прочита́ ете	бу́дете	чита́ ть
	3. они́	прочита́ ют	бу́дут	чита́ ть

Das Präteritum
Проше́дшее вре́мя

38 Die Formen des Präteritums der vollendeten und unvollendeten Verben werden durch Anfügen von -л, -ла, -ло; -ли an den Infinitivstamm gebildet.

Infinitiv: чита́ть

Numerus	Genus		
Sg.	m.	я, ты, он	чита́ л
	f.	я, ты, она́	чита́ ла
	n.	(оно́	чита́ ло)
Pl.		мы, вы, они́	чита́ ли

39 Beachte das Präteritum von

идти́:	шёл, шла, шло; шли	вести́:	вёл, вела́, вело́; вели́
нести́:	нёс, несла́, несло́; несли́	везти́:	вёз, везла́, везло́; везли́
расти́:	рос, росла́, росло́; росли́	мочь:	мог, могла́, могло́; могли́

Грамматический справочник

40 Beachte den Betonungswechsel in der femininen Singularform einiger einsilbiger Verben, z. B.:
быть: был, была́, бы́ло; бы́ли
Ebenso: брать, взять *v.*, дать *v.*, ждать, жить, пить

Der Konjunktiv
Сослага́тельное наклоне́ние

41 Die Formen des Konjunktivs vollendeter und unvollendeter Verben werden aus den Formen des Präteritums und dem Wort *бы* gebildet.

Infinitiv: чита́ть

Numerus	Genus		
Sg.	m.	я, ты, он	чита́ л бы
	f.	я, ты, она́	чита́ ла бы
	n.	(оно́	чита́ ло бы)
Pl.		мы, вы, они́	чита́ ли бы

42 Russischen Konjunktivformen entsprechen vielfältige deutsche Formen:
он чита́л бы – er lese, er läse, er würde lesen, er hätte gelesen.
Die treffende Übersetzung ergibt sich aus dem Sinnzusammenhang.

Ты мог бы помо́чь мне?	Könntest du mir (vielleicht) helfen?
Я хоте́ла бы дое́хать до це́нтра на метро́.	Ich würde gern (möchte) mit der U-Bahn ins Zentrum fahren.

Zum Gebrauch des Konjunktivs in Objektsätzen ↗ 143, in Finalsätzen ↗ 145, in Konditionalsätzen ↗ 147, in der indirekten Rede ↗ 149.

Der Imperativ
Повели́тельное наклоне́ние

43 Die Form des Imperativs *Singular* vollendeter und unvollendeter Verben wird durch Anfügen von -й oder -и an den Präsensstamm gebildet.
Der *Plural* wird durch Anfügen von -те an den Imperativ Singular gebildet.

Infinitiv: чита́ть (они́ чита́-ют) — говори́ть (они́ говор-я́т)

Numerus	Präsensstamm auf Vokal	auf Konsonant[1]
Sg.	чита́ й!	говор и́!
Pl.	чита́ йте!	говор и́те!

Ebenso:

отвеча́ть:	отвеча́й(те)!	извини́ть *v.*:	извини́(те)!	брать:	бери́(те)!
гуля́ть:	гуля́й(те)!	сказа́ть *v.*:	скажи́(те)!	взять *v.*:	возьми́(те)!
рисова́ть:	рису́й(те)!	писа́ть:	пиши́(те)!	идти́:	иди́(те)!

[1] Beachte den Imperativ einiger Verben auf -ь(те) mit Stammbetonung: забы́ть *v.*: (не) забу́дь(те)! наде́ть *v.*: наде́нь(те)! отве́тить *v.*: отве́ть(те)! переста́ть *v.*: переста́нь(те)!

ПРИЛОЖЕНИЕ

Грамматический справочник

44 Die 1. Person Plural des Futurs vollendeter Verben drückt die Forderung des Sprechers aus, die Handlung gemeinsam auszuführen:

Пойдём в теа́тр. — Laß uns ins Theater gehen!
Пойдёмте в теа́тр. — Laßt uns ins Theater gehen!

Durch дава́й, das auch mit dem Infinitiv verbunden werden kann, wird die Aufforderung verstärkt.

Дава́й ку́пим пода́рки. — Laß uns die Geschenke kaufen!
Дава́й игра́ть в те́ннис. — Laß uns Tennis spielen!

Die reflexiven Verben
Возвра́тные глаго́лы

45 Die reflexiven Verben sind durch -ся oder -сь gekennzeichnet. An die Wortformen wird nach Konsonant -ся, nach Vokal -сь angefügt.

Infinitiv занима́ться

Numerus	Person	Präsens	Präteritum	Imperativ
Sg.	1. я 2. ты 3. он, она́	занима́юсь занима́ешься занима́ется	(m.) (f.) занима́лся, занима́лась	занима́йся!
Pl.	1. мы 2. вы 3. они́	занима́емся занима́етесь занима́ются	занима́лись	занима́йтесь!

Ebenso: учи́ться – Präs. я учу́сь, ты у́чишься, … они́ у́чатся;
Prät. он учи́лся, она́ учи́лась, они́ учи́лись
интересова́ться – Präs. я интересу́юсь, ты интересу́ешься, …
Prät. он интересова́лся, она́ интересова́лась, …

46 Reflexive Verben können *nie mit einem direkten Objekt* im Akkusativ verbunden werden! Unterscheide:

Но́вый уче́бный год начина́ется в сентябре́.
Не́которые ребя́та начина́ют (что де́лать?) изуча́ть тре́тий иностра́нный язы́к.

Das Passiv
Страда́тельный зало́г

47 Das Passiv *unvollendeter* transitiver Verben wird durch Anfügen von -ся (nach Konsonant) oder -сь (nach Vokal) an die entsprechenden Formen des Aktivs gebildet, z. B.:

стро́ить – bauen, стро́иться – gebaut werden

Здесь стро́ится / стро́илась / бу́дет стро́иться но́вая гости́ница.
(… wird … gebaut)
(… wurde … gebaut)
(… wird … gebaut werden)

В те́ксте говори́тся, что одна́ из тру́дностей ру́сского языка́ – э́то его́ алфави́т. — Im Text wird gesagt (heißt es), daß …

Грамматический справочник

48 Das Passiv *vollendeter* transitiver Verben wird aus einer konjugierten Form des Hilfsverbs быть und der Kurzform des Partizips des Präteritums Passiv (↗ **54**) gebildet. Diese zusammengesetzte Form stimmt mit dem Subjekt des Satzes in Person, Genus und Numerus überein. Z. B.:
постро́ить *v.* – bauen, быть постро́ен(ным) – gebaut werden

Э́то зда́ние бы́ло постро́ено 200 лет наза́д.	(… wurde … erbaut, ist … erbaut worden)
Че́рез два го́да здесь бу́дет постро́ена но́вая гости́ница.	(… wird … errichtet werden, … wird … errichtet worden sein)
Па́мятник Пу́шкину (был) устано́влен в 1880 году́.	(… wurde … errichtet, … ist … errichtet worden)

49 Wird ein *Urheber der Handlung* genannt, so steht das betreffende Wort im Instrumental, z. B.:

Го́род Петербу́рг был осно́ван *Петро́м Пе́рвым* в 1703 году́.	(… wurde *von Peter I.* … gegründet)

Die Partizipien
Прича́стия

50 Partizipien sind Verbformen, die Merkmale eines Adjektivs haben. Sie werden nach dem Aspekt (*uv.* oder *v.*), nach der Handlungsrichtung (Aktiv oder Passiv) und nach dem Tempus (Präsens oder Präteritum) unterschieden; wie ein Adjektiv sind sie nach Genus, Numerus und Kasus veränderlich und können Lang- und Kurzformen bilden.
Die Langformen der Partizipien werden im Satz als Attribut gebraucht, die Kurzformen als Prädikat.

- Langformen
- По́лные фо́рмы

51 Das Partizip des Präsens Aktiv
- wird nur von *unvollendeten* Verben gebildet;
- ist zu erkennen an den *Suffixen* **-ющ-, -ущ-** (e-Konjugation) oder **-ящ-, -ащ-** (и-Konjugation);
- stimmt als *Attribut* mit seinem Beziehungswort in Genus, Numerus und Kasus überein, z. B.:

чита́**ющий** ма́льчик	der lesende Junge oder: der Junge, der liest
Ю́ли**я**, хорошо́ говор**я́щая** и пи́ш**ущая** по-англи́йски	Julia, die gut englisch spricht und schreibt

- bezeichnet eine Nebenhandlung, die *gleichzeitig mit der Haupthandlung* des Satzes verläuft, und kann ins Deutsche durch ein Partizip I (-d) oder durch einen Relativsatz übersetzt werden, z. B.:

И́ре, уме́ющей хорошо́ шить, нра́вится одева́ться мо́дно.	Ira, die gut nähen kann, gefällt es, sich modisch zu kleiden.
Де́вушки, жела́ющие уча́ствовать в ко́нкурсе, прие́хали в Москву́.	Die Mädchen, die am Wettbewerb teilnehmen wollten, fuhren nach Moskau.

52 Das Partizip des Präteritums Aktiv

- wird vorwiegend von *vollendeten* Verben gebildet;

	Stammauslaut auf		
	Vokal		Konsonant
• ist zu erkennen an den *Suffixen*	**-вш-**	oder	**-ш-**;

- stimmt als *Attribut* mit seinem Beziehungswort in Genus, Numerus und Kasus überein, z. B.:

прибы́**вшая** в Москву́ делега́ци**я**	die in Moskau eingetroffene Delegation oder: die Delegation, die … eingetroffen ist
Ю́ли**я**, око́нчи**вшая** шко́лу с золото́й меда́лью	Julia, die die Schule mit der Goldmedaille abgeschlossen hat (hatte)

- bezeichnet gewöhnlich eine Nebenhandlung, die *der Haupthandlung vorausgegangen* ist, und kann im Deutschen durch einen Relativsatz wiedergegeben werden:

Ва́ря, вы́росшая в бе́дной семье́ без отца́, чу́вствует себя́ одино́кой.	Warja, die in einer armen Familie ohne Vater aufgewachsen ist, fühlt sich einsam.
Де́вушки, получи́вшие приглаше́ние, прие́хали в Москву́.	Die Mädchen, die eine Einladung erhalten hatten, fuhren nach Moskau.

53 Das Partizip des Präteritums Passiv

- wird nur von *vollendeten* Verben gebildet;

	vorwiegend e-Konjugation		vorwiegend и-Konjugation		einzelne Verben
• ist zu erkennen an den *Suffixen*	**-нн-**	oder	**-енн-/-ённ-**	oder	**-т-**;

- stimmt als *Attribut* mit seinem Beziehungswort in Genus, Numerus und Kasus überein, z. B.:

исто́ри**я**, расска́за**нная** И́рой	die von Ira erzählte Geschichte oder: die Geschichte, die Ira erzählt hat
же́нщин**а**, изображ**ённая** худо́жником	die vom Künstler dargestellte Frau
но́вое пла́ть**е**, сши́**тое** де́вушкой	das von dem Mädchen genähte neue Kleid

- bezeichnet eine Nebenhandlung, die *der Haupthandlung vorausgegangen* ist, und kann im Deutschen durch ein Partizip II (-t oder -en) oder durch einen Relativsatz wiedergegeben werden;

- kann durch ein *Substantiv oder Personalpronomen im Instrumental* ergänzt sein, das den Urheber der durch das Partizip ausgedrückten Handlung nennt, z. B.:

Карти́на, ку́пленная предпринима́телем, в 1917 году́ попа́ла в Третьяко́вскую галере́ю.	Das Gemälde, das von einem Unternehmer gekauft worden war, gelangte 1917 in die Tretjakowgalerie.

ANHANG

Грамматический справочник

• Kurzformen
• Кра́ткие фо́рмы

54 Die Kurzformen des Partizips des Präteritums Passiv
- werden nur von *vollendeten transitiven* Verben gebildet;
- sind zu erkennen an den *Suffixen* **-н-** oder **-ен-/-ён-** oder **-т-** (↗ 53) und einer Endung (m.: endungslos, f.: -а, n.: -о; Pl.: -ы);
- bilden zusammen mit Formen des Hilfsverbs быть *Passivformen* und stimmen als *Prädikat* mit dem Subjekt des Satzes in Genus und Numerus überein, z. B.:

основа́ть *v.*:	осно́ван, -а, -о; -ы	–	gegründet	
постро́ить *v.*:	постро́ен, -а, -о; -ы	–	gebaut, errichtet	
откры́ть *v.*:	откры́т, -а, -о; -ы	–	geöffnet	Zum Gebrauch ↗ **48**.

Die Adverbialpartizipien
Деепричáстия

55 Adverbialpartizipien (auch als Gerundien bezeichnet) sind Verbformen des Aktivs, die Merkmale eines Adverbs haben. Sie werden nach dem Aspekt (*uv.* oder *v.*) und nach dem Tempus (Gleichzeitigkeit oder Vorzeitigkeit) unterschieden; wie ein Adverb sind sie in ihrer Form unveränderlich.
Im Satz werden sie als Adverbialbestimmung gebraucht.

56 Es gibt im Russischen zwei Adverbialpartizipien. Sie
- sind zu erkennen an den *Suffixen*

-я oder **-а** (nach Zischlaut) (vorwiegend *uv.* Verben);		**-в(ши)** oder **-ши** (nach Konsonant) (vorwiegend *v.* Verben), z. B.:	
обе́дать:	обе́да**я**	пообе́дать *v.*:	пообе́да**в**(ши)
спеши́ть:	спеша́	поспеши́ть *v.*:	поспеши́**в**(ши)
возвраща́ться:	возвраща́**ясь**	возврати́ться *v.*:	возврати́**вшись**

- bezeichnen eine *Nebenhandlung*, die als Adverbialbestimmung die Haupthandlung des Satzes näher erläutert; dabei bezieht sich die Nebenhandlung stets auf *das gleiche Subjekt* wie die Haupthandlung, z. B.:

Они́ шли по у́лице **разгова́ривая**.	**Sie gingen** die Straße entlang, während **sie sich unterhielten**.
Пообе́дав, **Алёша пошёл** во двор.	Nachdem **Aljoscha Mittag gegessen hatte**, **ging er** auf den Hof.

57 Ein Adverbialpartizip
- des *unvollendeten Aspekts* bezeichnet in der Regel eine Nebenhandlung, die *gleichzeitig mit der Haupthandlung* verläuft,
  Wiedergabemöglichkeit im Deutschen: *während, als*, z. B.:

Обе́дая, Алёша расска́зывал ба́бушке шко́льные но́вости.	Während Aljoscha aß, erzählte er … Oder: Beim Mittagessen erzählte …
Дуга́нов и Ма́йка шли по́ двору, смея́сь и разгова́ривая.	Duganow und Maika gingen über den Hof, wobei sie lachten und sich unterhielten. Oder: Lachend und sich unterhaltend gingen Duganow und Maika …

- *des vollendeten Aspekts* bezeichnet in der Regel eine Nebenhandlung, die *der Haupthandlung* des Satzes *vorausgegangen* ist,
  Wiedergabemöglichkeit im Deutschen: *als, nachdem*; verneint: *ohne zu*, z. B.:

Вбежа́в во двор, Алёша уви́дел Дуга́нова.	Als Aljoscha auf den Hof gelaufen war, erblickte er Duganow.
Не пообе́дав, Алёша вы́шел на у́лицу.	Ohne gegessen zu haben, ging Aljoscha auf die Straße.

ПРИЛОЖЕНИЕ

Грамматический справочник

Wichtige unregelmäßige Verben

58

бежа́ть	laufen, rennen (*in einer Richtung*)		бегу́, бежи́шь; бегу́т
боле́ть	schmerzen, weh tun		боли́т; боля́т
боро́ться	kämpfen		борю́сь, бо́решься; бо́рются
боя́ться	sich fürchten, Angst haben		бою́сь, бои́шься; боя́тся
брать	nehmen		беру́, берёшь; беру́т
быть	sein	*Fut.*	бу́ду, бу́дешь; бу́дут
		Prät.	был, была́, бы́ло; бы́ли
везти́	fahren, bringen		везу́, везёшь; везу́т
		Prät.	вёз, везла́; везли́
вести́	führen, leiten		веду́, ведёшь; веду́т
		Prät.	вёл, вела́; вели́
взять *v.*	nehmen	*Fut.*	возьму́, возьмёшь; возьму́т
		Prät.	взял, взяла́; взя́ли
ви́деть	sehen		ви́жу, ви́дишь; ви́дят
вы́глядеть u*v.*(!)	aussehen		вы́гляжу, вы́глядишь; вы́глядят
дава́ть	geben		даю́, даёшь; даю́т
дать *v.*	geben	*Fut.*	дам, дашь, даст; дади́м, дади́те, даду́т
		Prät.	дал, дала́; да́ли
есть	essen		ем, ешь, есть; еди́м, еди́те, едя́т
		Prät.	ел, е́ла; е́ли
е́хать	fahren *(in einer Richtung)*		е́ду, е́дешь; е́дут
ждать	warten		жду, ждёшь; ждут
		Prät.	ждал, ждала́; жда́ли
жить	leben, wohnen		живу́, живёшь; живу́т
		Prät.	жил, жила́; жи́ли
забы́ть *v.*	vergessen	*Fut.*	забу́ду, забу́дешь; забу́дут
зави́сеть u*v.* (!)	abhängen		зави́шу, зави́сишь; зави́сят
звать	rufen; nennen, heißen		зову́, зовёшь; зову́т
		Prät.	звал, звала́; зва́ли
идти́	gehen (*in einer Richtung*)		иду́, идёшь; иду́т
		Prät.	шёл, шла; шли
класть	legen, stecken		кладу́, кладёшь; кладу́т
		Prät.	клал
лежа́ть	liegen		лежу́, лежи́шь; лежа́т
лете́ть	fliegen (*in einer Richtung*)		лечу́, лети́шь; летя́т
молча́ть	schweigen		молчу́, молчи́шь; молча́т
мочь	können		могу́, мо́жешь; мо́гут
		Prät.	мог, могла́; могли́
наде́ть *v.*	etw. anziehen	*Fut.*	наде́ну, наде́нешь; наде́нут
найти́ *v.*	finden	*Fut.*	найду́, найдёшь; найду́т
		Prät.	нашёл, нашла́; нашли́
нести́	tragen		несу́, несёшь; несу́т
		Prät.	нёс, несла́; несли́
оде́ться *v.*	sich anziehen	*Fut.*	оде́нусь, оде́нешься; оде́нутся

Грамматический справочник

откры́ть *v.*	öffnen	*Fut.*	откро́ю, откро́ешь; откро́ют
петь	singen		пою́, поёшь; пою́т
писа́ть	schreiben		пишу́, пи́шешь; пи́шут
пить	trinken		пью, пьёшь; пьют
		Prät.	пил, пила́; пи́ли
плыть	schwimmen *(in einer Richtung)*		плыву́, плывёшь; плыву́т
			плыл, плыла́; плы́ли
поги́бнуть *v.*	umkommen; fallen	*Fut.*	поги́бну, поги́бнешь; поги́бнут
		Prät.	поги́б, поги́бла; поги́бли
показа́ть *v.*	zeigen	*Fut.*	покажу́, пока́жешь; пока́жут
помо́чь *v.*	helfen	*Fut.*	помогу́, помо́жешь. помо́гут
		Prät.	помо́г, помогла́, помогло́; помогли́
поня́ть *v.*	verstehen	*Fut.*	пойму́, поймёшь; пойму́т
		Prät.	по́нял, поняла́; по́няли
попа́сть *v.*	treffen; gelangen	*Fut.*	попаду́, попадёшь; попаду́т
		Prät.	попа́л
посла́ть *v.*	schicken	*Fut.*	пошлю́, пошлёшь; пошлю́т
приня́ть *v.*	entgegennehmen; empfangen	*Fut.*	приму́, при́мешь; при́мут
		Prät.	при́нял, приняла́; при́няли
разви́ть *v.*	entwickeln	*Fut.*	разовью, разовьёшь; разовью́т
рассказа́ть *v.*	erzählen	*Fut.*	расскажу́, расска́жешь; расска́жут
расти́	wachsen		растёт; расту́т
		Prät.	рос, росла́; росли́
ре́зать	schneiden		ре́жу, ре́жешь; ре́жут
связа́ть *v.*	verbinden	*Fut.*	свяжу́, свя́жешь; свя́жут
сесть *v.*	sich setzen	*Fut.*	ся́ду, ся́дешь; ся́дут
		Prät.	сел
сиде́ть	sitzen		сижу́, сиди́шь; сидя́т
сказа́ть *v.*	sagen	*Fut.*	скажу́, ска́жешь; ска́жут
смея́ться	lachen		смеюсь, смеёшься; смеются
смотре́ть	sehen, schauen		смотрю́, смо́тришь; смо́трят
спать	schlafen		сплю, спишь; спят
		Prät.	спал, спала́; спа́ли
стать *v.*	beginnen	*Fut.*	ста́ну, ста́нешь; ста́нут
стоя́ть	stehen		стою, стои́шь; стоя́т
узнава́ть	erkennen; erfahren		узнаю, узнаёшь; узнаю́т
умере́ть *v.*	sterben	*Prät.*	у́мер, умерла́; у́мерли
устава́ть	ermüden		устаю, устаёшь; устаю́т
уста́ть *v.*	ermüden	*Fut.*	уста́ну, уста́нешь; уста́нут
хоте́ть	wollen, wünschen		хочу́, хо́чешь, хо́чет; хоти́м, хоти́те, хотя́т
шить	nähen		шью, шьёшь; шьют

ПРИЛОЖЕНИЕ

Грамматический справочник

Das Substantiv (Das Nomen) И́мя существи́тельное

59 Zum Unterschied vom Deutschen gibt es im Russischen *keinen Artikel*, vgl. z. B.:
де́вочка – das Mädchen oder: ein Mädchen oder: Mädchen
Ob bei der Übersetzung ins Deutsche der bestimmte, der unbestimmte oder gar kein Artikel zu setzen ist, ergibt sich aus dem Sinnzusammenhang.

Das Genus
Род

60 Das Genus der Substantive, die Personen bezeichnen, entspricht in der Regel ihrem *natürlichen Geschlecht*, z. B.: ма́ма, па́па, ба́бушка, Анто́н, Ни́на.

61 Das Genus der anderen Substantive erkennt man an der *Endung im Nominativ Singular*:

Genus	Endung im N. Sg.	
Maskulinum	keine Endung (Auslaut auf Konsonant, -ь, -й)	стол, рубль, музе́й
Femininum	-а, -я,	ка́рта, неде́ля,
	keine Endung (-ь)	пло́щадь
Neutrum	-о, -ё, -е	окно́, мо́ре

Die Deklinationsarten
Ти́пы склоне́ния

62 Man unterscheidet im Singular drei Hauptarten der Substantivdeklination:

Deklinationstyp	Substantive	
I. Deklination	endungslose Maskulina auf Konsonant, -ь, -й	класс, учи́тель, музе́й
	Neutra auf -о, -ё, -е	сло́во, расписа́ние
II. Deklination	Feminina (und Maskulina, die Personen bezeichnen) auf -а, -я	ка́рта, па́па, неделя́
III. Deklination	Feminina auf -ь	пло́щадь

63 Im Russischen unterscheidet man sechs Kasus:

Nominativ (N.):	имени́тельный паде́ж	Akkusativ (A.):	вини́тельный паде́ж
Genitiv (G.):	роди́тельный паде́ж	Instrumental (I.):	твори́тельный паде́ж
Dativ (D.):	да́тельный паде́ж	Präpositiv (P.):	предло́жный паде́ж

Die Substantive der I. und der II. Deklination (mit hartem Stammauslaut) weisen folgende Endungen auf:

ANHANG

Грамматический справочник

Numerus	Kasus	I. Deklination m.	I. Deklination n.	II. Deklination
Sg.	N.	–	-o	-a
	G.	-a		-ы
	D.	-y		-e
	A.	wie N./G.	-o	-y
	I.	-ом		-ой
	P.	(o) -e		
Pl.	N.	-ы	-a	-ы
	G.	-ов	–	–
	D.	-ам		
	A.	wie N./G.	-a	wie N./G.
	I.	-ами		
	P.	(o) -ax		

Zur Deklination der Substantive mit weichem Stammauslaut ↗ auch **4**.

Belebte und unbelebte Substantive
Одушевлённые и неодушевлённые существи́тельные

64 Man unterscheidet belebte und unbelebte Substantive.
Belebt sind Substantive, die Personen und Tiere bezeichnen, z. B.:
ма́ма, па́па, брат, ко́шка, живо́тное.
Alle anderen Substantive gelten als *unbelebt*.
Die Unterscheidung belebter und unbelebter Substantive hat Bedeutung für die Bildung des Akkusativs.

Die Deklination im Singular
Склоне́ние в еди́нственном числе́

I. Deklination

65

Kasus	m. hart	m. weich	n. hart	n. weich
N.	класс	рубл**ь**	сло́в о	зда́ни**е**
G.	кла́сс а	рубл**я́**	сло́в а	зда́ни**я**
D.	кла́сс у	рубл**ю́**	сло́в у	зда́ни**ю**
A.	wie N./G.[1]		wie N.	
I.	кла́сс ом[2]	рубл**ём**[2]	сло́в ом[2]	зда́ни**ем**[2]
P.	(о) кла́сс е	рубл**е́**	(о) сло́в е	зда́ни**и**

[1] unbelebt wie N., belebt wie G.

[2] nach Zischlauten und ц betont о, unbetont е, z. B.: карандаш**о́м**, ме́сяц**ем**;
nach weichen Konsonanten betont ё, unbetont е, z. B.: рубл**ём**, учи́тел**ем**.

66 Einige unbelebte maskuline Substantive der I. Deklination können im *Genitiv Singular* neben der regelmäßigen Endung **-a** die Endung **-y** haben, jedoch nur in der Bedeutung des Teilungsgenitivs (↗ **142**), z. B.:
са́хар: *G. Sg.* са́хар**а** und са́хар**у**; чай: *G. Sg.* ча́**я** und ча́**ю**.

ПРИЛОЖЕНИЕ

Грамматический справочник

67 Einige unbelebte Substantive der I. Deklination haben im *Präpositiv Singular* nach den Präpositionen в und на die betonte Endung **-ý**, z. B.:
сад – в садý, год – в годý, лес – в лесý, аэропóрт – в аэропортý, бéрег – на берегý, мост – на мостý.

II. Deklination

68

Kasus	f. hart	weich	
N.	шкóл а	недéл**я**	фотогрáфи**я**
G.	шкóл ы[1]	недéл**и**	фотогрáфи**и**
D.	шкóл е	недéл**е**	фотогрáфи**и**
A.	шкóл у	недéл**ю**	фотогрáфи**ю**
I.	шкóл ой[2]	недéл**ей**[2]	фотогрáфи**ей**
P.	(о) шкóл е	недéл**е**	фотогрáфи**и**

[1] nach г, к, х und Zischlauten и, z. B.: кни́г**и**, бáбушк**и**.
[2] nach Zischlauten und ц betont о, unbetont е, z. B.: Мáш**ей**, учи́тельниц**ей**;
nach weichen Konsonanten betont ё, unbetont е, z. B.: семь**ёй**, тёт**ей**.

III. Deklination

69

Kasus	f.
N.	плóщад ь[3]
G.	плóщад и
D.	плóщад и
A.	плóщад ь
I.	плóщад ью
P.	(на) плóщад и

[3] Beachte die Deklination von
дочь – G./D./P. дóчери,
мать – мáтери,
цéрковь – цéркви,
путь (m.!) – I. путём.

Die Deklination im Plural
Склонéние во мнóжественном числé

70

N. Sg.:	клaсс	слóв**о**	шкóл**а**	плóщад**ь**
Kasus	I. Deklination[1] m.	n.	II. Deklination[1]	III. Deklination
N.	клáсс ы	слов á	шкóл ы	плóщад и
G.	клáсс ов[2]	слов[3]	школ[3]	площад éй
D.	клáсс ам	слов**áм**	шкóл**ам**	площад я́м
A.	wie N./G.[4]		wie N./G.[4]	wie N./G.[4]
I.	клáсс ами	слов**áми**	шкóл**ами**	площад я́ми
P.	(о) клáсс ах	слов**áх**	(о) шкóл**ах**	(о) площад я́х

[1] nach weichem Konsonanten und г, к, х steht и statt ы, nach weichem Konsonanten я statt а (↗ 4), z. B.:

N.	рубли́	здáния	недéли	фотогрáфии
G.	рублéй[2]	здáний	недéль	фотогрáфий
D.	рубля́м	здáниям	недéлям	фотогрáфиям

...

[2] nach Zischlaut und weichem Konsonanten **-ей**, bei Stammauslaut auf **-й** dagegen **-ев**, z. B.: (мнóго) карандаш**éй**, (пять) рубл**éй**; aber: (мнóго) музé**ев**.
[3] häufig Einschub eines flüchtigen **-о-** oder **-е-** zwischen zwei Konsonanten im Stammauslaut, z. B.: окнó – (мнóго) óк**о**н, открытка – (нéсколько) откры́т**о**к; рýчка – (мáло) рýч**е**к, копéйка – (пятьдесят) копé**е**к.
[4] unbelebt wie N., belebt wie G.

ANHANG

Грамматический справочник

71 Einige maskuline Substantive mit **-o-** oder **-e-** vor stammauslautendem Konsonanten verlieren diesen Vokal ab Genitiv Singular (flüchtige -o- oder -e-), z. B.:
двор**е́**ц – дворца́, д**е**нь – дня, не́м**е**ц – не́мца, от**е́**ц – отца́, плат**о́**к – платка́, пода́р**о**к – пода́рка, продав**е́**ц – продавца́.

72 Einige maskuline Substantive mit beweglicher Betonung haben im *Nominativ Plural* die betonte Endung **-а́**, **-я́**, z. B.:
а́дрес – адрес**а́**, бе́рег – берег**а́**, ве́чер – вечер**а́**, глаз – глаз**а́**, го́род – город**а́**, дом – дом**а́**, ла́герь – лагер**я́**, лес – лес**а́**, но́мер – номер**а́**, по́езд – поезд**а́**, учи́тель – учител**я́**, цвет – цвет**а́**.

73 Einige maskuline Substantive haben im Plural *Stammveränderung*, z. B.:
брат – бра́тья, друг – друзья́, сын – сыновья́, стул – сту́лья.

Zur Deklination substantivierter Adjektive

74 *Substantivierte Adjektive* werden wie Adjektive dekliniert (↗ **78**), z. B.:
люби́ть (что?) всё но́вое, смотре́ть (во что?) в бу́дущее.

Zur Deklination von Personennamen

75 Beachte die Deklination der *Familiennamen* auf -ов(а), -ев(а), -ин(а):

m.	Ивано́в:	G./A. Ивано́в**а**, I. Ивано́в**ым**;
f.	Ивано́ва:	A. Ивано́в**у**, alle anderen Kasus: Ивано́в**ой**;
Pl.	Ивано́вы – die Iwanows:	G./A./P.Ивано́в**ых**, D. Ивано́в**ым**, I. Ивано́в**ыми**.

76 *Nicht dekliniert* werden:
- weibliche und männliche Vor- und Familiennamen, die auf einen Vokal außer -a, -я ausgehen, z. B.:
  Эльке – у Эльке; Дани – у Дани; Хайко Шульце – у Хайко Шульце;
- weibliche Vor- und Familiennamen, die auf einen Konsonanten ausgehen, z. B.:
  Катрин – у Катрин; Ивонн – у Ивонн; Зигрид Мюллер – у Зигрид Мюллер.

ПРИЛОЖЕНИЕ

Грамматический справочник

Das Adjektiv
И́мя прилага́тельное

77 Die Adjektive stimmen in Genus, Numerus und Kasus mit dem Substantiv überein, auf das sie sich beziehen, z. B.:

	m.	f.	n.
	но́вый дом	ста́рая шко́ла	интере́сное письмо́
endbetont	большо́й дом	больша́я шко́ла	большо́е письмо́

Die Deklination
Склоне́ние

78

Kasus	Singular m.	n.	f.	Plural
N.	но́в ый[1,3]	но́в ое	но́в ая	но́в ые[3]
G.	но́в ого[2]		но́в ой	но́в ых
D.	но́в ому		но́в ой	но́в ым
A.	wie N./G.[4]	но́в ое	но́в ую	wie N./G.[4]
I.	но́в ым[3]		но́в ой	но́в ыми
P.	(о) но́в ом		(о) но́в ой	(о) но́в ых

[1] -ой, wenn die Endung betont ist, z. B.: молодо́й, большо́й.
[2] sprich г als [в].
[3] nach г, к, х und Zischlauten и, z. B.:
ма́ленький – I. Sg. (m., n.) ма́леньким; больши́м; N. Pl. ма́ленькие, больши́е.
[4] unbelebt wie N., belebt wie G.

79 Nach diesem Muster werden auch die Ordinalia und einige Pronomen dekliniert, z. B.: пя́тая шко́ла; кака́я пого́да.

80 Für Adjektive mit weichem Stammauslaut gelten die gleichen Schreibregeln wie für Substantive mit weichem Stammauslaut (↗ **4**), z. B.:

	m.	n.	f.
N.	ле́тн**и**й	ле́тн**е**е	ле́тн**я**я
G.	ле́тн**е**го		ле́тн**е**й
A.	wie N./G.	ле́тн**е**е	ле́тн**ю**ю

Die Lang- und Kurzformen
По́лные и кра́ткие фо́рмы

81 Die *Langformen* (d. h. die deklinierten Formen) der Adjektive können sowohl als Attribut wie auch als Prädikat, die nichtdeklinierten *Kurzformen* nur als Prädikat verwendet werden; vgl. z. B.:

Langform:

– Attribut	А́лла - популя́рн**ая** певи́ц**а**.	Alla ist eine populäre Sängerin.
– Prädikat	Она́ популя́рн**ая**.	Sie ist populär.

Kurzform:

– Prädikat	Она́ популя́рн**а**.	Sie ist populär.

ANHANG

Грамматический справочник

82 Von zahlreichen Adjektiven, die eine Qualität bezeichnen, können nichtdeklinierte *Kurzformen* gebildet werden. Diese sind nur nach Genus und Numerus veränderlich.

	Singular m.	n.	f.	Plural
Langformen Kurzformen	тала́нтливый тала́нтлив	тала́нтливое тала́нтливо	тала́нтливая тала́нтлива	тала́нтливые тала́нтливы

Ebenso (mit Einschub eines flüchtigen -o- oder -e- in der maskulinen Kurzform):

изве́стный:	изве́ст**е**н	изве́стно	изве́стна	изве́стны
интере́сный:	интере́с**е**н	интере́сно	интере́сна	интере́сны
популя́рный:	популя́р**е**н	популя́рно	популя́рна	популя́рны
лёгкий:	лёг**о**к	легко́	легка́	легки́

83 Die Kurzformen werden als Prädikat gebraucht,
- wenn э́то oder вы als Subjekt steht, z. B.:
  Э́то о́чень интере́сно.
- wenn das Übermaß einer Eigenschaft (zu, allzu) ausgedrückt werden soll:
  Кроссо́вки Ко́ле велики́, а ку́ртка ему́ мала́. — Die Turnschuhe sind Kolja zu groß, die Jacke ist ihm zu klein.

84 Einige Adjektive werden als Teil des Prädikats nur in der Kurzform verwendet, z. B.:

знако́м (-а, -о; -ы) с + I.	– (ist) bekannt mit
похо́ж (-а, -е; -и) на + A.	– (ist) jmdm. ähnlich
прав (-а́, -о; -ы)	– (hat) recht
рад (-а, -о; -ы) + D.	– (ist) froh über
согла́сен (-сна, -сно; -сны) с + I.	– (ist) einverstanden mit

Die Komparation
Сте́пени сравне́ния

85 Von den meisten Adjektiven, die eine Qualität bezeichnen, können Steigerungsformen – Komparativ- und Superlativformen – gebildet werden.

Steigerungsformen	vorwiegend attributiver Gebrauch	vorwiegend prädikativer Gebrauch
Positiv	интере́сный der interessante	интере́сен (ist) interessant
Komparativ	**бо́лее** интере́сный der interessantere	интере́сн**ее** (ist) interessanter
Superlativ	**са́мый** интере́сный der interessanteste интере́сн**ейш**ий der interessanteste, der besonders interessante	интере́сн**ее всего́ (всех)** (ist) am interessantesten

ПРИЛОЖЕНИЕ

Грамматический справочник

86 Der *Komparativ* wird wie folgt gebildet:
- unveränderliches **бóлее (мéнее)** + Positiv des Adjektivs, z. B.:
  бóлее вáжный вопрóс, **бóлее** совремéнная тéхника;

- Adjektivstamm + **-ee** (entsprechend auch Adverbien), z. B.:

Adjektiv	*Adverb*		*Komparativ*
краси́вый	краси́во	:	краси́в**ее**
трýдный	трýдно	:	трудн**ée**

Beachte die unregelmäßigen Komparativformen, z. B.:

Adjektiv	*Adverb*		*Komparativ*		
дешёвый	дёшево	:	дешéвле	–	billiger
дорогóй	дóрого	:	дорóже	–	teurer
рéдкий	рéдко	:	рéже	–	seltener
чáстый	чáсто	:	чáще	–	öfter
лёгкий	легкó	:	лéгче	–	leichter
большóй	мнóго	:	бóльше	–	größer; mehr
мáленький	мáло	:	мéньше	–	kleiner; weniger
плохóй	плóхо	:	хýже	–	schlechter
хорóший	хорошó	:	лýчше	–	besser

87 *"als" beim Komparativ* wird im Russischen wiedergegeben durch
- **, чем** oder
- den Genitiv des Vergleichsworts, z. B.:

Вóлга длинн**ée** Днепр**á**.

Рýсский язы́к не трудн**ée** | **, чем** англи́йский.
| англи́йск**ого**.

88 Der *Superlativ* wird wie folgt gebildet:
- kongruierendes **сáмый** + Positiv des Adjektivs, z. B.:
  сáмый большóй гóрод, **сáмая** дли́нная рекá в Еврóпе;
  однó из **сáмых** больши́х озёр ми́ра – einer der größten Seen der Welt;

- Adjektivstamm + **-ейш(ий)** oder (mit Konsonantenwechsel) **-айш(ий)**, z. B.:
  сложн**éйший** вопрóс – die komplizierteste, eine sehr komplizierte Frage;
  глубоч**áйшее** óзеро – der tiefste, ein sehr tiefer See;

- Komparativform auf **-ee + всех** (= чем все) oder **всегó** (=чем всё), z. B.:
  Интерéсн**ее всегó** во врéмя путешéствия былá поéздка на óзеро Байкáл.
  Ebenso die unregelmäßigen Komparativformen der Adjektive und Adverbien:
  Ри́та **лýчше всех** говори́т по-рýсски.

Грамматический справочник

Das Adverb
Наре́чие

89 Nach ihrer Bedeutung unterscheidet man:

• Adverbien des *Ortes*

где?	здесь – там, сле́ва – спра́ва, везде́
куда́?	сюда́ – туда́, нале́во – напра́во
отку́да?	отсю́да – отту́да

• Adverbien der *Zeit*

когда́?	сейча́с, пото́м, всегда́, иногда́, сего́дня, вчера́, тогда́

• Adverbien der *Art und Weise* (von Adjektivstämmen mit -о oder -и abgeleitet)

как?	хорошо́, пло́хо, пра́вильно, интере́сно; по-ру́сски, по-неме́цки

• Adverbien des *Grundes*

почему́?	поэ́тому

Zu den prädikativen Adverbien (Zustandswörtern) ↗ **122**.

Zur Komparation ↗ **86 – 88**.

90 Indefinite Adverbien:

где́-нибудь	– irgendwo, gleichgültig wo	где́-то	– irgendwo, unbekannt wo
куда́-нибудь	– irgendwohin, gleichgültig wohin	куда́-то	– irgendwohin, unbekannt wohin
когда́-нибудь	– irgendwann, gleichgültig wann	когда́-то	– irgendwann, unbekannt wann

Für den Gebrauch dieser Adverbien gelten die gleichen Regeln wie für den Gebrauch der Indefinitpronomen (↗ **112**), z. B.:
На́до где́-нибудь пообе́дать.
Он живёт где́-то далеко́.

91 Negativadverbien:

нигде́	– nirgends	никогда́	– nie, niemals
никуда́	– nirgendwohin		

In einem Satz, der ein mit **ни-** gebildetes Negativadverb enthält, muß das Prädikat durch **не** verneint werden (↗ auch **115**), z. B.:

Раи́са **нигде́ не** хо́чет учи́ться.	Raissa will nirgends studieren.
Мы ле́том **никуда́ не** пое́дем.	Wir fahren im Sommer nirgendwohin.
У Во́вы **никогда́ нет** вре́мени.	Wowa hat nie Zeit.

ПРИЛОЖЕНИЕ

Грамматический справочник

Das Numerale
Имя числи́тельное

Die Kardinalia (Grundzahlen)
Коли́чественные числи́тельные

92

0 ноль	10 де́сять		
1 оди́н, одна́, одно́	11 оди́ннадцать		
2 два, две	12 двена́дцать	20 два́дцать	200 две́сти
3 три	13 трина́дцать	30 три́дцать	300 три́ста
4 четы́ре	14 четы́рнадцать	40 со́рок	400 четы́реста
5 пять	15 пятна́дцать	50 пятьдеся́т	500 пятьсо́т
6 шесть	16 шестна́дцать	60 шестьдеся́т	600 шестьсо́т
7 семь	17 семна́дцать	70 се́мьдесят	700 семьсо́т
8 во́семь	18 восемна́дцать	80 во́семьдесят	800 восемьсо́т
9 де́вять	19 девятна́дцать	90 девяно́сто	900 девятьсо́т
		100 сто	1 000 ты́сяча
			1 000 000 миллио́н

93 Mehrgliedrige Kardinalia werden – zum Unterschied vom Deutschen – in der Reihenfolge *Hunderter – Zehner – Einer* gebildet. Sie werden getrennt geschrieben, z. B.: два́дцать пять, сто со́рок четы́ре.

Rektion (bzw. Kongruenz) der Kardinalia

94 Nach 1 und damit zusammengesetzten Zahlen steht der *N. Sg.*:
оди́н ма́льчик, одн**а́** де́вочк**а**, одн**о́** письм**о́**, два́дцать одн**а́** кни́г**а**.

Nach 2, 3, 4 und damit zusammengesetzten Zahlen steht der *G. Sg.*:
два письм**а́**, две газе́т**ы**, три журна́л**а**, два́дцать четы́ре до́м**а**.

Nach 5 und folgenden Zahlen (außer mit 1 – 4 zusammengesetzten) steht der *G. Pl.*:
пять пи́сем, шестна́дцать книг, два́дцать шесть мест.

Merke:
две ты́сячи, пять ты́сяч; два миллио́на, пять миллио́нов.

95 Soll eine *ungefähre* Zahlenangabe gemacht werden, wird das Kardinale dem gezählten Substantiv nachgestellt, z. B.:

Вчера́ бы́ло гра́дусов 25.	Gestern waren etwa 25°.

Deklination der Kardinalia

96
оди́н (m.), **одна́** (f.), **одно́** (n.) wird dekliniert wie э́тот (↗ **109**), Betonung jedoch auf der Endung, z. B.: одного́, одно́й.

	G.	D.	A.	I.	P.
два (m., n.), **две** (f.):	двух	двум	N./G.	двумя́	(о) двух
три:	трёх	трём	N./G.	тремя́	(о) трёх
четы́ре:	четырёх	четырём	N./G.	четырьмя́	(о) четырёх

Грамматический справочник

пять … два́дцать, три́дцать werden nach der III. Deklination gebeugt (↗ **69**), Betonung 11 … 19 auf dem Stamm, sonst auf der Endung, z. B.:
пять, пяти́ …; во́семь, восьми́ …; оди́ннадцать, оди́ннадцати …

пятьдеся́т … во́семьдесят werden in beiden Bestandteilen nach der III. Deklination (↗ **69**) gebeugt, Betonung auf der Endung des ersten Bestandteiles, z. B.:
пятьдеся́т, пяти́десяти …; во́семьдесят, восьми́десяти …

со́рок, девяно́сто, сто haben in allen Kasus außer N./A. die Endung -a, z. B.:
со́рок, сорока́; девяно́сто, девяно́ста; сто, ста.

две́сти … девятьсо́т werden in beiden Bestandteilen dekliniert, Betonung auf dem Stamm des zweiten Bestandteils, z. B.:
две́сти, двухсо́т, двумста́м, две́сти, двумяста́ми, (о) двухста́х.

ты́сяча, миллио́н, миллиа́рд werden wie Substantive dekliniert.

Merke:
Wird die Wortgruppe "Kardinale + Substantiv" dekliniert, so stimmen beide Teile im Kasus überein, z. B.:
два письма́: *G.* двух пи́сем, *P.* о двух пи́сьмах.

97 Mehrgliedrige Kardinalia werden in allen Bestandteilen dekliniert, z. B.:
сто два́дцать пять киломе́тров, ста двадцати́ пяти́ киломе́тров.

Die Ordinalia (Ordnungszahlen)
Поря́дковые числи́тельные

98

1. пе́рвый, -ая, -ое
2. второ́й, -а́я, -о́е
3. тре́тий, тре́тья, тре́тье
4. четвёртый, -ая, -ое
5. пя́тый
6. шесто́й
7. седьмо́й
8. восьмо́й
9. девя́тый

10. деся́тый
11. оди́ннадцатый
12. двена́дцатый
13. трина́дцатый
14. четы́рнадцатый
15. пятна́дцатый
16. шестна́дцатый
17. семна́дцатый
18. восемна́дцатый
19. девятна́дцатый

20. двадца́тый
30. тридца́тый
40. сороково́й
50. пятидеся́тый
60. шестидеся́тый
70. семидеся́тый
80. восьмидеся́тый
90. девяно́стый
100. со́тый

99 Bei mehrgliedrigen Zahlwörtern nimmt nur das letzte Glied die Form des Ordinale an, z. B.:
37-й (три́дцать седьмо́й) авто́бус; в 1995 (ты́сяча девятьсо́т девяно́сто пя́том) году́.

Zur Deklination ↗ **79**.

ПРИЛОЖЕНИЕ

Грамматический справочник

Die Demonstrativpronomen
Указáтельные местоимéния

э́тот – dieser, тот – der, jener

Deklination

109

	Singular m.	n.	f.	Plural
N.	э́тот	э́то	э́та	э́ти
G.	э́того[1]		э́той	э́тих
D.	э́тому		э́той	э́тим
A.	wie N./G.[2]	э́то	э́ту	wie N./G.[2]
I.	э́тим		э́той	э́тими
P.	(об) э́том		(об) э́той	(об) э́тих

[1] sprich: э́то[в]о. [2] unbelebt wie N., belebt wie G.

110 Wie э́тот wird тот dekliniert; beachte jedoch:
– die durchgehende Betonung auf der Endung,
– den I. Sg. m., n.: т**е**м,
– den Pl.: т**е**, т**е**х, ...

Die Indefinitpronomen
Неопределённые местоимéния

ктó-нибудь –	irgend jemand, gleichgültig wer	ктó-то –	jemand, unbekannt wer
чтó-нибудь –	irgend etwas, gleichgültig was	чтó-то –	etwas
какóй-нибудь –	irgendein	какóй-то –	irgendein

111 Die Indefinitpronomen werden wie die entsprechenden Interrogativpronomen dekliniert (↗ **107, 108**).

112 Die Pronomen mit **-нибудь** drücken aus, daß die betreffende Erscheinung völlig unbekannt und häufig gleichgültig ist (oft in Frage- und Aufforderungssätzen), z. B.:
Мне ктó-нибудь звони́л?
Расскажи́ мне чтó-нибудь.
У когó-нибудь есть вопрóсы?

Die Pronomen mit **-то** drücken aus, daß der Sprecher die betreffende Erscheinung nicht benennen kann oder will (oft in Aussagesätzen), z. B.:
Вас ктó-то ждёт на лéстнице.
Ребя́та чáсто ви́дели Натáшу с каки́м-то пáрнем. Никтó егó не знáет.
Тáня шла со свои́м дрýгом пó двору. Они о чём-то разговáривали.

Грамматический справочник

Die bestimmenden Pronomen
Определи́тельные местоиме́ния

весь – ganz (Pl. все – alle)
ка́ждый – jeder (wird wie ein Adjektiv dekliniert, ↗ **78**)

113

	Singular m.	n.	f.	Plural
N.	весь	всё	вся	все
G.	всего́[1]		всей	всех
D.	всему́		всей	всем
A.	wie N./G.[2]	всё	всю	wie N./G.[2]
I.	всем		всей	всéми
P.	(обо) всём		(о) всей	(о) всех

[1] sprich: все[в]ó. [2] unbelebt wie N., belebt wie G.

Zu den Superlativformen mit всех bzw. всего́ ↗ **88**.

Die Negativpronomen
Отрица́тельные местоиме́ния

никто́ – niemand, keiner
ничто́ – nichts
никако́й – kein

114 Die Pronomen никто́ und ничто́ werden wie die Interrogativpronomen кто und что dekliniert (↗ **107**), никако́й wie ein Adjektiv (↗ **78**); Präpositionen werden zwischengeschoben, z. B.:
никто́: G. никого́, I. ни с кем, P. ни о ком;
ничто́: G./A. ничего́, P. ни о чём.

115 In einem Satz, der ein mit **ни-** gebildetes Negativpronomen enthält, muß das Prädikat durch **не** verneint werden (↗ auch **91**), z. B.:
Вади́м **никого́ не** бои́тся.
Он **ни о чём не** говори́л.
Никола́й **ни о како́й** профе́ссии **не** мечта́ет.

ПРИЛОЖЕНИЕ

Грамматический справочник

Die Präposition Предлóг

Präposition			Frage	Beispiel
	116			
óколо	**+ G.**	bei, nahe, neben	óколо чегó?	Гости́ница нахóдится óколо пáрка.
без		ohne	без когó (чегó)?	Дéвочка вы́росла без отцá.
у		bei, an	где?	Ни́на ждёт мáму у аптéки.
		(jmd. hat)	у когó?	У Бори́са есть компью́тер. (↗ **124**)
из		aus	откýда?	Ральф из Гермáнии. Он из Берли́на.
во врéмя		während	когдá?	Во врéмя кани́кул я чáсто éзжу в дерéвню.
пóсле		nach	когдá?	Пóсле шкóлы мы идём домóй.
с		von … an	с каки́х пор?	Вóва ýчит немéцкий язы́к со вторóго клáсса.
		von	откýда?	Алёша шёл со стадиóна домóй.
для		für	для когó (чегó)?	Э́то подáрок для Вóвы.
прóтив		gegen	прóтив когó (чегó)?	Ребя́та в клáссе прóтив национали́зма.
от		von	от когó?	И́ра получи́ла письмó от Кáтрин.
недалекó от		unweit von	где?	Остановка автóбуса недалекó от пóчты.
до		bis	до чегó?	Как дойти́ до аптéки?
от … до …		von … bis		От Мýрманска до Чёрного мóря – 4 ты́сячи км.
	117			
к	**+ D.**	zu	к комý?	Тáня идёт к бáбушке.
по		in	по какóму предмéту?	По фи́зике у меня́ трóйка.
		an	по каки́м дням?	По втóрникам у нас шесть урóков. (↗ **135**)
	118			
в	**+ A.**	in, nach	кудá?	Лéтом мы поéдем в дерéвню.
		am, um	когдá?	В воскресéнье бýдут соревновáния. (↗ **135**)
				В два часá бýдет концéрт. (↗ **133**)
на		in, auf	кудá?	Ребя́та идýт на стадиóн.
чéрез		in	когдá?	Лю́ба придёт чéрез час.
за		für	за что?	Спаси́бо вам за всё.
про		über, von	про что?	Дени́с сказáл Ки́ре про двóйку.
	119			
с	**+ I.**	mit	с кем?	Ви́ктор дрýжит с Ни́ной.
			с чем?	бутербрóды с колбасóй (сы́ром)
ря́дом с		neben	ря́дом с чем?	Гости́ница ря́дом со стадиóном.
пéред		vor	пéред кем (чем)?	Стáнция метрó пéред универмáгом.
за		an, hinter, bei	за чем?	Вóва сиди́т за учéбниками.
мéжду		zwischen	мéжду кем (чем)?	Урáл – грани́ца мéжду Еврóпой и А́зией.
над		über	над кем (чем)?	Лáмпа над столóм.
под		unter	где? под кем (чем)?	Письмó лежи́т под кни́гой.
	120			
в	**+ P.**	in, auf	где?	Антóн в шкóле.
на		in, auf	где?	Ни́на на концéрте.
о		über	о ком (чём)?	Расскажи́, пожáлуйста, о Макси́ме.

Граммати́ческий спра́вочник

Subjektlose Sätze

121 Ein subjektloser Satz mit einem Verb in der 3. Person Plural des Präsens/Futurs oder in der Pluralform des Präteritums bezeichnet eine Handlung, die von unbestimmten Personen ausgeführt wird: Wiedergabe durch *man* oder durch Passiv.

Здесь **продаю́т** сувени́ры.	Hier verkauft man Souvenirs. Oder: … werden … verkauft.
Меня́ **пригласи́ли** на день рожде́ния.	Man hat mich zum Geburtstag eingeladen. Oder: Ich bin … eingeladen worden.

So erkundigt man sich auch nach dem Namen von Personen:

– Как **зову́т** де́вочку?	Wie heißt das Mädchen?
– (Её **зову́т**) Ната́ша.	(Sie heißt) Natascha.

Beachte jedoch (bei Sachbezeichnungen):

Как **называ́ется** э́та у́лица?	Wie heißt diese Straße?

122 Ein subjektloser Satz mit einem prädikativen Adverb (im Präteritum mit бы́ло, im Futur mit бу́дет) bezeichnet einen Zustand. Als Objekt steht oft der Dativ der Person. Z. B.:

Зимо́й (бы́ло) **хо́лодно**.	Im Winter ist es (war es) kalt.
Макси́му (бу́дет) **ску́чно**.	Maxim langweilt sich (wird sich langweilen).

Zu мо́жно ↗ **128**; zu хо́чется ↗ **130**.

Sein

123 *Sein: (ich) bin, (du) bist …* wird im Russischen ohne Verbform ausgedrückt. Z. B.:

Кто э́то?	Wer ist das?
Э́то И́на и Зо́я.	Das sind Ina und Soja.

Haben

124 *Haben, vorhanden sein* wird in der Regel durch есть + N. wiedergegeben. Der Besitzer wird durch die Wortgruppe у + G. bezeichnet. Z. B.:

У тебя́ **есть** брат?	**Hast** du einen Bruder?
Да, **есть**.	Ja.
У вас **есть** фотоаппара́т?	**Haben** Sie einen Fotoapparat?

125 Soll eine Anzahl oder eine Eigenschaft hervorgehoben werden, entfällt есть. Z. B.:

Ско́лько у тебя́ бра́тьев и сестёр?	**Wieviele** Geschwister hast du?
У меня́ **два бра́та**.	Ich habe **zwei Brüder**.

126 *Nicht haben* wird durch нет + G. wiedergegeben. z. B.:

У меня́ **нет** сестры́.	Ich habe keine Schwester.

Brauchen

127 Die benötigte Sache wird durch ein Substantiv im Nominativ bezeichnet; mit diesem stimmt ну́жен, нужна́, ну́жно; нужны́ in Genus und Numerus überein.
Die Person, die etwas benötigt, wird durch das entsprechende Wort im Dativ wiedergegeben. Z. B.:

Мне **ну́жен** кассе́тник.	Ich brauche einen Kassettenrecorder.
Нам **нужна́ бу́дет** твоя́ по́мощь.	Wir werden deine Hilfe brauchen.
Бори́су **нужны́ бы́ли** ди́ски.	Boris brauchte CDs.

ПРИЛОЖЕНИЕ

Грамматический справочник

Können

128 *Können: die Möglichkeit haben* kann wiedergegeben werden
- durch мочь, z. B.:
  Я не **могу́** прие́хать. — Ich kann nicht kommen.
- durch subjektloses мо́жно (im Präteritum mit бы́ло, im Futur mit бу́дет)
  Где **мо́жно** купи́ть пода́рки? — Wo kann man Geschenke kaufen?

bzw. zum Ausdruck von *nicht können* durch нельзя́ (бы́ло, бу́дет), z. B.:
Ли́да ча́сто говори́т непра́вду, поэ́тому на неё **нельзя́** положи́ться. — Lida sagt oft die Unwahrheit, daher kann man sich nicht auf sie verlassen.

129 *Können: die Fähigkeit haben* kann durch уме́ть wiedergegeben werden, z. B.:
Ты **уме́ешь** игра́ть в ша́хматы? — Kannst du Schach spielen?

Wollen

130 *Wollen* kann wiedergegeben werden:
- durch хоте́ть, z. B.:
  Я **хочу́** попро́бовать блины́. — Ich will (möchte) die Plinsen probieren.
- durch subjektloses хо́чется (Präteritum: хоте́лось) mit Dativ der Person, z B.:
  Мне **хо́чется** есть. — Ich möchte etwas essen.

Müssen

131 *Müssen: notwendig sein* kann wiedergegeben werden durch subjektloses ну́жно oder на́до (im Präteritum mit бы́ло, im Futur mit бу́дет); eine Person, die etwas tun muß, wird durch ein Substantiv oder Pronomen im Dativ bezeichnet. Z. B.:
Мне **ну́жно бу́дет сде́лать** переса́дку. — Ich werde umsteigen müssen.

Beachte den unvollendeten Aspekt des Infinitivs bei не нужно – *nicht müssen, nicht brauchen*, z. B.:
Ему́ **не ну́жно бу́дет де́лать** переса́дку. — Er wird nicht umsteigen müssen. Oder: Er braucht nicht umzusteigen.

132 *Müssen: moralisch verpflichtet sein* kann wiedergegeben werden durch das Adjektiv до́лжен, должна́, должно́; должны́ (im Präteritum und Futur mit den Formen von быть).
Die Formen von до́лжен stimmen mit dem Subjekt des Satzes in Genus und Numerus überein. Z. B.:
Ка́ждый челове́к **до́лжен** уважа́ть права́ челове́ка. — Jeder muß die Menschenrechte achten.
Ле́том Ната́ша **должна́ бу́дет** зараба́тывать де́ньги, что́бы помо́чь семье́. — Im Sommer wird Natascha Geld verdienen müssen, um ihrer Familie zu helfen.

Грамматический справочник

Zeitangaben

Die Uhrzeit

133 Auf die Frage *Ско́лько вре́мени?* – Wie spät ist es? werden Stunden- und Minutenzahl aneinandergereiht (offizielle Angabe der Uhrzeit).
Auf die Frage *когда́?* – wann? steht в + A.

(в) час	–	(um)	1 Uhr
(в) два час**а́** две мину́т**ы**	–	(um)	2^{02} Uhr
(в) пять час**о́в** пятна́дцать мину́т	–	(um)	5^{15} Uhr
(в) два́дцать два час**а́** три́дцать мину́т	–	(um)	22^{30} Uhr

134 Im Alltag wird zur Angabe der Minuten eine andere Ausdrucksweise bevorzugt (umgangssprachliche Angabe der Uhrzeit):

In der *ersten Stundenhälfte* wird die Minutenzahl angegeben, die von der angebrochenen Stunde bereits verstrichen ist, z. B.:

(в) пять мину́т деся́того	–	5 (Minuten) nach 9
(в) че́тверть деся́того	–	Viertel nach 9; Viertel 10
в полови́не деся́того	–	halb 10

In der *zweiten Stundenhälfte* wird die Minutenzahl angegeben, die noch zur vollen Stunde fehlt, z. B.:

без двадцати́ де́сять	–	20 (Minuten) vor 10
без че́тверти де́сять	–	Viertel vor 10; drei Viertel 10

Die Wochentage

135 Auf die Frage *когда́?* – wann? steht
в + A. oder по + D. Pl. (zur Kennzeichnung regelmäßiger Wiederholung).

дни неде́ли	**в** как**о́й** день?	**по** как**и́м** дн**ям**?
понеде́льник	**в** понеде́льник (am Montag)	**по** понеде́льник**ам** (montags)
вто́рник	**во** вто́рник	**по** вто́рник**ам**
среда́	**в** сре́д**у**	**по** сред**а́м**
...	...	...
воскресе́нье	**в** воскресе́нь**е**	**по** воскресе́нь**ям**

136 Beachte:

in dieser (der vergangenen, der kommenden) Woche	–	**на** э́т**ой** (про́шл**ой**, сле́дующ**ей**) неде́л**е**
in einer Woche	–	**че́рез** неде́л**ю**
vor einer Woche	–	неде́л**ю** **наза́д**

Die Monate

137 Auf die Frage *когда́?* – wann? steht в + P.

ме́сяцы	**в** как**о́м** ме́сяц**е**?
янва́рь	**в** январ**е́**
...	...
март	**в** ма́рт**е**
апре́ль	**в** апре́л**е**
май	**в** ма́**е**
...	...

ПРИЛОЖЕНИЕ

Грамматический справочник

138 Beachte:

in diesem (im vergangenen, im kommenden) Monat	– **в** э́т**ом** (про́шл**ом**, сле́дующ**ем**) ме́сяц**е**
in einem Monat	– **че́рез** ме́сяц
vor einem Monat	– ме́сяц **наза́д**

Das Datum

139 Auf die Frage *Како́е сего́дня число́?* – Der wievielte ist heute? steht der Nominativ des Ordinale (in der neutralen Form) und der Genitiv des Monatsnamens. Auf die Frage *когда́? (како́го числа́?)* – wann? stehen Ordinale und Monatsname im Genitiv.

Како́е сего́дня число́?	*когда́? (како́го числа́?)*
два́дцать пе́рв**ое** ма́**я**	два́дцать пе́рв**ого** ма́**я**
деся́т**ое** а́вгуст**а**	деся́т**ого** а́вгуст**а**

140 Die Jahresangabe erfolgt im Russischen – zum Unterschied vom Deutschen – durch ein Ordinale; dieses stimmt mit seinem Bezugswort год in Genus, Numerus und Kasus überein.
Auf die Frage *в како́м году́?* – in welchem Jahr? steht в + P.

како́й год?	*в како́м году́?*
ты́сяча девятьсо́т девяно́сто пят**ый** год	**в** ты́сяча девятьсо́т девяно́сто пя́т**ом** год**у́**

141 Die dem Datum folgende Jahresangabe steht immer im Genitiv.

Како́е (сего́дня) число́?	*како́го числа́?*
два́дцать пе́рв**ое** ма́**я** ты́сяча девятьсо́т девяно́сто пя́т**ого** го́д**а**	два́дцать пе́рв**ого** ма́**я** ты́сяча девятьсо́т девяно́сто пя́т**ого** го́д**а**

Maßangaben

142 Nach einem Substantiv, das ein Maß bezeichnet, steht das Substantiv, das den Stoff oder Gegenstand benennt, im *Genitiv* (Genitiv des Teils), z. B.:

стака́н ча́**я** (ча́ю, ↗ **66**)	– ein Glas Tee
ло́жка са́хар**а** (са́хару)	– ein Löffel Zucker
килогра́мм хле́б**а**	– ein Kilo Brot

Zur Verbindung der Kardinalia mit Substantiven ↗ **94**.

Грамматический справочник

Nebensätze

Der Objektsatz

143 Durch einen *Objektsatz* wird das Prädikat des Hauptsatzes ergänzt;
Konjunktionen: что – daß, чтóбы – daß (wenn das Prädikat des Hauptsatzes einen Wunsch, eine Bitte ausdrückt), z. B.:

Марк считáет, **что** трýдности перехóда к ры́ночной экономи́ке врéменные.
(**Чегó** хóчет И́горь?)
И́горь хóчет, **чтóбы** у негó был настоя́щий друг.
(..., daß er einen richtigen Freund findet.)
Скажи́ Мáрку, **чтóбы** он бóльше занимáлся англи́йским языкóм.

Der Temporalsatz

144 Durch einen *Temporalsatz* werden zeitliche Verhältnisse zwischen den in Haupt- und Nebensatz genannten Handlungen ausgedrückt;
Konjunktion: когдá – als, während (Gleichzeitigkeit beider Handlungen),
als, nachdem (Vorzeitigkeit der Handlung des Nebensatzes);
wenn (Vorzeitigkeit der Handlung des Nebensatzes, Prädikat des Nebensatzes im Präsens bzw. Futur); z. B.:

Когдá дéвочка и её отéц смотрéли (uv.) фильм, они́ мнóго смея́лись (uv.).	Während sich das Mädchen und ihr Vater den Film ansahen, lachten sie häufig.

(gleichzeitiger Ablauf beider Handlungen: beide Verben im unvollendeten Aspekt)

Когдá они́ éхали (uv.) в автóбусе, неожи́данно пошёл (v.!) дождь.	Als sie mit dem Autobus fuhren, begann es plötzlich zu regnen.

(nur teilweise Zusammenfall beider Handlungen: während des Ablaufs einer Handlung – Verb im unvollendeten Aspekt – zeitlich begrenzte zweite Handlung – Verb im vollendeten Aspekt –)

Когдá они́ наконéц пришли́ (v.) к бáбушке, они́ срáзу рассказáли (v.) ей содержáние фи́льма.	Als sie zur Großmutter kamen (gekommen waren), erzählten sie ihr gleich den Inhalt des Films.

(Handlung des Nebensatzes zeitlich vor Handlung des Hauptsatzes: beide Verben im vollendeten Aspekt)

Когдá ты приéдешь ко мне, я покажý тебé мои́ нóвые ди́ски.	Wenn du zu mir kommst, zeige ich dir meine neuen CDs.

Zum Konditionalsatz mit éсли – wenn ↗ **147**.

Der Finalsatz

145 Durch einen *Finalsatz* wird der Zweck, die Absicht der im Hauptsatz genannten Handlung angegeben;
Konjunktion: чтóбы + Infinitiv – um zu (wenn die Handlungen von Haupt- und Nebensatz von ein und derselben Person ausgeführt werden,
чтóбы + Präteritalform – damit (wenn die Handlungen von Haupt- und Nebensatz von verschiedenen Personen ausgeführt werden), z. B.:

Я хочý хорошó читáть по-рýсски, **чтóбы** лýчше понимá**ть**, что происхóдит в Росси́и. (..., um besser zu verstehen, ...)
Шкóльники рассказáли о своéй жи́зни журнали́стке, **чтóбы** онá мог**лá** сдéлать о них передáчу. (..., damit sie ... eine Sendung machen konnte.)

ПРИЛОЖЕНИЕ

Грамматический справочник

Der Kausalsatz

146 Durch einen *Kausalsatz* wird die Begründung für eine im Hauptsatz genannte Handlung angegeben;
Konjunktionen: потому́ что; так как – weil, z. B.:

Ни́на вы́брала ру́сский язы́к то́лько **потому́, что** её подру́га хоте́ла учи́ть э́тот предме́т.

Der Konditionalsatz

147 Durch einen *Konditionalsatz* wird die (reale oder nichtreale) Bedingung für eine im Hauptsatz genannte Handlung angegeben;
Konjunktion: е́сли – wenn, falls, z. B.:

Е́сли ты придёшь ко мне, я покажу́ тебе́ мои́ ди́ски.	Wenn du zu mir kommst, zeige ich dir meine neuen CDs. (reale Bedingung)

Zum Temporalsatz mit когда́ – wenn ↗ **144**.

Е́сли бы ты пришёл ко мне, я показа́л бы тебе́ мои́ но́вые ди́ски.	Wenn du zu mir gekommen wärst, hätte ich dir meine neuen CDs gezeigt. (irreale Bedingung)

Der Attributsatz

148 Durch einen *Attributsatz* wird das Beziehungswort im Hauptsatz (meist ein Substantiv) näher charakterisiert;
Relativpronomen: кото́рый, како́й u. a. (Genus und Numerus stimmen mit dem Beziehungswort überein, der Kasus richtet sich nach der Funktion des Pronomens im Nebensatz), z. B.:

Мы прочита́ли **текст, кото́рый** расска́зывает о жи́зни в Сиби́ри.
В 1957 году́ **Ге́рольд, кото́рому** бы́ло 20 лет, на́чал учи́ться в университе́те.

Beachte die vom Deutschen abweichende Stellung des Genitivattributs:
Влади́мир, роди́тели **кото́рого** тепе́рь живу́т в Герма́нии, прие́хал из Росси́и.
(Wladimir, **dessen** Eltern …)

Direkte und indirekte Rede

149 Für die Wiedergabe direkter in indirekter Rede gilt:

direkte Rede		*indirekte Rede*
Aussagesatz	–	Nebensatz mit Konjunktion что – daß (Modus und Tempus unverändert)
Bestimmungsfrage	–	Nebensatz (Modus und Tempus unverändert)
Entscheidungsfrage	–	Nebensatz mit ли – ob (ли steht nach dem Wort, auf das die Antwort erwartet wird; Modus und Tempus unverändert)
Aufforderungssatz (ausgedrückt durch Imperativ)	–	Nebensatz mit чтобы + Präteritalform – daß (Modus verändert: Konjunktiv)

Грамматический справочник

Z. B.:

И́ра сказа́ла: «Без любви́ челове́к не мо́жет быть счастли́вым».	И́ра сказа́ла, **что** без любви́ челове́к не мо́жет быть счастли́вым.
Е́ва спроси́ла Ма́рка: «Каки́е лю́ди тебе́ не нра́вятся?»	Е́ва спроси́ла Ма́рка, каки́е лю́ди ему́ не нра́вятся.
Ни́на спроси́ла И́горя: «У тебя́ есть люби́мая де́вушка?»	Ни́на спроси́ла И́горя, есть **ли** у него́ люби́мая де́вушка.
Журнали́стка попроси́ла: «Ребя́та, расскажи́те мне о себе́».	Журнали́стка попроси́ла ребя́т, **что́бы** они́ рассказа́ли ей о себе́.

Wortfolge

Verneinung einer Handlung durch не

150 Eine Handlung wird durch не verneint. Dabei steht не – zum Unterschied vom Deutschen – unmittelbar vor der konjugierten Verbform.
Vgl.: Er spricht nicht russisch. — Он не говори́т по-ру́сски.

Personenname als Attribut

151 Wird ein Personenname als Genitivattribut gebraucht, so steht dieses Attribut – zum Unterschied vom Deutschen – stets hinter seinem Beziehungswort.
Vgl.: Antons Schwester — сестра́ Анто́на

Adverbialbestimmung der Art und Weise

152 Wird die Adverbialbestimmung der Art und Weise durch ein Adverb ausgedrückt, so steht dieses in der Regel – zum Unterschied vom Deutschen – vor dem verbalen Prädikat.
Vgl.: Er spricht gut russisch. — Он хорошо́ говори́т по-ру́сски.

Subjekt in der Ergänzungsfrage

153 Wird das Subjekt in einer Ergänzungsfrage durch ein Personalpronomen ausgedrückt, so steht dieses – zum Unterschied vom Deutschen – vor dem verbalen Prädikat.
Vgl.: Was liest du? — Что ты чита́ешь?

Wichtigstes Satzglied in der Entscheidungsfrage

154 In der Entscheidungsfrage steht das Satzglied, auf dem der Satzakzent liegt und auf das die Antwort erwartet wird, oft am Satzanfang, gefolgt von der Partikel ли.
Vgl.:

Ist es schwer, Russisch zu lernen?	Тру́дно ли вы́учить ру́сский язы́к?
Sind Sie einverstanden?	Согла́сны ли вы?
Lesen Sie oft englisch?	Ча́сто ли вы чита́ете по-англи́йски?

Mehrgliedrige Kardinalia ↗ **93**; ungefähre Zahlenangabe ↗ **95**.

ПРИЛОЖЕНИЕ

Алфавитный словарь

Das alphabetische russisch-deutsche Wörterverzeichnis enthält außer den Numeralien (hierzu ↗ G 92-99):

- den Lernwortschatz beider Teile des Lehrwerks ДИАЛОГ (mit „I" wurde die Lexik aus ДИАЛОГ 1 gekennzeichnet, Lexik des Lehrbuches ДИАЛОГ 2 wurde mit einer arabischen Ziffer für die Lektion und einem kyrillischen Buchstaben für den Abschnitt markiert)
- nicht zum Lernwortschatz gehörende Wörter, die in Lesetexten und Übungsanweisungen auftreten und voraussichtlich nicht selbständig erschlossen werden können.

А

а I und, aber
а́вгуст I August
авто́бус I Autobus
автома́т 4 А Automat
автомаши́на 7 Б Auto
а́втор 1 В Autor
авторите́т 5 А Autorität
а́дрес I Anschrift, Adresse
А́зия I Asien
акти́вный 5 А aktiv
актуа́льный 4 Б aktuell
алло́ I hallo
алфави́тный I alphabetisch
альбо́м с ви́дами ... I Bildband von ...
америка́нский 1 Б amerikanisch
англи́йский I englisch
анекдо́т I Anekdote
анса́мбль 4 А Ensemble
аппарату́ра 9 А Apparatur
апре́ль I April
апте́ка I Apotheke
арти́ст, -ка 4 А Schauspieler(-in), Künstler(-in), Artist(-in)
архите́ктор 4 Б Architekt
архитекту́ра 3 В Architektur
архитекту́рный I Architektur- *(in Zus.)*
аттеста́т I Abschlußzeugnis
афи́ша 4 А Plakat, Ankündigung
аэропо́рт 1 А Flughafen

Б

ба́бушка I Oma, Großmutter
бале́т 4 А Ballett
Балти́йское мо́ре I Ostsee
банк 2 А Bank
баскетбо́л I Basketball
ба́сня 6 А Fabel
бассе́йн I (Schwimm-)Bassin
бежа́ть, бе́гать 10 А laufen, rennen
бе́дность 3 В Armut
бе́дный 3 В arm
бе́жевый 8 А beige
без + *G.* 1 Б ohne
безопа́сность 7 Б Sicherheit
безрабо́тный 2 А Arbeitsloser
бе́лый I weiß
бе́рег I Ufer
берёзка I Birke
беспла́тный 7 Б kostenlos
библиоте́ка I Bibliothek
биле́т 4 А Karte
биоло́гия I Biologie
благодари́ть ↗ поблагодарить
бли́зко 4 А nah
близнецы́ I Zwillinge; Mehrlinge
блины́ I Plinsen
блу́зка 8 А Bluse
блю́до 9 В Speise, Gericht; Gang; Schale, Schüssel
бога́тство 3 В Reichtum
бога́тый 3 В reich
бокс 10 А Boxen
боле́льщик 10 А Fan
боле́ть[1] 9 А krank sein; Fan sein
боле́ть[2] 9 А weh tun
болта́ть I schwatzen
больни́ца 9 Б Krankenhaus
больно́й 9 А krank; der Kranke
большинство́ 2 А Mehrheit
большо́й I groß
боро́ться 10 А kämpfen
боти́нки 8 А (Schnür)Stiefel
боя́ться 9 А (sich) fürchten
брат I Bruder
брать ↗ взять
бро́ви 8 А Augenbrauen
бро́нзовый 10 А bronzen, Bronze- *(in Zus.)*
брю́ки 8 А Hosen
бу́дущее 2 А Zukunft
бу́дущий 1 Б zukünftig
будь добр; бу́дьте добры́ 3 Б sei so gut ; seien Sie so gut
Будь здоро́в! 10 Б Tschüs!
бу́лочная 2 А Bäckerei
бутербро́д I belegtes Brot, Sandwich
быва́ть I vorkommen
бы́стрый I schnell
быть I sein, werden

В

в + *A.* I *(wohin?)* in, nach; *(wann?)* um, am, in; + *P.* *(wo?)* in, auf
в го́сти (ходить ~) I zu Besuch (gehen, kommen)
в гостя́х (быть ~) I zu Besuch (sein)
ваго́н 3 А (Eisenbahn-)Wagen
ва́жный 2 А wichtig
ва́за I Vase
валю́та 7 А Valuta; (ausländische) Währung
ва́режки 8 А Fausthandschuhe
варе́нье I russische Konfitüre
вари́ть ↗ сварить
ваш I euer, Ihr *(Höflichkeitsf.)*
вбежа́ть/вбега́ть 10 Б hineinlaufen
вдруг 10 Б plötzlich, auf einmal
везде́ 7 А überall

Алфавитный словарь

везти́, вози́ть 7 Б fahren, bringen, führen
век I Jahrhundert
вели́к 8 A zu groß
вели́кий 5 Б groß, gewaltig
велого́нка 10 A Radrennen
велосипе́д I Fahrrad
ве́ра 5 A Glaube
ве́рить ↗ поверить
ве́рующий 5 A der Gläubige
весе́нний I Frühlings- *(in Zus.)*
весёлый I lustig
весна́ I Frühling
весно́й I im Frühling
вести́, води́ть 7 Б führen
весь 6 Б alle; ganz
ве́тер I Wind
ве́чер I Abend
вече́рний I abendlich, Abend- *(in Zus.)*
ве́чером I abends, am Abend
вещь 6 Б Sache, Ding
взгляд 10 Б Blick
взять/брать I nehmen
вид I Ansicht
ви́деоклип 4 A Videoclip
видеосало́н 3 Б Videoraum
ви́деть I sehen
ви́дик 6 A Video
ви́лка 9 B Gabel
виндсёрфинг 2 A Surfen
витри́на 3 B Schaufenster; Vitrine
вкус 4 A Geschmack
вку́сный 3 A schmackhaft
влия́ть ↗ повлиять
влюблён I verliebt (sein)
вме́сте I zusammen, gemeinsam
внача́ле I zu Beginn
вне́шность 8 A Äußeres
внима́ние I Achtung; Aufmerksamkeit
вничью́ 10 A unentschieden
внук I Enkel
во вре́мя I während
во-пе́рвых 2 A erstens
вода́ 3 A Wasser
води́ть ↗ вести
во́дное по́ло 10 A Wasserball
Водо́й не разольёшь (их). I (Sie) halten wie Pech und Schwefel zusammen.
вое́нный I militärisch
возврати́ться/возвраща́ться 10 Б zurückkehren, wiederkommen
во́здух I Luft
вози́ть ↗ везти
возмо́жность 8 Б Möglichkeit
во́зраст 5 A Alter
война́ 3 B Krieg
войти́/входи́ть 7 A hineingehen
вокза́л I Bahnhof
вокру́г + *G.* 6 Б um *(jmdn., etwas)* herum
волейбо́л I Volleyball
во́лосы I Haare
во́ля 10 A Willen
вообще́ I im allgemeinen
воскресе́нье I Sonntag
воспита́ть/воспи́тывать 9 A erziehen
восто́к I Osten
восто́чный I östlich, Ost- *(in Zus.)*
восхище́ние 10 Б Begeisterung, Entzücken
вот I da (ist, sind)
Вот и хорошо́! I Das ist gut!
Вот почему́ ...! I Ach, deshalb!
Вот это здо́рово! I Gut! Prima!
впечатле́ние 3 A Eindruck
вполне́ 6 Б völlig
врач 9 A Arzt, Ärztin
вре́менный 5 A zeitweilig
вре́мя I Zeit
все I alle
всегда́ I immer
всего́ I insgesamt
всё I alles
всё равно́ 2 A egal; sowieso
встать/встава́ть I aufstehen
встре́тить/встреча́ть I begegnen, treffen; empfangen, begrüßen
встре́титься/встреча́ться I sich treffen
встре́ча I Begegnung
вто́рник I Dienstag
входи́ть I eingehen, gehören zu; 7A ↗ войти
вчера́ I gestern
вы I ihr, Sie *(Höflichkeitsf.)*
вы́бор I Auswahl
вы́брать/выбира́ть 1 A (aus)wählen
вы́глядеть 8 A aussehen
вы́года 5 A Vorteil, Gewinn, Nutzen
вы́годно 7 Б vorteilhaft
вы́играть/выи́грывать 10 A gewinnen
вы́йти/выходи́ть 3 Б hinausgehen, aussteigen
вы́йти/выходи́ть за́муж 9 A heiraten *(eine Frau einen Mann)*
вы́пить/пить 5 Б trinken
вы́разить/выража́ть 6 A ausdrücken, äußern
вы́расти 2 A aufwachsen; wachsen
высо́кий I hoch
высота́ 3 A Höhe
вы́ступить/выступа́ть 4 A auftreten; eintreten *(für etwas)*
вы́учить I lernen
вью́щийся 8 A lockig

Г

газе́та I Zeitung
галере́я 7 A Galerie
га́лстук 8 A Schlips
гандбо́л I Handball
гастроно́м 7 A Delikatessengeschäft, Lebensmittelgeschäft
где I wo
гекта́р 7 Б Hektar
геогра́фия I Geographie
Герма́ния I Deutschland
герма́нский 1 B germanisch; deutsch
геро́й, геро́иня 6 Б Held(-in)
гимна́зия I Gymnasium
гимна́стика I Gymnastik
гита́ра I Gitarre
гитари́ст, -ка 4 A Gitarrist(-in)

ПРИЛОЖЕНИЕ

Алфавитный словарь

гла́вное 2 А Hauptsache
гла́вный 2 А Haupt- *(in Zus.)*
глаз I Auge
глубо́кий 3 А tief
глу́пый 2 А dumm
говори́ть ↗ сказать
  говори́ть по телефо́ну I telefonieren
год I Jahr
голова́ I Kopf
голубо́й 8 А hellblau
го́нка 10 А Rennen, Wettkampf
гора́ I Berg
го́рдый 5 А stolz
го́род I Stadt
господи́н I Herr *(als Anrede)*
госпожа́ I Frau *(als Anrede)*
гостеприи́мный 3 В gastfreundlich
гостеприи́мство 3 В Gastfreundschaft
гости́ница I Hotel
госуда́рство 3 В Staat
гото́вить I kochen; vorbereiten
гра́дус I Grad
граждани́н, -да́нка 9 Б Bürger(-in)
грани́ца I Grenze
грани́чить I (an)grenzen
гре́бля 10 А Rudern
грек, греча́нка 2 А Grieche, Griechin
гре́ческий 1 В griechisch
грипп 9 А Grippe
гроза́ I Gewitter
гро́мкий 4 А laut
гру́ппа I Gruppe
гру́стный 6 Б traurig
гу́бы 8 А Lippen
гуля́ть I spazierengehen
густо́й I dicht
гусь I Gans

Д

да I ja
дава́й(те) I laß(t) (lassen Sie) uns!
давно́ I längst, seit langem
даётся (не)легко́ I fällt (nicht) leicht
да́же I sogar
Да́льний Восто́к I Ferner Osten
да́льше I weiter
дари́ть ↗ подарить
движе́ние I Verkehr; 5 Б Bewegung
дво́йка I Zwei *(Note)*
двор 10 Б Hof
дворе́ц 7 А Palast
де́вочка I (kleines) Mädchen
де́вушка I (junges) Mädchen
де́душка I Opa, Großvater
де́йствие 6 Б Handlung
действи́тельно I wirklich
дека́брь I Dezember
де́лать ↗ сделать
  де́лать вид 2 А so tun, als ob …
  де́лать уро́ки I Schularbeiten machen
де́ло 2 А Sache, Angelegenheit; Unternehmen
делово́е совеща́ние 1 Б Geschäftsberatung
день I Tag
  день рожде́ния I Geburtstag
де́ньги I Geld
дереве́нский I dörflich, Dorf- *(in Zus.)*
дере́вня I Dorf
де́рево I Baum
деревя́нный I hölzern, Holz- *(in Zus.)*
детекти́в 6 А Krimi; Detektiv
детекти́вный 6 А Kriminal- *(in Zus.)*
де́ти 9 А Kinder
де́тство I Kindheit
дешёвый I billig
джаз 4 А Jazz
джа́зовая му́зыка 4 А Jazzmusik
джинсо́вый 8 А Jeans- *(in Zus.)*
джи́нсы 8 А Jeans
дире́ктор 9 Б Direktor
дирижёр 4 А Dirigent
диск I Platte
дискоте́ка I Diskothek
диста́нция 10 А Distanz, Entfernung
длина́ I Länge
дли́нный 3 Б lang *(räumlich)*
для + *G.* I für
днём I tagsüber, am Tag
до + *G.* I bis (nach)
  До встре́чи. I Bis zum nächsten Mal!
  До свида́ния! I Auf Wiedersehen!
доба́вить/добавля́ть 9 В hinzufügen, ergänzen; dazugeben
До́брое у́тро! I Guten Morgen!
до́брый I gut, gütig
  До́брый ве́чер! I Guten Abend!
  До́брый день! I Guten Tag!
дово́лен 10 Б zufrieden sein
Договори́лись. I Abgemacht!
дое́хать/доезжа́ть 7 Б (hin)fahren; ankommen, erreichen
дождь I Regen
докла́д 6 Б Vortrag
до́лго I lange
до́лжен I, 2 А müssen, sollen
дом I Haus
до́ма I zu Hause
дома́шний 9 А Haus- *(in Zus.)*
домо́й I nach Hause
домохозя́йка 2 А Hausfrau
доро́га I Weg, Straße
дорого́й I lieb, wert; teuer
доска́ I Tafel
досто́инство 10 А Würde
достопримеча́тельность I Sehenswürdigkeit
дочь 2 А Tochter
дра́ма 6 А Drama
дре́вний I alt, altertümlich
друг I Freund
друг дру́га 1 А einander, gegenseitig
друго́й I anderer
дру́жба I Freundschaft
дружи́ть I befreundet sein
дру́жный 8 Б einig, einhellig
ду́мать ↗ подумать

Алфавитный словарь

Дуна́й I Donau
дуэ́т 4 A Duett
дя́дя I Onkel

Е

Евро́па I Europa
европе́йский I europäisch
его́ I ihn; sein(e)
едини́ца I Eins *(Note)*
еди́нственный 6 Б einzig
её I sie; ihr(e)
е́здить ↗ ехать
ей I ihr *(wem)*
ему́ I ihm
е́сли 6 Б wenn, falls
есть[1] I essen
есть[2] (у кого) I (wer) hat
е́хать, е́здить I fahren
ещё I noch
  ещё раз I noch einmal

Ё

ёлка I Fichte, Tanne; Weihnachtsbaum, Neujahrstanne

Ж

жаке́т 8 A Kostümjacke, Jackett
жале́ть ↗ пожалеть
жа́лость 10 Б Mitleid
жаль I schade
жа́рить 9 B braten
жа́ркий I heiß
ждать I warten
же 1 B eben- *(in Zus.)*
жела́ние 2 Б Wunsch
жела́ть I wünschen
желе́зная доро́га I Eisenbahn
жена́ 2 A (Ehe-) Frau, Gattin
жени́ться 9 A heiraten *(ein Mann eine Frau)*
же́нский 8 A weiblich, Frauen-, Damen- *(in Zus.)*
же́нщина I Frau
жёлтый I gelb
жи́вопись 8 A Malerei
живо́тное I Tier
жизнера́достный 5 A lebensfroh
жизнь 1 Б Leben
жило́й 3 B Wohn- *(in Zus.)*
жира́ф I Giraffe
жи́тель, -ница 3 A Einwohner(-in)
жить I wohnen, leben
журна́л I Zeitschrift
журнали́ст, -ка 1 Б Journalist(-in)

З

за + *A.* I für; + *I.* an, hinter, bei
за рубежо́м 9 Б im Ausland
забо́титься ↗ позаботиться
забы́ть/забыва́ть 3 A vergessen
зави́сеть 5 A abhängen
заво́д 9 Б Werk, Betrieb
за́втра I morgen
за́втрак I Frühstück
за́втракать ↗ позавтракать
загора́ть I sich sonnen
зада́ча I Aufgabe
зае́хать/заезжа́ть 8 A vorbeifahren, -kommen; abholen
зако́н I Gesetz
закры́ть/закрыва́ть 7 B (ver)schließen
заме́тить/замеча́ть 7 Б (be)merken
замеча́тельный 6 Б hervorragend, großartig
за́мкнутый 5 A verschlossen
занима́ться I sich beschäftigen
за́нят 8 A beschäftigt sein; besetzt sein
заня́тие 10 A Beschäftigung; (Unterrichts-)Stunde
за́пад I Westen
за́падный I westlich, West- *(in Zus.)*
запа́с 6 A Bestand; Vorrat
записа́ть/запи́сывать 4 A aufzeichnen; aufschreiben
за́пись 4 A Aufzeichnung
запо́мнить I sich einprägen
зарабо́тать/зараба́тывать 2 A verdienen
зарубе́жный 7 A ausländisch
заче́м 5 A wozu, warum
защи́та 5 Б Schutz
защити́ть/защища́ть 5 Б verteidigen
защи́тник, -ница 5 Б Schützer(-in)
звон I Läuten, Ton
звони́ть ↗ позвонить
звоно́к 10 Б Klingel; Klingeln; Anruf
звуча́ть 6 Б klingen; ertönen
зда́ние I Gebäude
здесь I hier
здоро́вый 10 A gesund; kräftig
здоро́вье I Gesundheit
Здра́вствуй(те)! I Guten Tag!
зелёный I grün
земля́ I Erde, Land
зе́ркало I Spiegel
зима́ I Winter
зи́мний I winterlich, Winter- *(in Zus.)*
зимо́й I im Winter
знако́м 3 Б bekannt sein *(mit jmdm.)*
знако́миться ↗ познакомиться
знако́мый 1 Б bekannt; der Bekannte
знамени́тый I berühmt
знать I wissen
значе́ние 1 B Bedeutung
зна́чит I also; das heißt
значо́к I Abzeichen
зову́т (кого) I heißen
золото́й 10 A golden, Gold- *(in Zus.)*
зоопа́рк I Tierpark, Zoo
зри́тель, -ница 4 A Zuschauer(-in)

И

и I und
игра́ть I spielen
идёт 8 A *(etwas)* kleidet *(jmdn.)*
идти́, ходи́ть I gehen
из + *G.* I aus
изве́стность 9 Б Bekanntheit, Berühmtheit
изве́стный 4 A bekannt, berühmt
Извини́(те)! I Verzeihung!

ПРИЛОЖЕНИЕ

Алфавитный словарь

изобрази́ть/изобража́ть 8 В darstellen
изуче́ние 1 В Erlernen; Studium
изучи́ть/изуча́ть 1 В (er)lernen; studieren
икра́ I Kaviar
и́ли I oder
и́мени 7 А namens, mit dem Namen
име́ть 1 В haben
и́мя I Vorname
инжене́р 2 А Ingenieur
иногда́ I manchmal
иностра́нец, -нка 2 А Ausländer(-in)
иностра́нный I ausländisch, Fremd- *(in Zus.)*
институ́т 3 А Institut
инструме́нт I Instrument
интере́с I Interesse
интере́сный I interessant
интересова́ть 6 А interessieren
интересова́ться I sich interessieren
информа́ция 9 А Information
иску́сство 4 А Kunst
испа́нский I spanisch
исполни́тель, -ница 4 А Künstler(-in)
испо́лнить/исполня́ть 4 А darbieten; singen, spielen
истори́ческий 2 А historisch
исто́рия I Geschichte
италья́нец, -нка 2 А Italiener(-in)
их I sie *(Pl.)*; ihr(e)
ию́ль I Juli
ию́нь I Juni

K

к + *D.* I zu
к сожале́нию I leider
ка́ждый I jeder
ка́жется I es scheint
как I wie
как бу́дто 10 Б als ob
Как дела́? I Wie geht es?
Как дойти́ до ...? I Wie kommt man zu ...?
Как по-неме́цки ...? I Wie heißt deutsch ...?
как пра́вило 1 В in der Regel
как раз 8 А gerade richtig
како́й I welcher, was für ein
како́й-нибу́дь 10 Б irgendein
калькуля́тор I Taschenrechner
кани́кулы I Ferien
капу́ста I (Weiß-)Kohl
каранда́ш I Bleistift
ка́рий 8 А braun *(nur als Augenfarbe)*
карнава́л I Karneval, Fasching
ка́рта I Karte
карти́на I Bild
карто́шка, карто́фель 9 В Kartoffel
карьери́ст, -ка 5 А Karrierist(-in)
кассе́та I Kassette
кассе́тник I Kassettenrecorder
кассе́тный магнитофо́н 4 А Kassettenrecorder
ката́ться I fahren
кафе́ 4 Б Café
ка́чество 5 А Eigenschaft; Qualität
квадра́тный 3 А quadratisch; Quadrat- *(in Zus.)*
кварте́т 4 А Quartett
кварти́ра I Wohnung
квас I Kwaß
кефи́р I Kefir
ки́борд 4 А Keyboard
килогра́мм 9 В Kilogramm
киломе́тр I Kilometer
кино́ (кинотеа́тр) I Kino
класс I Klasse, Klassenraum
кла́ссик 4 А Klassiker
кла́ссика 4 А Klassik
класси́ческий 4 А klassisch
класть ↗ положить
кле́тка I Käfig
кли́мат 7 Б Klima
клуб I Klub
кни́га I Buch
князь I Fürst
когда́ I wann; 1 В wenn, als
код 7 А Vorwahl
ко́ла I Cola
колбаса́ I Wurst
колго́тки 8 А Strumpfhosen
коли́чество 7 Б Anzahl, Menge
кома́нда I Mannschaft
коме́дия 6 А Komödie
ко́мната I Zimmer
компа́кт-диск 4 А Compact Disc (CD)
компете́нтный 9 А kompetent
компози́тор I Komponist
компью́тер I Computer
компью́терный I Computer- *(in Zus.)*
кому́ I wem, an wen
конве́рт 7 А Briefumschlag, Kuvert
коне́ц I Ende
коне́чно I selbstverständlich, natürlich
конкуре́нт 9 А Konkurrent
ко́нкурс 5 А Wettbewerb
контине́нт I Kontinent
контра́ст 3 В Kontrast
конфере́нция 1 Б Konferenz
конце́рт I Konzert
конча́ться I enden
ко́нчить/конча́ть I beenden
конькобе́жный спорт 10 А Eislaufen, Eissport
копе́йка I Kopeke
кора́бль I Schiff
коро́ткий 6 А kurz
костёр I Lagerfeuer
кото́рый 2 А der, welcher
ко́фе I Kaffee
ко́шка I Katze
край I Land, Gebiet
краси́вый I schön
кра́сный I rot
красота́ 8 А Schönheit
кра́ткий 6 А kurz
креди́т 9 А Kredit
кре́пость I Festung
крича́ть I schreien
крокоди́л I Krokodil

Алфавитный словарь

кро́ме того́ I außerdem
кроссо́вки 8 А Turnschuhe
круг I Kreis
кто I wer
куда́ I wohin
культу́ра 3 В Kultur
культу́рный 3 А kulturell, kulturvoll, Kultur- *(in Zus.)*
куми́р 4 А Idol
купа́ться I baden
купе́ 3 Б Coupé, Zugabteil
купе́ц 7 А Kaufmann
купи́ть/покупа́ть I kaufen
кури́ть 5 Б rauchen
курно́сый 8 А stupsnasig
ку́ртка 8 А Jacke, Anorak
ку́хня 9 В Küche

Л

ла́мпа I Lampe
лати́нский I lateinisch
ле́вый 7 А linker
легко́ I leicht
лежа́ть I liegen
лека́рство 9 А Arznei(mittel)
лени́вый 5 А faul
ле́стница 10 Б Treppe; Leiter
лес I Wald
лете́ть, лета́ть I fliegen
ле́тний I sommerlich, Sommer- *(in Zus.)*
ле́то I Sommer
ле́том I im Sommer
лечи́ть 9 Б heilen
лёгкий I leicht
лёгкая атле́тика 10 А Leichtathletik
ли 1 В ob
лимона́д I Limonade, Brause
лингви́ст 1 В Linguist
лине́йка I Lineal
ли́ния 7 Б Linie
литерату́ра I Literatur
лифт 10 Б Fahrstuhl
лицо́ I Gesicht
ли́чный 5 А persönlich, privat
ли́шний 8 А überflüssig, unnütz; zuviel
лови́ть I fangen
ло́дка I Boot
ло́жка 9 В Löffel
лома́ть I zerbrechen
лоси́ны 8 А Leggings
лук 9 В Zwiebel
лу́чше (, чем) I besser (als)
лу́чший 1 А bester
лы́жи I Skier
люби́мый I Lieblings- *(in Zus.)*
люби́ть I lieben, gern haben
любо́вь 5 А Liebe
лю́ди I Menschen

М

магази́н I Laden, Geschäft
май I Mai
ма́йка 8 А T-Shirt
ма́йский I Mai- *(in Zus.)*
мал 8 А zu klein
ма́ленький I klein
ма́ло I wenig
ма́льчик I Junge
ма́ма I Mama, Mutti
ма́рка I Marke
март I März
ма́сло 9 В Butter; Öl
мастери́ть I basteln
матема́тика I Mathematik
матрёшка I Matrjoschka
матч 10 А Spiel
мать 2 А Mutter
маши́на I Auto; Maschine
меда́ль 1 А Medaille
медици́на 9 А Medizin
медици́нский 9 А medizinisch, Medizin- *(in Zus.)*
ме́дленный 8 А langsam
ме́жду I zwischen
междунаро́дный 1 А international
ме́лкий 9 В klein; seicht; flach
ме́неджер 9 А Manager
меня́ I mich
ме́стное вре́мя 3 А Ortszeit
ме́стный I Orts- *(in Zus.)*
ме́сто I Platz, Ort; Gegend
ме́сяц I Monat
метро́ I Metro, U-Bahn
мечта́ 9 А Traum
мечта́ть 9 А träumen
меша́ть ↗ помешать
миллио́н I Million
ми́мо + *G.* 10 Б vorbei; an ... vorbei
мину́та I Minute
мину́тка 7 А Minute *(Verkleinerung)*
мир I Frieden; Welt
миро́вой I Welt- *(in Zus.)*
мла́дшие кла́ссы 2 А untere Klassen
мла́дший 2 А jünger
мне I mir
 Мне ... лет. I Ich bin ... Jahre alt.
 Мне хо́чется есть (пить). I Ich möchte essen (trinken).
мне́ние 3 А Meinung
мно́гие 1 В viele
мно́го I viel
мно́гое 2 А vieles
многоэта́жный 3 В mehrgeschossig
моги́ла 7 А Grab
мо́да 2 А Mode
мо́дный 8А modisch
мо́жет быть I vielleicht
мо́жно I man kann
мой I mein
молоде́ц I großartiger Mensch, Prachtkerl
молодёжный 4 А Jugend- *(in Zus.)*
молодёжь 4 А Jugend
молодо́й I jung
молоко́ I Milch
молча́ть 10 Б schweigen
мо́ре I Meer, die See
морепла́вание I Seefahrt
моро́женое I Eis
моро́з I Frost
москви́ч I der Moskauer
моско́вский 1 А Moskauer

ПРИЛОЖЕНИЕ

Алфавитный словарь

мост I Brücke
мочь I können, in der Lage sein
муж 2 A (Ehe-) Mann, Gatte
мýжественный 5 A mutig
мужскóй 8 A männlich, Männer-, Herren- *(in Zus.)*
мужчи́на I Mann
музéй I Museum
мýзыка I Musik
музыкáльный I Musik- *(in Zus.)*
музыкáнт 4 A Musiker
мукá 9 B Mehl
мы I wir
мысль 6 A Gedanke
мыть I waschen, putzen
мэр 7 A Bürgermeister
мэ́рия 7 A Bürgermeisteramt
мю́зикл 4 A Musical
мя́со I Fleisch

Н

на + *A.* I *(wohin?)* in, auf ; + *P.* *(wo?)* in, auf; + *A.* 7 A für
навéрно I wahrscheinlich
навстрéчу + *D.* 10 Б entgegen
над + *I.* I über
надéть/надевáть 8 A aufsetzen, anziehen
нáдо I man muß
нáдпись I Aufschrift
назáд I vor, zurückliegend; zurück
назвáние I Bezeichnung
назвáть/называ́ть 2 A nennen
называ́ться I heißen, sich nennen
найти́/находи́ть 2 A finden
наконéц I endlich, zum Schluß
налéво I nach links
наоборóт 6 Б umgekehrt, umgedreht
напечáтать drucken
написáть/писáть I schreiben
напи́ток 5 Б Getränk
напрáво I nach rechts
напримéр I zum Beispiel
напрóтив I gegenüber
нарисовáть/рисовáть I zeichnen, malen
наркóтик 5 Б Narkotikum, Droge
нарóд 7 A Volk
нарóдный I Volks- *(in Zus.)*
населéние 2 Б Bevölkerung
наси́лие 5 Б Gewalt
настóльный I Tisch- *(in Zus.)*
настоя́щий 5 A wahr, echt, wirklich
настроéние 4 A Stimmung, Laune
наýка 1 B Wissenschaft
научи́ться/учи́ться 1 Б, I (er)lernen
наýчный 3 A wissenschaftlich
находи́ться I sich befinden
национали́зм 2 A Nationalismus
национáльность 2 A Nationalität
нáция 2 A Nation
начáло 3 B Beginn, Anfang
начáть I *(etwas)* beginnen
начинáться I beginnen
наш I unser
не I nicht
недалекó I nicht weit
недалекó от + *G.* I nicht weit von
недéля I Woche
нéжный 5 A zärtlich
нéкоторые I einige
нельзя́ 5 A man darf (soll) nicht
нéмец, -мка I Deutscher
немéцкий I deutsch
немнóго I etwas, ein wenig
необы́чное 4 A Ungewöhnliches
необы́чный 4 A ungewöhnlich
неожи́данный 6 Б unerwartet
нéрвы 9 A Nerven
нéсколько I einige
нести́, носи́ть 7 A tragen
несчáстный 5 Б unglücklich
  несчáстный слýчай 7 Б Unglücksfall, Unfall
нет I nein
  нет (не бы́ло) врéмени I es ist (war) keine Zeit
ни ..., ни ... 10 A weder ... noch ...
ни от когó 9 A von niemandem
Ни пýха ни перá! I Hals- und Beinbruch
ни́зкий 3 Б niedrig
никакóй 9 A keinerlei
никогдá I niemals, nie
никудá 9 A nirgendwohin
ничегó I nichts; macht nichts; es geht
но 2 A aber
нóвость 10 Б Neuigkeit
нóвый I neu
  Нóвый год I Neujahr
ногá I Fuß, Bein
нож 9 B Messer
ноль I null, Null
нóмер I Nummer
нормáльно I normal
нос I Nase
носи́ть ↗ нести
носки́ 8 A Socken
нóты I Noten *(musikal.)*
ночь I Nacht
нóчью I nachts
ноя́брь I November
нрáвиться I gefallen
Ну, что за вопрóс! 4 A Was für eine Frage!
Ну, что ты! I Wo denkst du hin!
Ну и что же? 2 A Na und?
нýжен 4 A brauchen, benötigen
нýжно 3 Б müssen; sollen

О

о + *P.* I über, von
обéд I Mittag
обéдать ↗ пообедать
óбласть I Gebiet
обмáн 10 Б Betrug
обмáнутый 10 Б betrogen
обманýть/обмáнывать 10 Б betrügen, *(jmdn.)* täuschen
обменя́ть/обмéнивать 7 A tauschen; wechseln
обрабóтать/обрабáтывать 9 A bearbeiten
óбраз 5 Б Art, Weise; Gestalt, Figur
образовáние 9 A Bildung
обрати́ть/обращáть внимáние 8 A Beachtung schenken, *(auf etwas, jmdn.)* achten

Алфавитный словарь

обра́тно I zurück
обще́ственный 5 Б gesellschaftlich
о́бщество 5 А Gesellschaft
о́бщий I gemeinsam
объекти́вный 9 А objektiv
объяви́ть/объявля́ть 6 Б bekanntgeben, mitteilen; erklären; ansagen
объявле́ние 6 Б Erklärung, Bekanntmachung
обыкнове́нный 10 Б gewöhnlich
обы́чно I gewöhnlich
обяза́тельно I unbedingt
о́вощи I Gemüse
огоро́д I Gemüsegarten
огро́мный I riesig, gewaltig
оде́жда 8 А Kleidung
оде́ть(ся)/одева́ть(ся) 8 А (sich) anziehen
одина́ково gleich, genauso
одино́кий 5 А einsam
одна́жды 10 Б einmal; eines Tages
одновре́менно 9 Б gleichzeitig
однокла́ссник, -ница 2 А Mitschüler(-in)
односторо́нний 10 А einseitig
озабо́ченность 3 В Besorgtheit
озабо́ченный 3 В besorgt
о́зеро I der See
океа́н I Ozean
окно́ I Fenster
о́коло + *G.* I ungefähr, etwa; 7 А bei, nahe, neben
оконча́ние I Beendigung
окружа́ющая среда́ 5 Б Umwelt
октя́брь I Oktober
олимпиа́да 1 А Olympiade
Олимпи́йские и́гры 10 А Olympische Spiele
он I er
она́ I sie
они́ I sie *(Pl.)*
оно́ I es
опа́сный 5 Б gefährlich
о́пера 4 А Oper
опера́ция 9 Б Operation
опере́тта 4 А Operette
описа́ть/опи́сывать 6 Б beschreiben
опозда́ть/опа́здывать 3 Б sich verspäten, zu spät kommen
опро́с 5 Б Befragung, Umfrage
оптимисти́ческий 5 Б optimistisch
ора́нжевый 8 А orange
оргте́хника 9 А Kommunikationstechnik
оригина́л 1 Б Original
оригина́льный 7 Б originell; original, echt
орке́стр 4 А Orchester
оса́дки I Niederschläge
осе́нний I herbstlich, Herbst- *(in Zus.)*
о́сень I Herbst
о́сенью I im Herbst
осмотре́ть/осма́тривать 7 А besichtigen, ansehen
основа́ние I Gründung
основа́тель 7 А Gründer
основа́ть 7 А gründen, schaffen
осо́бенно I besonders
остально́й I restlich, übrig
останови́ться/остана́вливаться 9 А anhalten, stehenbleiben, haltmachen
остано́вка I Haltestelle
о́стров I Insel
о́стрый 7 Б scharf, spitz
от + *G.* I von
отве́тить/отвеча́ть I antworten
отве́тственность 9 Б Verantwortung
отде́льный I einzeln
о́тдых I Erholung
оте́ц 2 А Vater
откры́тка I Postkarte, Ansichtskarte
откры́тый 5 А offen
откры́ть/открыва́ть 7 А öffnen, aufschlagen
отку́да I woher
отли́чный I ausgezeichnet
отме́тка I Zensur
отмеча́ть I begehen, feiern
отнести́сь/относи́ться 1 В betreffen; *(zu etwas)* gehören; sich verhalten
отноше́ние 5 А Beziehung, Verhältnis
отрица́тельный 5 А negativ
отры́вок 2 А Ausschnitt
отсю́да I von hier
отту́да I von dort, daher
о́фис 8 Б Büro
официа́нт, -ка 2 А Kellner(-in)
охо́та I Jagd
оцени́ть/оце́нивать 9 А beurteilen; schätzen, taxieren
о́чень I sehr
очки́ 9 Б Brille
оши́бка 1 В Fehler

П

па́лец I Finger, Zehe
пальто́ 8 А Mantel
па́мятник I Denkmal
панора́ма 3 В Panorama
па́па I Papa, Vati
па́рень 10 Б junger Mann
парк I Park
партнёр 1 А Partner
пассажи́р, -ка 3 А Passagier(-in), Fahrgast
пасси́вный 5 А passiv
Па́сха I Ostern
пасха́льный I Oster- *(in Zus.)*
патрио́т 5 Б Patriot
пе́вец, певи́ца 4 А Sänger(-in)
педагоги́ческий 9 А pädagogisch
пе́нсия 9 А Pension, Rente
пе́рвенство 10 А Meisterschaft
перевести́/переводи́ть 1 Б übersetzen, dolmetschen; versetzen *(an einen anderen Ort)*
перево́дчик, -чица 1 Б Übersetzer(-in), Dolmetscher(-in)
пе́ред + *I.* 7 А vor
переда́ть/передава́ть 9 А übergeben, übermitteln

ПРИЛОЖЕНИЕ

Алфавитный словарь

переда́ча 1 Б Sendung, Übertragung
перее́хать/переезжа́ть 2 А umziehen
перейти́/переходи́ть 3 А überqueren, hinübergehen
перелете́ть/перелета́ть 3 А überqueren, hinüberfliegen
перемеша́ть 9 В vermengen, umrühren
переса́дка 3 Б Umsteigen
переселе́нец, -нка 2 Б Umsiedler(-in)
пересели́ться/переселя́ться 2 Б umsiedeln
переста́ть/перестава́ть 10 Б aufhören *(etwas zu tun)*
переу́лок 7 А Gasse
перехо́д I Übergang
пе́рец 9 В Pfeffer; Paprika
перча́тки 8 А Handschuhe
пе́сня I Lied
пессимисти́ческий 5 Б pessimistisch
петру́шка 9 В Petersilie
петь I singen
пешехо́дный 7 А Fußgänger- *(in Zus.)*
пешко́м I zu Fuß
пиани́но 4 А Pianino
пиани́ст, -ка 4 А Pianist(-in)
пиджа́к 8 А Jackett
пирожо́к I Pirogge
писа́тель I Schriftsteller
писа́ть ↗ написать
письмо́ I Brief
пить ↗ выпить
пиццери́я 2 А Pizzeria
пла́вание 10 А Schwimmen
пла́вать ↗ плыть
план I Plan
пласти́нка I Schallplatte
пла́та 7 Б Bezahlung
Плати́те в ка́ссу! I Zahlen Sie an der Kasse!
плато́к I Tuch
пла́тье 8 А Kleid
пле́йер 4 А Walkman
плохо́й I schlecht
площа́дка 10 Б Platz; Plattform
пло́щадь I Platz; Fläche
плыть, пла́вать 10 А schwimmen
по + *D.* I *(worin?)* in; + *D. Pl.* *(wann?)* an; + *D.* 3 Б nach; entlang
по-англи́йски I englisch
по-испа́нски I spanisch
по-лати́нски I lateinisch
по-мо́ему I meiner Meinung nach
по-настоя́щему 6 Б wirklich, richtig
по-неме́цки I deutsch
по-ру́сски I russisch
по-тво́ему I deiner Meinung nach
по-францу́зски I französisch
побе́да 7 А Sieg
победи́тель, -ница 8 Б Sieger(-in)
победи́ть/побежда́ть 8 Б (be)siegen
побежа́ть I (los)laufen
поблагодари́ть/благодари́ть 4 А *(jmdm.)* danken
по́вар 9 А Koch, Köchin
пове́рить/ве́рить 5 А glauben
по́весть 6 А Erzählung, Novelle
повлия́ть/влия́ть 5 Б beeinflussen
повтори́(те) I wiederhole (wiederholt, wiederholen Sie)
поги́бнуть/погиба́ть 3 А umkommen; fallen *(im Krieg)*
пого́да I Wetter
под + *I.* I unter
подари́ть/дари́ть I schenken
пода́рок I Geschenk
пода́ть/подава́ть 9 В geben, reichen
подва́л 4 Б Keller
подгото́виться 8 Б sich vorbereiten
подгото́вка 8 Б Vorbereitung
поддержа́ть/подде́рживать 6 Б unterstützen, unterhalten
подожда́ть 7 А (ab)warten; etwas warten
подойти́/подходи́ть 7 А herangehen, -treten; -fahren; passen *(zu etwas, jmdm.)*
подру́га I Freundin
поду́мать/ду́мать I denken, glauben; nachdenken
подъе́зд 10 Б Aufgang, Eingang
по́езд I Zug
пое́здка I Reise
пое́хать I fahren, losfahren
пожале́ть/жале́ть 10 Б bemitleiden; bedauern
пожа́луйста I bitte
пожени́ться 9 А heiraten *(ein Paar)*
позабо́титься/забо́титься 3 В sich Sorgen machen; sich kümmern *(um jmdn.)*
поза́втракать/за́втракать I frühstücken
позавчера́ I vorgestern
позади́ I vergangen, vorbei
позвони́ть/звони́ть I anrufen
по́здно 3 В spät
поздра́вить/поздравля́ть I beglückwünschen
поздравле́ние 2 Б Gratulation
познако́миться/знако́миться 1 А sich bekanntmachen, kennenlernen
пойдём I laß(t) uns gehen, gehen wir
пойти́ I gehen, losgehen
Пока́! I Mach´s gut! Bis später!
пока́ 8 Б solange; bis
показа́ть/пока́зывать 4 Б zeigen
поколе́ние 4 А Generation
покупа́тель I Käufer
покупа́ть ↗ купить
полете́ть 3 А losfliegen
полёт I Flug
поликли́ника 9 А Poliklinik
поли́тик 5 Б Politiker
поли́тика 5 Б Politik
полови́на 3 А Hälfte; halb
положи́тельный 5 А positiv

Алфавитный словарь

положи́ть/класть 9 В legen, (hinein)tun

положи́ться I sich verlassen auf

получи́ть/получа́ть I erhalten

по́льза 6 Б Nutzen

по́льзоваться 7 Б benutzen; sich erfreuen

полюби́ть 5 А lieben, liebgewinnen

помеша́ть/меша́ть 2 А stören

помога́ть I helfen

по́мощь 8 Б Hilfe

понеде́льник I Montag

понима́ть ↗ понять

поня́тный 6 Б verständlich

поня́ть/понима́ть 1 Б verstehen

пообе́дать/обе́дать I Mittag essen

поп-му́зыка 4 А Popmusik

попа́сть/попада́ть 9 А (hin)geraten, gelangen, (hin)kommen

попро́бовать/про́бовать I probieren

попроси́ть/проси́ть 8 А bitten

попуга́й I Papagei

популя́рность 5 Б Popularität

популя́рный 4 А populär

порт I Hafen

портре́т I Porträt, Bildnis

поры́вистый I stoßweise, heftig

посади́ть/сажа́ть 6 Б *(jmdn.)* hinsetzen; pflanzen, setzen

посети́тель 9 А Besucher

посети́ть/посеща́ть 3 А besuchen

посеще́ние 3 А Besuch

посла́ть/посыла́ть 7 А schicken, senden

после́дний I letzter

послеза́втра I übermorgen

по́сле + *G.* I *(wann?)* nach

посмотре́ть/смотре́ть I sehen, betrachten, besichtigen

посове́товать/сове́товать I raten, empfehlen

поспеши́ть/спеши́ть 10 Б sich beeilen, es eilig haben

поспо́рить/спо́рить 4 А streiten; wetten

поссо́риться/ссо́риться 10 А sich streiten

поста́вить/ста́вить 6 Б (hin)stellen; inszenieren; (Zensur) geben

постара́ться/стара́ться I sich bemühen, *(etwas)* versuchen

постро́ить/стро́ить 7 А (auf)bauen, schaffen

поступи́ть/поступа́ть 5 А (Ausbildung o.ä.) beginnen; handeln; auftreten

посу́да I Geschirr

посылать ↗ послать

посы́лка 7 А Päckchen

потеря́ть/теря́ть 7 Б verlieren

пото́м I danach, dann

потому́ что 1 Б weil, da

поу́жинать/у́жинать I Abendbrot essen

поуро́чный I Lektions- *(in Zus.)*

похо́д I Wanderung, Exkursion

похо́ж 4 А ähnlich

поцелова́ть(ся)/целова́ть(ся) 10 Б (sich) küssen

почему́ I warum

по́чта I Post

почти́ 1 В fast

почто́вый и́ндекс I Postleitzahl

почу́вствовать/чу́вствовать 5 А fühlen

появи́ться/появля́ться 4 Б erscheinen

поэ́т 6 А Poet, Lyriker

поэ́тому I deshalb, deswegen

праба́бушка I Urgroßmutter

пра́в 2 А recht haben

пра́вда I Wahrheit; das ist wahr

пра́вильный 2 А richtig

пра́во 2 А Recht

пра́вый 7 А rechter

праде́душка I Urgroßvater

пра́здник I Feiertag

пра́здновать I feiern

предложе́ние 8 А Vorschlag

предложи́ть/предлага́ть 7 Б vorschlagen, anbieten

предме́т I (Schul-, Unterrichts-) Fach

предпринима́тель 7 А Unternehmer

предприя́тие 3 А Betrieb, Unternehmen

предста́вить/представля́ть 3 А vorstellen, darstellen

прекра́сно I herrlich, schön

преподава́ние I das Unterrichten

прести́ж 9 А Prestige, Ansehen

прести́жный 9 А Prestige- *(in Zus.)*, angesehen

преступле́ние 5 Б Verbrechen

приблизи́тельно I etwa, ungefähr

привезти́/привози́ть 7 А (her)anfahren, bringen

Приве́т! I Grüß dich! (Grüßt Euch!)

приве́тливость 3 В Freundlichkeit

приве́тливый 3 В freundlich

пригласи́ть/приглаша́ть I einladen

приглаше́ние I Einladung

при́город 7 Б Vorort

пригото́вить 9 В vorbereiten, zubereiten

прие́хать/приезжа́ть I ankommen

прийти́/приходи́ть I kommen

приключе́нческий 6 А Abenteuer- *(in Zus.)*

прилете́ть/прилета́ть 1 А ankommen (fliegen)

приложе́ние I Anhang

приме́рить/примеря́ть 8 А anprobieren

принести́/приноси́ть 3 Б bringen

принима́ть ↗ принять

при́нцип 6 Б Prinzip

принципиа́льный 6 Б prinzipiell

приня́ть/принима́ть 7 А annehmen; aufnehmen; empfangen

приро́да 3 А Natur

приро́дный I Natur- *(in Zus.)*

приходи́ть ↗ прийти

прия́тный 2 А angenehm

пробле́ма 1 Б Problem

про́бовать ↗ попробовать

ПРИЛОЖЕНИЕ

Алфавитный словарь

провести́/проводи́ть 2 А verbringen
проводни́к, -ни́ца 3 А Schaffner(-in)
прогно́з I Prognose
програ́мма 3 А Programm
продаве́ц, -щи́ца I Verkäufer(-in)
прода́ть/продава́ть 2 А verkaufen
продо́лжить/продолжа́ть 9 А fortsetzen
проду́кты 9 В Lebensmittel
прое́зд 7 Б Fahrt
прое́хать/проезжа́ть 3 А (durch)fahren, überqueren
проигра́ть/прои́грывать 10 А verlieren
произведе́ние 6 А Werk
произвести́/производи́ть 3 А produzieren, erzeugen
произойти́/происходи́ть 6 Б sich ereignen; vor sich gehen; stattfinden
пройти́/проходи́ть 3 А durchqueren, passieren; verstreichen, vergehen
пролете́ть/пролета́ть 3 А durchfliegen, passieren; überfliegen
промы́шленный 3 А industriell, Industrie- *(in Zus.)*
промы́шленность 3 В Industrie
пропусти́ть/пропуска́ть 10 А versäumen, verpassen; durchlassen
проси́ть ↗ попросить
просто́й I einfach
про́сьба 8 А Bitte
про́тив + *G.* 2 А gegen
профессиона́льное учи́лище I Berufsschule
профе́ссия 1 Б Beruf
проходи́ть I verlaufen, führen; 3 А ↗ пройти
прохо́жий I Passant
прочита́ть/чита́ть I lesen
про́шлое 3 В Vergangenheit
про́шлый I vergangen
пры́гнуть/пры́гать 10 А springen
пря́мо I geradeaus
прямо́й I offen, direkt; gerade
пуло́вер 8А Pullover
пусто́й 3 В leer
путеше́ствие I Reise
путеше́ствовать I reisen
пьеса 6 А Schauspiel, Theaterstück
пятёрка I Fünf *(Note)*
пя́тница I Freitag

Р

рабо́та I Arbeit
рабо́тать I arbeiten
равноду́шный 4 А gleichgültig
рад 8 А froh sein
ра́дио I Radio
радиоприёмник 4 А Radioapparat
ра́доваться 9 Б sich freuen *(über etwas)*
раз I mal, einmal
ра́зве I etwa, denn
разви́ть/развива́ть 10 А entwickeln
разгова́ривать I sich unterhalten
разгово́рчивый 5 А gesprächig, redselig
разме́р 8 А Größe
ра́зный 1 А verschieden
разреши́ть/разреша́ть 7 Б gestatten, erlauben
райо́н го́рода I Stadtteil, Bezirk
райо́нный центр I Kreisstadt
рак I Krebs
ра́ньше I früher
расписа́ние уро́ков I Stundenplan
располо́жен I liegt
рассерди́ться/серди́ться 8 А sich ärgern
расска́з 6 А Erzählung
рассказа́ть/расска́зывать I erzählen
расстоя́ние 3 А Entfernung
расти́ I wachsen
расчёт 5 А Berechnung
ребя́та I Kinder, Jugendliche
ревнова́ть 10 Б eifersüchtig sein *(wegen jmdm., auf jmdn.)*
регио́н I Region, Gebiet
регуля́рный 10 А regelmäßig
ре́дкий 1 Б selten
режиссёр 7 А Regisseur
ре́зать 9 В schneiden
рези́нка I Radiergummi
результа́т 5 Б Resultat, Ergebnis
река́ I Fluß
реко́рд 10 А Rekord
рели́гия 2 А Religion
ремесло́ I Handwerk
ремо́нт I Reparatur; Renovierung
ресни́цы 8 А Wimpern
рестора́н I Restaurant
реце́пт I Rezept
речно́й трамва́й 1 А (Flußpassagier-)Schiff
реше́ние 2 Б Entschluß, Entscheidung
реши́ть/реша́ть 2 А lösen; beschließen *(etwas zu tun)*
риск 9 А Risiko
рисова́ть ↗ нарисовать
ро́бкий 5 А schüchtern
ро́вно I genau, gerade
ро́дина 2 А Heimat
роди́тели I Eltern
роди́ться I geboren werden
родно́й I heimatlich, Heimat- *(in Zus.)*
ро́дственник I Verwandter
Рождество́ I Weihnachten
ро́зовый 8 А rosa
рок 4 А Rock(musik)
рок-конце́рт I Rockkonzert
роль 2 А Rolle
рома́н 6 А Roman
рома́нтика 6 Б Romantik
романти́ческий 6 Б romantisch
Росси́я I Rußland
рост 6 Б Wuchs *(Größe)*; Wachstum

Алфавитный словарь

рот I Mund
руба́шка 8 A Hemd
рубль I Rubel
рука́ I Hand, Arm
руководи́тель, -ница 4 A Leiter(-in)
ру́сская I russisch; Russin
ру́сский I russisch; Russe
ру́чка I Füller; Kugelschreiber
ры́ба I Fisch
рыболо́в I Angler
ры́жий 8 A rot(haarig)
ры́нок I Markt
ры́ночная эконо́мика 1 B Marktwirtschaft
ряд I Reihe
ря́дом I nebeneinander, daneben
ря́дом с + *I.* I neben

C

с + *I.* I mit; + *G.* von … an, seit; aus
с удово́льствием I mit Vergnügen, gern
сад I Garten
сади́ться ↗ сесть
сажа́ть ↗ посадить
саксофо́н 4 A Saxophon
сам 1 A selbst
самолёт I Flugzeug
самостоя́тельный 8 Б selbständig
са́нки I Schlitten
сантиме́тр 6 Б Zentimeter
сапоги́ 8 A (Schaft)Stiefel
са́хар 3 Б Zucker
свари́ть/вари́ть 9 B kochen
сверни́(те) I biege ein (biegt ein, biegen Sie ein)
све́тлый 8 A hell
свобо́дное вре́мя I Freizeit
своди́ть (глаза́) I (Augen) abwenden
свой I sein, ihr
связа́ть/свя́зывать 7 A verbinden
сде́лать/де́лать I tun, machen
себя́ 5 A sich
се́вер I Norden
се́верный I nördlich, Nord- *(in Zus.)*
сего́дня I heute
сейча́с I jetzt, gleich
секрета́рь 9 A Sekretär(-in)
село́ 2 Б größeres Dorf
семья́ I Familie
сентя́брь I September
серди́ться ↗ рассердиться
се́рдце 9 A Herz
серебряный 10 A silbern, Silber- *(in Zus.)*
се́рия 4 A Serie
се́рый 8 A grau
серьёзный I ernst, ernsthaft
сестра́ I Schwester
сесть/сади́ться 7 Б sich setzen; einsteigen
Сиби́рь I Sibirien
сиде́ть I sitzen
си́ла 5 Б Kraft, Stärke
си́льный I stark
симпа́тия 5 Б Sympathie
си́ний I (dunkel)blau
синтеза́тор 4 A Synthesizer
сире́невый 8 A fliederfarben
ситуа́ция 5 A Situation
сказа́ть/говори́ть I sagen, reden
ска́зка 6 A Märchen
скворе́ц I Star *(Vogel)*
ско́лько I wieviel
Ско́лько вре́мени? I Wie spät ist es?
Сколько сто́ит (сто́ят) …? I Wieviel kostet (kosten) …?
Ско́лько тебе́ лет? I Wie alt bist du?
ско́ро I bald
скрипа́ч, -ка 4 A Geiger(-in)
скри́пка 4 A Geige
скро́мный 8 A bescheiden
ску́льптор 7 A Bildhauer
скульпту́ра I Skulptur
ску́чный I langweilig
сла́бый I schwach, leicht
сла́ва Бо́гу 9 A Gott sei Dank
славя́нский 1 B slawisch
сле́ва 7 A links
сле́дующий I nächster
сли́шком I zu, zu viel, zu sehr
слова́рный 6 A Wort- *(in Zus.)*
слова́рь I Wörterbuch, -verzeichnis
сло́во I Wort
словообразова́ние Wortbildung
сло́жный 1 B schwierig, kompliziert
слу́чай 7 Б Fall, Vorkommnis, Zwischenfall
случа́йный 9 A zufällig
слу́шатель, -ница 4 A Hörer(-in)
слу́шать I (zu)hören
слы́шать I hören
смета́на 9 B saure Sahne
смешно́й 6 Б lustig, komisch
смея́ться 2 A lachen
смотре́ть ↗ посмотреть
смотре́ть телеви́зор I fernsehen
смысл 6 Б Sinn, Bedeutung
снача́ла I zuerst, erst
снег I Schnee
снежки́ I Schneebälle
снести́/сноси́ть 7 A abtragen, abreißen
соба́ка I Hund
собира́ть I sammeln
собира́ться I sich versammeln
собо́р I Dom, Kathedrale
со́бственный 9 A eigen
собы́тие 7 A Ereignis
соверше́нный 6 Б völlig, vollkommen
сове́т 8 A Rat
сове́товать ↗ посоветовать
сове́тский 4 Б sowjetisch
совме́стный 9 A gemeinsam
совреме́нник, -ница 6 Б Zeitgenosse
совреме́нный I modern
совсе́м 2 A sehr; völlig, ganz
согла́сен I einverstanden
содержа́ние 6 A Inhalt

ПРИЛОЖЕНИЕ

Алфавитный словарь

созда́ть/создава́ть 5 Б schaffen; gründen
сок I Saft
сократи́ть (ab)kürzen
сокраще́ние Abkürzung
солда́т 7 А Soldat
соли́ст, -ка 4 А Solist(-in)
соль 9 В Salz
сомнева́ться 6 Б zweifeln *(an etwas)*
сообщи́ть/сообща́ть 10 Б mitteilen
соревнова́ние I Wettkampf
соро́ка I Elster
сосе́д, -ка 10 Б Nachbar(-in)
соси́ска I Würstchen
сосно́вый I Kiefern- *(in Zus.)*
сохрани́ться I sich (er)halten
сочине́ние 3 А Aufsatz
сою́з Konjunktion
спа́льный 3 Б Schlaf- *(in Zus.)*
спаси́бо I danke
спать 3 Б schlafen
специали́ст 9 А Spezialist
спецшко́ла I Spezialschule
спеши́ть ↗ поспешить
спиртно́й 5 Б alkoholisch
споко́йный 5 А ruhig
Споко́йной но́чи! 5 А Gute Nacht!
спо́рить ↗ поспорить
спорт I Sport
спорти́вный костю́м 8 А Jogginganzug
спосо́бность 6 Б Fähigkeit, Begabung
спосо́бный 8 Б fähig, begabt
спра́ва 7 А rechts
справедли́вый 5 А gerecht
справедли́вость 5 Б Gerechtigkeit
спра́вочник I Nachschlagewerk
спроси́ть/спра́шивать I fragen
спряга́ть konjugieren
сравни́ть/сра́внивать 1 В vergleichen
сра́зу 6 А sofort
среда́ I Mittwoch
среди́ 5 Б unter, inmitten von
сре́дний 8 А mittlerer; mittelmäßig
сре́дняя шко́ла I Mittelschule
ссо́риться ↗ поссориться
ста́вить ↗ поставить
стадио́н I Stadion
стака́н 3 Б Glas
Сталингра́дская би́тва 3 В Schlacht um Stalingrad
ста́линский ла́герь 3 А Stalinsches Lager
ста́нция I Station
стара́тельный I fleißig, sorgfältig
стара́ться ↗ постараться
ста́рший 2 А älter
ста́рый I alt
стать I *(etwas)* werden; 4 Б beginnen *(etwas zu tun)*
статья́ Artikel
стекло́ 7 А Glas
стена́ I Wand; Mauer
стиль 4 А Stil
стихи́ I Verse
стол I Tisch
столи́ца I Hauptstadt
столо́вый 9 В Eß-, Speise- *(in Zus.)*
столо́вый прибо́р 9 В Eßbesteck
сторона́ 7 А Seite *(räumlich)*
стоя́нка I Parkplatz, Taxihaltestelle
стоя́ть I stehen
страна́ I Land
страни́ца I Seite *(im Buch o.ä.)*
стра́стный 10 А leidenschaftlich
страх 5 А Angst
стра́шный 3 А schrecklich
строи́тельство 2 А Bau(stelle)
стро́ить ↗ построить
стро́йный 8 А schlank
студе́нт, -ка 2 А Student(-in)
стул I Stuhl
суббо́та I Sonnabend, Samstag
сувени́р I Souvenir, Andenken
су́мка I (Schul-)Tasche
суп 9 В Suppe
су́ффикс Suffix
сфотографи́ровать/фотографи́ровать I fotografieren
сцена́рий 6 А Szenarium
счастли́вый 5 А glücklich, Glücks- *(in Zus.)*
Счастли́вого пути́! 5 А Gute Reise!
сча́стье I Glück
счёт 10 А Spielstand; Rechnung; Konto
счита́ть 1 В zählen; *(jmdn.)* halten für; denken, meinen
США 5 А USA
сшить/шить 8 А nähen
сын 2 А Sohn
сыр I Käse

Т

тайга́ I Taiga
так I so
так не быва́ет 6 Б so etwas gibt es nicht
такси́ I Taxi
таксофо́н I Telefonzelle
тала́нтливый 4 А talentiert
там I dort
та́нец I Tanz
танцева́ть I tanzen
та́нцы I Tanz *(Veranstaltung)*
таре́лка 9 В Teller
твой I dein
тво́рчество 6 Б Schaffen, Werk
теа́тр I Theater
тебе́ I dir
тебя́ I dich
телеви́дение 1 Б Fernsehen
телеви́зор I Fernsehapparat
телегра́мма 7 А Telegramm
телегра́ф 7 А Telegraph(enamt)
телефо́н I Telefon
те́ма 6 Б Thema
температу́ра I Temperatur
те́ннис I Tennis
тепе́рь I jetzt
террито́рия I Territorium

Алфавитный словарь

теря́ть ↗ потерять
те́сто 9 В Teig
те́хника I Technik
техни́ческий 6 А technisch
тёмный 8 А dunkel
тёплый I warm
тётя I Tante
тигр I Tiger
типи́чный I typisch
ти́хий 4 А leise, still
Ти́хий океа́н I Stiller Ozean
тогда́ 7 Б damals
то́же I auch
то́лстый 8 А dick
то́лько I nur
то́нкий 8 А dünn
топо́р I Beil, Axt
торгова́ть I handeln
торго́вец 3 В Händler
торго́вля I Handel
торго́вый путь I Handelsstraße
тот 5 А jener, der
то́чно I genau, ordentlich
траге́дия 6 А Tragödie
тради́ция 2 А Tradition
трамва́й I Straßenbahn
тра́нспорт 7 Б Verkehr(swesen)
транссиби́рский I transsibirisch
Транссиби́рская желе́зная доро́га I Transsibirische Eisenbahn
трениро́вка I Training
треть I Drittel
три́о 4 А Trio
Тро́ица I Pfingsten
тро́йка I Drei *(Note)*
тролле́йбус I Obus
труба́ 4 А Trompete
труд I Arbeit
тру́дность 1 В Schwierigkeit
тру́дный I schwer, schwierig
трудолюби́вый 5 А fleißig, arbeitsam
туале́т 3 Б Toilette
туда́ I dorthin
тури́ст I Tourist
турок, турча́нка 2 А Türke, Türkin
ту́фли 8 А Schuhe
ты I du

У

у + *G.* I *(jemand)* hat; bei, an
убеди́тельный 6 Б überzeugend
убира́ть I aufräumen, saubermachen
уважа́ть 2 А achten
уваже́ние 2 Б Achtung
уве́ренность 5 А Überzeugung; Zuversicht
уве́ренный 2 А sicher (sein), überzeugt (sein)
увлека́ться I sich begeistern
увлече́ние I Begeisterung
угости́ть/угоща́ть 3 В bewirten
уда́рник, -ница 4 А Schlagzeuger(-in)
уда́рные инструме́нты 4 А Schlagzeug
удиви́тельный 10 Б erstaunlich, bewundernswert
удо́бный 3 Б bequem
удовлетвори́тельно I befriedigend
уе́хать/уезжа́ть 2 А wegfahren
уже́ I schon, bereits
у́жин I Abendbrot
у́жинать ↗ поужинать
у́зкий 8 А eng, schmal
узна́ть/узнава́ть 2 А erkennen; erfahren; kennenlernen
уйти́/уходи́ть 6 Б (weg)gehen, verlassen; in Anspruch nehmen
ука́з I Befehl, Verordnung
украша́ть I schmücken
укро́п 9 В Dill
у́лица I Straße
ум 9 А Verstand
умере́ть I sterben
уме́ть I können, imstande sein
универма́г I Kaufhaus
университе́т 3 А Universität
употреби́ть/употребля́ть 5 Б gebrauchen, verwenden
употребле́ние 5 Б Gebrauch, Verwendung
у́ровень 2 А Niveau; Standard
уро́к I Unterrichtsstunde; Hausaufgabe; Lektion
успе́х I Erfolg
уста́лость 3 В Müdigkeit
уста́лый 3 В müde
установи́ть/устана́вливать 7 А aufstellen; herstellen; festsetzen
уста́ть/устава́ть 3 В ermüden
у́тро I Morgen
у́тром I morgens, am Morgen
у́хо I Ohr
уходи́ть ↗ уйти
уча́ствовать 4 А teilnehmen *(an etwas)*
уча́стник, -ница 1 А Teilnehmer(-in)
учё́бник I Schulbuch, Lehrbuch
учё́бный I Schul- *(in Zus.)*
учёный 7 А Wissenschaftler(-in)
учи́тель, -ница I Lehrer(-in)
учи́ть I *(etwas)* lernen; *(jmdn.)* lehren
учи́ться ↗ научиться

Ф

факт 5 Б Fakt
факультати́в I Wahlfach
фами́лия I Zuname, Familienname
фана́т 10 А Fan
фанта́стика 6 А Science-fiction
фантасти́ческий 6 А phantastisch, utopisch
февра́ль I Februar
федера́льный I Bundes- *(in Zus.)*
федера́льная земля́ I Bundesland
фехтова́ние 10 А Fechten
фигу́рное ката́ние 10 А Eiskunstlauf
фи́зика I Physik
физи́ческий 10 А physisch, körperlich
физкульту́ра I Sport
фильм I Film

ПРИЛОЖЕНИЕ

Алфавитный словарь

фиоле́товый 8 А violett
фи́рма 9 А Firma
фле́йта 4 А Flöte
флома́стер I Filzstift
фотоаппара́т I Fotoapparat
фотографи́ровать ↗ сфотографировать
фотогра́фия I Fotografie
фотомоде́ль 8 Б Fotomodell
фразеологи́зм Phraseologismus
фразеологи́ческий оборот phraseologische Wendung
францу́зский I französisch
фру́кты I Früchte, Obst
футбо́л I Fußball

Х

хара́ктер 5 А Charakter
хвата́ть 9 А (aus)reichen
хи́мия I Chemie
хлеб 9 В Brot
хо́бби I Hobby
ходи́ть ↗ идти
хозя́ин, хозя́йка I Hausherr(-in), Besitzer(-in)
хозя́йство 9 А Wirtschaft
хокке́й I Eishockey
холо́дный I kalt
хор 4 А Chor
хоро́ший I gut
хоте́ть I wollen, mögen
хотя́ 9 А obwohl
худо́жественный 6 А künstlerisch, Kunst- *(in Zus.)*
худо́жник I Künstler, Maler
худо́й 8 А dünn, dürr, mager
ху́дший 4 Б schlechtester

Ц

ца́рствовать I herrschen
цвет 6 Б Farbe
цветно́й I bunt
цветы́ I Blumen
целова́ть(ся) ↗ поцеловать(ся)
це́лый I ganz
цель 9 Б Ziel
цена́ 8 А Preis
це́нтр I Zentrum
центра́льный 7 А zentral
церко́вный I kirchlich, Kirchen- *(in Zus.)*
це́рковь I Kirche

Ч

чай I Tee
ча́йный 9 В Tee- *(in Zus.)*
час I Stunde; … Uhr
часа́ми 3 А stundenlang
ча́сто I oft
часть I Teil
часы́ I Uhr
ча́шка 9 В Tasse
челове́к I Mensch
чем I als
чем …, тем … 7 Б je …, desto …
чемпио́н, -ка 10 А Champion, Meister(-in)
чемпиона́т 10 А Meisterschaft
че́рез + *А.* I über, durch; in
че́стный 5 А ehrlich, Ehren- *(in Zus.)*
честь 7 А Ehre
четве́рг I Donnerstag
четвёрка I Vier *(Note)*
Чёрное мо́ре I Schwarzes Meer
чёрный I schwarz
число́ I Zahl, Datum
чи́стый 3 А klar, sauber
чита́ть ↗ прочитать
чте́ние 6 А Lesen
что I was; …, daß …
что́-нибудь 10 А etwas
что́-то 10 Б etwas
что́бы 1 Б damit; um ... zu …
чу́вство 6 Б Gefühl
чу́вствовать ↗ почувствовать
чулки́ 8 А Strümpfe

Ш

шанс 8 Б Chance
ша́пка 8 А Pelzmütze
шарф 8 А Schal
ша́хматный турни́р I Schachturnier
ша́хматы I Schach, Schachspiel
шашлы́к I Schaschlyk
шестёрка I Sechs *(Note)*
шеф 9 А Chef
ширина́ 7 А Breite, Weite
широ́кий 7 А breit, weit
шить ↗ сшить
шко́ла I Schule
шко́льник, -ница 1 А Schüler(-in)
шо́рты 8 А Shorts
шофёр 2 А Chauffeur, Fahrer
шпио́н 1 Б Spion
шу́тка 1 В Witz

Щ

щено́к I junger Hund
щётка I Bürste

Э

эгои́ст, -ка 5 А Egoist(-in)
экологи́ческий 3 А ökologisch
экску́рсия 1 А Exkursion, Ausflug
экстравага́нтный 4 А extravagant
электри́чка 7 Б S-Bahn, Vorortbahn
электро́нный 4 А elektronisch
эта́ж I Stockwerk, Etage
э́то I das (ist, sind)
э́тот I dieser

Ю

ю́бка 8 А Rock
юг I Süden
ю́жный I südlich, Süd- *(in Zus.)*
ю́ноша I junger Mann, Jugendlicher

Я

я I ich
я́блоко I Apfel
я́годы I Beeren
язы́к I Sprache
яйцо́ 9 В Ei
янва́рь I Januar
я́ркий 8 А grell
я́сно I (es ist) klar